中华人民共和国
气象法规汇编

2014

中国气象局政策法规司　编

图书在版编目(CIP)数据

中华人民共和国气象法规汇编.2014/中国气象局政策法规司编.—北京:气象出版社,2015.6
ISBN 978-7-5029-6146-6

Ⅰ.①中… Ⅱ.①中… Ⅲ.①气象法-法规-汇编-中国-2014 Ⅳ.①D922.179

中国版本图书馆CIP数据核字(2015)第123905号

Zhonghua Renmin Gongheguo Qixiang Fagui Huibian 2014

中华人民共和国气象法规汇编2014

出版发行:气象出版社
地　　址:北京市海淀区中关村南大街46号　　邮政编码:100081
总 编 室:010-68407112　　　　　　　　　　发 行 部:010-68409198
网　　址:http://www.qxcbs.com　　　　　　E-mail:qxcbs@cma.gov.cn
责任编辑:陈　红　　　　　　　　　　　　　终　　审:阳世勇
封面设计:詹　辉　　　　　　　　　　　　　责任技编:吴庭芳
责任校对:华　鲁
印　　刷:北京奥鑫印刷厂
开　　本:850mm×1168mm　1/32　　　　　　印　　张:11
字　　数:270千字
版　　次:2015年6月第1版
印　　次:2015年6月第1次印刷
定　　价:30.00元

本书如存在文字不清、漏印以及缺页、倒页、脱页等,请与本社发行部联系调换

前　言

为了适应气象依法行政以及气象行政执法和普法工作的需要,根据国务院《法规汇编编辑出版管理规定》和《中国气象局职能配置、内设机构和人员编制规定》确定的职责分工,中国气象局政策法规司于1987年起定期出版《中华人民共和国气象法规汇编》(以下简称《汇编》)。

本《汇编》收集了2014年1月1日至2014年12月31日发布的,并在2014年12月31日前仍然有效的气象法律、法规、部门规章以及重要的规范性文件等共42件。其中,法律和与有关地方政府联合发布的规范性文件各1件,气象部门规范性文件19件,地方性气象法规和地方政府规章21件。

对于2014年1月1日至2014年12月31日应予废止的气象方面规范性文件3件,列出目录,附在其后。

在本《汇编》中收录的气象法律、法规以及重要的规范性文件目录先按照分类,然后按照发布实施的时间顺序排列。对规范内容基本维持原状,仅对少数法规中的附录、附件部分进行了省略,并校正了有错误的用词、用字和标点。

本《汇编》在编辑过程中,得到中国气象局职能机构和各省、自治区、直辖市气象局的支持和协助,在此谨表谢意。

中国气象局政策法规司
2015年5月

目 录

前 言

法 律

中华人民共和国气象法……………………………………（3）
　（1999年10月31日第九届全国人民代表大会常务委员会第十二次会议通过，根据2009年8月27日第十一届全国人民代表大会常务委员会第十次会议《关于修改部分法律的决定》第一次修正，根据2014年8月31日第十二届全国人民代表大会常务委员会第十次会议《关于修改〈中华人民共和国保险法〉等五部法律的决定》第二次修正）

与有关地方政府联合发布的规范性文件

东北区域人工影响天气作业管理试行办法……………（17）
　中国气象局　吉林省人民政府　辽宁省人民政府
　黑龙江省人民政府　内蒙古自治区人民政府
　（气发〔2014〕24号）　2014年3月6日

规范性文件

中国气象局关于加强城市气象防灾减灾和公共气象服务
　体系建设指导意见……………………………………（23）

（气发〔2014〕5号）　2014年1月15日
气象部门因公临时出国经费管理办法 …………………………（31）
　（气发〔2014〕15号）　2014年2月10日
气象科技成果转化奖励办法（试行） ……………………………（38）
　（气发〔2014〕22号）　2014年2月25日
中国气象局《党政机关厉行节约反对浪费条例》实施
　办法 ………………………………………………………………（46）
　（气发〔2014〕25号）　2014年3月21日
农业气象试验站网建设与发展指导意见 ………………………（64）
　（气发〔2014〕28号）　2014年4月8日
气象部门差旅费管理办法 …………………………………………（73）
　（气发〔2014〕31号）　2014年4月21日
气象部门培训费管理办法 …………………………………………（81）
　（气发〔2014〕33号）　2014年5月15日
中共中国气象局党组关于全面深化气象改革的意见 ………（87）
　（中气党发〔2014〕28号）　2014年5月20日
全国气象科普教育基地管理办法 …………………………………（95）
　（气发〔2014〕43号）　2014年6月3日
气象部门应急预案管理实施办法 ………………………………（101）
　（气发〔2014〕68号）　2014年8月8日
气象宣传工作管理办法 …………………………………………（110）
　（气发〔2014〕76号）　2014年8月29日
中国气象局关于加强政务门户网站应用和管理工作的
　意见 ……………………………………………………………（119）
　（气发〔2014〕77号）　2014年9月5日
全国人工影响天气业务发展指导意见 …………………………（124）
　（气发〔2014〕95号）　2014年10月24日
气象科技创新体系建设指导意见（2014—2020年） ………（153）

(气发〔2014〕99号) 2014年11月4日

气象资料业务人员上岗资格管理办法(试行)……………(161)
 (气发〔2014〕101号) 2014年11月5日

人工影响天气专用技术装备管理办法(试行)……………(164)
 (气发〔2014〕106号) 2014年11月17日

气象部门贯彻落实国务院加强审计工作的实施意见………(170)
 (气发〔2014〕112号) 2014年12月3日

气象部门科研经费监督管理办法……………………………(175)
 (气发〔2014〕113号) 2014年12月5日

中国气象局督查督办工作管理办法…………………………(185)
 (气发〔2014〕115号) 2014年12月8日

地方性法规和地方政府规章

河北省防雷减灾管理办法……………………………………(193)
 (2007年9月30日河北省人民政府令〔2007〕
 第11号公布,根据2014年1月16日河北省
 人民政府令〔2014〕第2号修正)

河北省人工影响天气管理规定………………………………(201)
 (2010年12月25日河北省人民政府令〔2010〕
 第15号公布,根据2014年1月16日河北省
 人民政府令〔2014〕第2号修正)

大同市气象设施和探测环境保护条例………………………(207)
 (2014年4月29日大同市第十四届人民代表大会常务
 委员会第十五次会议通过,2014年5月29日山西省
 第十二届人民代表大会常务委员会第十次会议批准)

长春市人工影响天气管理办法………………………………(213)
 (2014年9月22日长春市人民政府第21次常务会议通过)

龙凤山区域大气本底站气象设施和气象探测环境保护
　条例……………………………………………………（221）
　　（2014年10月23日黑龙江省第十二届人民代表
　　大会常务委员会第十五次会议通过）
江苏省气候资源保护和开发利用条例………………………（225）
　　（2014年9月26日江苏省第十二届人民代表大会
　　常务委员会第十二次会议通过）
安徽省气候资源开发利用和保护条例…………………………（232）
　　（2014年9月26日安徽省第十二届人民代表大会
　　常务委员会第十四次会议通过）
江西省气象灾害防御条例………………………………………（239）
　　（2014年9月25日江西省第十二届人民代表大会
　　常务委员会第十三次会议通过）
山东省气象灾害评估管理办法 ………………………………（252）
　　（2014年2月24日山东省人民政府第25次常务会议通过）
山东省气象设施和气象探测环境保护条例……………………（257）
　　（2014年11月27日山东省第十二届人民代表大会
　　常务委员会第十一次会议通过）
济南市气象灾害防御条例………………………………………（264）
　　（2014年9月24日济南市第十五届人民代表大会
　　常务委员会第十六次会议审议通过，2014年11月27日
　　山东省第十二届人民代表大会常务委员会第十一次
　　会议批准）
湖北省气象灾害防御实施办法…………………………………（269）
　　（2014年3月31日湖北省人民政府常务会议审议通过）
广东省气象灾害防御条例………………………………………（279）
　　（2014年11月26日广东省第十二届人民代表大会
　　常务委员会第十二次会议通过）

广西壮族自治区人工影响天气管理办法……………………（295）
　　（2013年12月25日广西壮族自治区第十二届人民
　　政府第21次常务会议审议通过）
海南省气象台站探测环境保护规定…………………………（302）
　　（2014年2月20日海南省第六届人民政府第17次
　　常务会议修订通过）
四川省气候资源开发利用和保护办法………………………（306）
　　（2014年11月17日四川省人民政府第67次常务
　　会议审议通过）
云南省人工影响天气管理办法………………………………（310）
　　（2013年12月17日云南省人民政府第27次常务
　　会议通过）
普洱市雷电灾害防御管理办法………………………………（316）
　　（2014年1月17日普洱市人民政府第五十四次常务
　　会议通过）
普洱市人工影响天气管理办法………………………………（324）
　　（2014年11月16日普洱市第三届人民政府第12次
　　常务会议审议通过）
陕西省实施《气象设施和气象探测环境保护条例》办法……（331）
　　（2014年2月24日陕西省人民政府第3次常务会议通过）
西安市人工影响天气管理办法………………………………（335）
　　（2005年8月15日西安市人民政府第19次常务会议
　　通过，根据2014年1月20日西安市人民政府第76次
　　常务会议《西安市人民政府关于修改和废止部分政府
　　规章的决定》修订）

附：2014年1月1日至2014年12月31日应予废止的气象
　　方面规范性文件目录（3件）………………………………（338）

法　律

中华人民共和国气象法

(1999年10月31日第九届全国人民代表大会常务委员会第十二次会议通过,根据2009年8月27日第十一届全国人民代表大会常务委员会第十次会议《关于修改部分法律的决定》第一次修正,根据2014年8月31日第十二届全国人民代表大会常务委员会第十次会议《关于修改〈中华人民共和国保险法〉等五部法律的决定》第二次修正)

第一章 总 则

第一条 为了发展气象事业,规范气象工作,准确、及时地发布气象预报,防御气象灾害,合理开发利用和保护气候资源,为经济建设、国防建设、社会发展和人民生活提供气象服务,制定本法。

第二条 在中华人民共和国领域和中华人民共和国管辖的其他海域从事气象探测、预报、服务和气象灾害防御、气候资源利用、气象科学技术研究等活动,应当遵守本法。

第三条 气象事业是经济建设、国防建设、社会发展和人民生活的基础性公益事业,气象工作应当把公益性气象服务放在首位。

县级以上人民政府应当加强对气象工作的领导和协调,将气象事业纳入中央和地方同级国民经济和社会发展计划及财政预算,以保障其充分发挥为社会公众、政府决策和经济发展服务的功能。

县级以上地方人民政府根据当地社会经济发展的需要所建设的地方气象事业项目,其投资主要由本级财政承担。

气象台站在确保公益性气象无偿服务的前提下,可以依法开展气象有偿服务。

第四条 县、市气象主管机构所属的气象台站应当主要为农业生产服务,及时主动提供保障当地农业生产所需的公益性气象信息服务。

第五条 国务院气象主管机构负责全国的气象工作。地方各级气象主管机构在上级气象主管机构和本级人民政府的领导下,负责本行政区域内的气象工作。

国务院其他有关部门和省、自治区、直辖市人民政府其他有关部门所属的气象台站,应当接受同级气象主管机构对其气象工作的指导、监督和行业管理。

第六条 从事气象业务活动,应当遵守国家制定的气象技术标准、规范和规程。

第七条 国家鼓励和支持气象科学技术研究、气象科学知识普及,培养气象人才,推广先进的气象科学技术,保护气象科技成果,加强国际气象合作与交流,发展气象信息产业,提高气象工作水平。

各级人民政府应当关心和支持少数民族地区、边远贫困地区、艰苦地区和海岛的气象台站的建设和运行。

对在气象工作中做出突出贡献的单位和个人,给予奖励。

第八条 外国的组织和个人在中华人民共和国领域和中华人民共和国管辖的其他海域从事气象活动,必须经国务院气象主管机构会同有关部门批准。

第二章 气象设施的建设与管理

第九条 国务院气象主管机构应当组织有关部门编制气象探测设施、气象信息专用传输设施、大型气象专用技术装备等重要气象设施的建设规划,报国务院批准后实施。气象设施建设规划的调整、修改,必须报国务院批准。

编制气象设施建设规划,应当遵循合理布局、有效利用、兼顾当前与长远需要的原则,避免重复建设。

第十条 重要气象设施建设项目,在项目建议书和可行性研究报告报批前,应当按照项目相应的审批权限,经国务院气象主管机构或者省、自治区、直辖市气象主管机构审查同意。

第十一条 国家依法保护气象设施,任何组织或者个人不得侵占、损毁或者擅自移动气象设施。

气象设施因不可抗力遭受破坏时,当地人民政府应当采取紧急措施,组织力量修复,确保气象设施正常运行。

第十二条 未经依法批准,任何组织或者个人不得迁移气象台站;确因实施城市规划或者国家重点工程建设,需要迁移国家基准气候站、基本气象站的,应当报经国务院气象主管机构批准;需要迁移其他气象台站的,应当报经省、自治区、直辖市气象主管机构批准。迁建费用由建设单位承担。

第十三条 气象专用技术装备应当符合国务院气象主管机构规定的技术要求,并经国务院气象主管机构审查合格;未经审查或者审查不合格的,不得在气象业务中使用。

第十四条 气象计量器具应当依照《中华人民共和国计量法》的有关规定,经气象计量检定机构检定。未经检定、检定不合格或者超过检定有效期的气象计量器具,不得使用。

国务院气象主管机构和省、自治区、直辖市气象主管机构可以根据需要建立气象计量标准器具,其各项最高计量标准器具依照《中华人民共和国计量法》的规定,经考核合格后,方可使用。

第三章 气象探测

第十五条 各级气象主管机构所属的气象台站,应当按照国务院气象主管机构的规定,进行气象探测并向有关气象主管机构汇交气象探测资料。未经上级气象主管机构批准,不得中止气象探测。

国务院气象主管机构及有关地方气象主管机构应当按照国家规定适时发布基本气象探测资料。

第十六条 国务院其他有关部门和省、自治区、直辖市人民政府其他有关部门所属的气象台站及其他从事气象探测的组织和个人,应当按照国家有关规定向国务院气象主管机构或者省、自治区、直辖市气象主管机构汇交所获得的气象探测资料。

各级气象主管机构应当按照气象资料共享、共用的原则,根据国家有关规定,与其他从事气象工作的机构交换有关气象信息资料。

第十七条 在中华人民共和国内水、领海和中华人民共和国管辖的其他海域的海上钻井平台和具有中华人民共和国国籍的在国际航线上飞行的航空器、远洋航行的船舶,应当按照国家有关规定进行气象探测并报告气象探测信息。

第十八条 基本气象探测资料以外的气象探测资料需要保密的,其密级的确定、变更和解密以及使用,依照《中华人民共和国保守国家秘密法》的规定执行。

第十九条 国家依法保护气象探测环境,任何组织和个人都有保护气象探测环境的义务。

第二十条 禁止下列危害气象探测环境的行为:

（一）在气象探测环境保护范围内设置障碍物、进行爆破和采石；

（二）在气象探测环境保护范围内设置影响气象探测设施工作效能的高频电磁辐射装置；

（三）在气象探测环境保护范围内从事其他影响气象探测的行为。

气象探测环境保护范围的划定标准由国务院气象主管机构规定。各级人民政府应当按照法定标准划定气象探测环境的保护范围，并纳入城市规划或者村庄和集镇规划。

第二十一条　新建、扩建、改建建设工程，应当避免危害气象探测环境；确实无法避免的，建设单位应当事先征得省、自治区、直辖市气象主管机构的同意，并采取相应的措施后，方可建设。

第四章　气象预报与灾害性天气警报

第二十二条　国家对公众气象预报和灾害性天气警报实行统一发布制度。

各级气象主管机构所属的气象台站应当按照职责向社会发布公众气象预报和灾害性天气警报，并根据天气变化情况及时补充或者订正。其他任何组织或者个人不得向社会发布公众气象预报和灾害性天气警报。

国务院其他有关部门和省、自治区、直辖市人民政府其他有关部门所属的气象台站，可以发布供本系统使用的专项气象预报。

各级气象主管机构及其所属的气象台站应当提高公众气象预报和灾害性天气警报的准确性、及时性和服务水平。

第二十三条　各级气象主管机构所属的气象台站应当根据需要，发布农业气象预报、城市环境气象预报、火险气象等级预报等专业气象预报，并配合军事气象部门进行国防建设所需的气象服务工作。

第二十四条　各级广播、电视台站和省级人民政府指定的报纸,应当安排专门的时间或者版面,每天播发或者刊登公众气象预报或者灾害性天气警报。

各级气象主管机构所属的气象台站应当保证其制作的气象预报节目的质量。

广播、电视播出单位改变气象预报节目播发时间安排的,应当事先征得有关气象台站的同意;对国计民生可能产生重大影响的灾害性天气警报和补充、订正的气象预报,应当及时增播或者插播。

第二十五条　广播、电视、报纸、电信等媒体向社会传播气象预报和灾害性天气警报,必须使用气象主管机构所属的气象台站提供的适时气象信息,并标明发布时间和气象台站的名称。通过传播气象信息获得的收益,应当提取一部分支持气象事业的发展。

第二十六条　信息产业部门应当与气象主管机构密切配合,确保气象通信畅通,准确、及时地传递气象情报、气象预报和灾害性天气警报。

气象无线电专用频道和信道受国家保护,任何组织或者个人不得挤占和干扰。

第五章　气象灾害防御

第二十七条　县级以上人民政府应当加强气象灾害监测、预警系统建设,组织有关部门编制气象灾害防御规划,并采取有效措施,提高防御气象灾害的能力。有关组织和个人应当服从人民政府的指挥和安排,做好气象灾害防御工作。

第二十八条　各级气象主管机构应当组织对重大灾害性天气的跨地区、跨部门的联合监测、预报工作,及时提出气象灾害防御措施,并对重大气象灾害作出评估,为本级人民政府组织防御气象灾害提供决策依据。

各级气象主管机构所属的气象台站应当加强对可能影响当地的灾害性天气的监测和预报,并及时报告有关气象主管机构。其他有关部门所属的气象台站和与灾害性天气监测、预报有关的单位应当及时向气象主管机构提供监测、预报气象灾害所需要的气象探测信息和有关的水情、风暴潮等监测信息。

第二十九条 县级以上地方人民政府应当根据防御气象灾害的需要,制定气象灾害防御方案,并根据气象主管机构提供的气象信息,组织实施气象灾害防御方案,避免或者减轻气象灾害。

第三十条 县级以上人民政府应当加强对人工影响天气工作的领导,并根据实际情况,有组织、有计划地开展人工影响天气工作。

国务院气象主管机构应当加强对全国人工影响天气工作的管理和指导。地方各级气象主管机构应当制定人工影响天气作业方案,并在本级人民政府的领导和协调下,管理、指导和组织实施人工影响天气作业。有关部门应当按照职责分工,配合气象主管机构做好人工影响天气的有关工作。

实施人工影响天气作业的组织必须具备省、自治区、直辖市气象主管机构规定的资格条件,并使用符合国务院气象主管机构要求的技术标准的作业设备,遵守作业规范。

第三十一条 各级气象主管机构应当加强对雷电灾害防御工作的组织管理,并会同有关部门指导对可能遭受雷击的建筑物、构筑物和其他设施安装的雷电灾害防护装置的检测工作。

安装的雷电灾害防护装置应当符合国务院气象主管机构规定的使用要求。

第六章　气候资源开发利用和保护

第三十二条　国务院气象主管机构负责全国气候资源的综合调查、区划工作,组织进行气候监测、分析、评价,并对可能引起气候恶化的大气成分进行监测,定期发布全国气候状况公报。

第三十三条　县级以上地方人民政府应当根据本地区气候资源的特点,对气候资源开发利用的方向和保护的重点作出规划。

地方各级气象主管机构应当根据本级人民政府的规划,向本级人民政府和同级有关部门提出利用、保护气候资源和推广应用气候资源区划等成果的建议。

第三十四条　各级气象主管机构应当组织对城市规划、国家重点建设工程、重大区域性经济开发项目和大型太阳能、风能等气候资源开发利用项目进行气候可行性论证。

具有大气环境影响评价资格的单位进行工程建设项目大气环境影响评价时,应当使用气象主管机构提供或者经其审查的气象资料。

第七章　法律责任

第三十五条　违反本法规定,有下列行为之一的,由有关气象主管机构按照权限责令停止违法行为,限期恢复原状或者采取其他补救措施,可以并处五万元以下的罚款;造成损失的,依法承担赔偿责任;构成犯罪的,依法追究刑事责任:

(一)侵占、损毁或者未经批准擅自移动气象设施的;

(二)在气象探测环境保护范围内从事危害气象探测环境活动的。

在气象探测环境保护范围内,违法批准占用土地的,或者非法占用土地新建建筑物或者其他设施的,依照《中华人民共和国城乡规划法》或者《中华人民共和国土地管理法》的有关规定处罚。

第三十六条　违反本法规定,使用不符合技术要求的气象专用技术装备,造成危害的,由有关气象主管机构按照权限责令改正,给予警告,可以并处五万元以下的罚款。

第三十七条　违反本法规定,安装不符合使用要求的雷电灾害防护装置的,由有关气象主管机构责令改正,给予警告。使用不符合使用要求的雷电灾害防护装置给他人造成损失的,依法承担赔偿责任。

第三十八条　违反本法规定,有下列行为之一的,由有关气象主管机构按照权限责令改正,给予警告,可以并处五万元以下的罚款:

(一)非法向社会发布公众气象预报、灾害性天气警报的;

(二)广播、电视、报纸、电信等媒体向社会传播公众气象预报、灾害性天气警报,不使用气象主管机构所属的气象台站提供的适时气象信息的;

(三)从事大气环境影响评价的单位进行工程建设项目大气环境影响评价时,使用的气象资料不是气象主管机构提供或者审查的。

第三十九条　违反本法规定,不具备省、自治区、直辖市气象主管机构规定的资格条件实施人工影响天气作业的,或者实施人工影响天气作业使用不符合国务院气象主管机构要求的技术标准的作业设备的,由有关气象主管机构按照权限责令改正,给予警告,可以并处十万元以下的罚款;给他人造成损失的,依法承担赔偿责任;构成犯罪的,依法追究刑事责任。

第四十条　各级气象主管机构及其所属气象台站的工作人员由于玩忽职守,导致重大漏报、错报公众气象预报、灾害性天气警报,以及丢失或者毁坏原始气象探测资料、伪造气象资料等事故的,依法给予行政处分;致使国家利益和人民生命财产遭受重大损失,构成犯罪的,依法追究刑事责任。

第八章 附 则

第四十一条 本法中下列用语的含义是:

(一)气象设施,是指气象探测设施、气象信息专用传输设施、大型气象专用技术装备等。

(二)气象探测,是指利用科技手段对大气和近地层的大气物理过程、现象及其化学性质等进行的系统观察和测量。

(三)气象探测环境,是指为避开各种干扰保证气象探测设施准确获得气象探测信息所必需的最小距离构成的环境空间。

(四)气象灾害,是指台风、暴雨(雪)、寒潮、大风(沙尘暴)、低温、高温、干旱、雷电、冰雹、霜冻和大雾等所造成的灾害。

(五)人工影响天气,是指为避免或者减轻气象灾害,合理利用气候资源,在适当条件下通过科技手段对局部大气的物理、化学过程进行人工影响,实现增雨雪、防雹、消雨、消雾、防霜等目的的活动。

第四十二条 气象台站和其他开展气象有偿服务的单位,从事气象有偿服务的范围、项目、收费等具体管理办法,由国务院依据本法规定。

第四十三条 中国人民解放军气象工作的管理办法,由中央军事委员会制定。

第四十四条 中华人民共和国缔结或者参加的有关气象活动的国际条约与本法有不同规定的,适用该国际条约的规定;但是,中华人民共和国声明保留的条款除外。

第四十五条 本法自2000年1月1日起施行。1994年8月18日国务院发布的《中华人民共和国气象条例》同时废止。

全国人民代表大会常务委员会关于修改《中华人民共和国保险法》等五部法律的决定(节录)

(2014年8月31日第十二届全国人民代表大会常务委员会第十次会议通过)

第十二届全国人民代表大会常务委员会第十次会议决定:
……
五、对《中华人民共和国气象法》作出修改
将第二十一条修改为:"新建、扩建、改建建设工程,应当避免危害气象探测环境;确实无法避免的,建设单位应当事先征得省、自治区、直辖市气象主管机构的同意,并采取相应的措施后,方可建设。"

本决定自公布之日起施行。

《中华人民共和国保险法》、《中华人民共和国证券法》、《中华人民共和国注册会计师法》、《中华人民共和国政府采购法》、《中华人民共和国气象法》根据本决定作相应修改,重新公布。

与有关地方政府联合发布的规范性文件

东北区域人工影响天气作业管理试行办法

中国气象局　吉林省人民政府　辽宁省人民政府
黑龙江省人民政府　内蒙古自治区人民政府
（气发〔2014〕24号）
2014年3月6日

第一条　为加强东北区域人工影响天气作业的组织协调和管理，充分发挥东北区域人工影响天气工程建设效益，提高空中云水资源开发利用能力，在服务农业生产、缓解水资源紧缺、防灾减灾、保护生态以及保障重大活动等方面发挥更大作用，按照2013年中央一号文件和《国务院办公厅关于进一步加强人工影响天气工作的意见》（国办发〔2012〕44号）有关要求，制定本办法。

第二条　东北区域人工影响天气作业的地理区域包括：黑龙江、吉林、辽宁三省全境和内蒙古自治区呼伦贝尔市、兴安盟、通辽市和赤峰市，区域覆盖40个地市，面积约125万平方公里。在上述地域范围内开展跨省（区）人工影响天气作业适用本办法。

第三条　坚持需求引领、效益优先，根据区域内防灾减灾需要，最大限度地提高作业效益；坚持区域统筹、服务大局，根据跨省（区）作业需要，最大限度地提高装备资源利用效率；坚持科学指挥、有序配合，充分发挥东北区域人工影响天气中心组织协调作用;坚持多方投入、效益共享,充分发挥各方面积极性,建立长效投入保障机制。

第四条 中国气象局东北区域人工影响天气中心作为中国气象局派出机构,代表中国气象局在东北区域内行使人工影响天气管理职能,负责国家人工影响天气飞机运行管理、跨省(区)作业的组织协调、区域内人工影响天气的业务指导。四省(区)人工影响天气办公室作为当地人工影响天气指挥部(或领导小组)的工作机构,在东北区域人工影响天气中心组织下,实施跨省(区)人工影响天气作业,负责本行政区内人工影响天气工作。

第五条 建立东北区域人工影响天气联席会议制度,强化对区域人工影响天气工作的管理、组织、协调和指导。中国气象局领导担任联席会议召集人,成员单位包括各省(区)人工影响天气指挥部(领导小组)、民航东北地区管理局、沈阳军区空军司令部、东北区域人工影响天气中心等有关单位。设立联席会议办公室,挂靠东北区域人工影响天气中心。联席会议原则上每年召开一次全体会议。根据工作需要,可以临时召开全体会议、部分成员单位会议。联席会议以会议纪要形式明确会议议定事项,经召集人同意后印发,同时报送国家人工影响天气协调会议办公室备案。

第六条 跨省(区)作业由东北区域人工影响天气中心统一协调指挥,采用飞机、火箭、高炮等空地结合多种装备,实施联合增雨(雪)、防雹等作业。

跨省(区)作业分为常规作业和应急作业。常规作业由东北区域人工影响天气中心启动,应急作业由区域内省(区)政府向东北区域人工影响天气中心提出申请,也可由东北区域人工影响天气中心直接启动。确定启动跨省(区)作业后,由东北区域人工影响天气中心按作业优先级别设计并下达联合作业方案,作业单位按照方案及时申请空域,并将空域审批情况和作业情况报送东北区域人工影响天气中心。空域管制部门优先保障作业空域,并及时通知作业单位实施作业。

第七条 根据天气形势特点和防灾减灾需要,当云系可作业范围跨区域内两个相邻省级行政区时,启动常规跨省(区)作业。根据区域内重大干旱、森林草原火灾、冰雹等重大灾害抵御或重大活动保障等需求,启动应急跨省(区)作业。常规跨区作业在作业结束后自动解除,应急跨省(区)作业结束后及时报告相关省(区)政府,并通报有关单位。

第八条 年度跨省(区)作业计划由东北区域人工影响天气中心组织区域内各省(区)联合编制,经东北区域人工影响天气联席会议研究审定后,报国家人工影响天气协调会议办公室,由东北区域人工影响天气中心和四省(区)气象部门组织实施。

第九条 实施跨省(区)作业前应制定实施方案,明确作业目的、作业区域、作业时段、作业方式、空域需求、装备部署、催化剂量以及实施作业单位等,实施方案报中国气象局人工影响天气中心。

第十条 按作业需求、作业潜力和作业能力等要素,建立跨省(区)作业调度模型和优先级别,在保障作业整体效益的原则下,充分征求各省(区)意见,考虑上下游和周边地区的利益,科学合理地进行作业的指挥调度(决策指挥模型见附件1),保障作业决策的科学、公正、公平。

第十一条 启动跨区域作业预案后,区域内各省(区)水利、农(牧)业、林业、气象等部门及时将有关旱情、墒情、火险(火情)、雨情、探测和作业等信息传送到东北区域人工影响天气中心,东北区域人工影响天气中心要把作业情况通报有关省(区),实现信息共享。

第十二条 区域内各省(区)人工影响天气办公室除负责本省(区)人工影响天气作业的后勤保障外,还要承担国家人工影响天气飞机、其他省份常规飞机以及其他作业装备到本省(区)实施跨省(区)作业的所有后勤保障工作。

第十三条 建立跨区作业效益评估机制,东北区域人工影响天气中心组织相关部门和受益行业的专家进行跨省(区)作业年度效益评估(效益评估模型见附件2),并根据评估情况对当年的联合作业计划提出改进建议,调整作业布局,改进作业技术手段,进一步提高作业综合效益。

第十四条 建立中央和地方共同投入并与经济社会发展同步增长的经费保障机制,东北区域人工影响天气中心的基本运行经费列入中国气象局年度财政预算,区域内各省(区)的人工影响天气基本运行经费由原经费渠道解决(投入保障机制见附件3)。国家高性能飞机的作业和运行管理等业务经费列入财政部人工影响天气专项经费,专款专用。各省(区)的作业经费,由中央财政转移支付和地方各级财政预算解决。各省(区)作业装备开展跨省(区)的作业经费由受益省份根据实际消耗支付。

第十五条 军队和民航等部门要为开展跨省(区)作业的顺利进行提供机场保障和空域保障。水利、农业、林业、环保、民政等部门根据防灾减灾工作需要,提出人工影响天气作业服务需求,会同有关部门共同审定重大人工影响天气作业计划。

第十六条 本办法由中国气象局负责解释。

第十七条 本办法自发布之日起执行。

附件:1. 东北区域人工影响天气作业决策指挥模型(略)
　　　2. 东北区域人工影响天气作业效益评估模型(略)
　　　3. 东北区域人工影响天气作业投入保障机制(略)

规范性文件

中国气象局关于加强城市气象防灾减灾和公共气象服务体系建设指导意见

(气发〔2014〕5号)

2014年1月15日

推进城镇化发展是实现国家现代化的必由之路。城镇化对气象服务提出了新的更高要求。城市是人口、经济和文化的重要载体。城市气象灾害呈现出脆弱性、连锁性和高影响性的特征,城市公共气象服务体现出多样化和专业化的服务需求,气象与城市的关系日益密切,相互影响更加明显。

进一步完善城市气象防灾减灾和公共气象服务体系是实现气象现代化的重要任务,是保障我国推进城镇化的重要基础性工作。为进一步贯彻落实党的十八大、十八届三中全会和中央城镇化工作会议的各项要求,现就全面加强城市气象防灾减灾和公共气象服务体系建设,提出以下指导意见。

一、总体要求

(一)指导思想和基本原则

以邓小平理论、"三个代表"重要思想、科学发展观为指导,深入贯彻落实党的十八大和十八届三中全会精神,围绕全面推进城镇化的要求,着力加强城市气象防灾减灾和公共气象服务体系建设。要按照以人为本、公平共享,防灾为首、统筹发展,因地制宜、协调发展、深化改革、融合发展的原则,全面融入生态城市、安全城市、智慧城市建设,融入城市公共服务、运行管理和社会治理体系建设,切实提高城市气象防灾减灾和公共气象服务水平。

(二)发展目标

用3～5年的时间,基本建成结构合理、技术先进、组织有力、机制完善的城市气象防灾减灾和公共气象服务体系,较好地适应我国新型城镇化的新要求,服务城市经济社会发展的新需要,满足广大市民的新期待。

——城市气象防灾减灾水平明显提高。城市气象灾害风险管理得到较好实施,气象预警信息发布盲区基本消除,基本满足保障城市安全运行和人民生命财产安全的需要。市民气象防灾减灾意识和能力明显增强。

——城市公共气象服务供给有效扩大。城市公共气象服务的均等化、专业化、智能化水平明显提高,基本满足城市经济社会发展、人民安居乐业、城市优化布局、生态环境保护、应对气候变化和科学运行管理等需求。城市公众气象服务满意度稳定在86分左右。

——城市气象基础能力有效增强。城市综合气象观测体系建设全面推进。以数值预报为基础,精细、定量、无缝隙的城市气象预报预警能力基本形成。服务业务系统有效运行,信息保障稳定有力。城市气象核心技术创新取得突破,建设一支结构合理、素质优良、创新力强、充满活力的城市气象服务人才队伍。

——管理保障能力全面提升。建立完善向基层有效延伸的城乡一体化的气象防灾减灾和公共气象服务组织体系,实现组织机构到街道、气象服务站到社区、气象协理员到街道、气象信息员到社区。与气象服务相配套的社会参与机制、事业发展长效机制健全完善。

——建立分类目标体系。按照城市规模和形态不同,区别对待,分类发展。100万人口以上规模的超大城市、特大城市和大城市要全面完成城市气象防灾减灾和公共气象服务体系建设的各项任务。100万人口以下规模的中等城市和小城市应重点实现城市气象防灾减灾功能及其长效机制建设,并基本具备公众气象服务功能。沿海开放城市、交通枢纽城市、重点旅游城市等应实现服务的专业化功能,满足城市发展的特色需求。

二、主要任务

(一)提高城市气象防灾减灾能力

1.提高多灾种早期预警能力。加强台风、暴雨、强对流、雾、霾、雷电、风灾、高温、低温和暴雪等极端气象灾害的精细化监测预报预警能力。设立分灾种、多层次的城市灾害性天气监测警戒圈。根据灾害性天气发生发展,建立气象部门监测预报、多部门内部通报和面向社会发布预警"三位一体"的气象灾害早期预警体系。

2.提高气象灾害风险管理能力。以社区和高影响区域为重点,多种方式开展城市气象灾害风险普查。建立完善灾情上报、灾害隐患排查和重大气象灾害现场调查制度。完善致灾临界气象条件指标体系,建立并实时更新城市气象灾害风险数据库。加强气象灾害引发的城市内涝、交通安全、大气污染、能源紧缺、建筑物和地下空间受损等严重影响经济社会安全与发展的灾害风险评估。建立完善精细到灾害风险隐患点的分灾种风险评估和预警服务业务,做好灾前风险预警和灾后救灾决策服务。开展城市气象灾害风险区划,明确气象灾害风险的时空分布及其对各类城市运行要素的影响。开展社区气象灾害应急准备认证,并逐步向学校、企业等高影响单位延伸。加强建筑防雷检测和工程建设。完善城市气象灾害工程性和非工程性防御标准。

3.提高信息发布能力。以国家突发事件预警信息发布平台建设为抓手,健全充分利用各类传播资源的发布机制。建立重大突发性气象灾害预警信息全媒体的全网发布和"绿色通道"机制。实现气象预警信息分类、分级、分区发布。重点提高学校、工地、"城中村"、"上班族"、进城务工人员、残障人士等重点单位和高影响人群的信息覆盖能力。充分发挥街道气象协理员、社区气象信息员、气象服务站的作用,基本消除城市预警信息盲区。提高信息的可读性、针对性和指导性,真正做到气象灾害信息发得出、收得到、用得上。

4. 强化城市应急响应和救援救助能力。发挥气象预警信息"消息树"作用,加强与住建、民政、水利、水文、国土、应急、卫生、教育、城市运行保障等部门的信息共享,建立气象灾害多部门预警联动机制。完善市、区县、街道、社区和重点单位、企业等的应急预案体系。推进城市气象灾害防御"网格化"管理机制。建立气象灾害应急演练制度。采用多种方式推动气象灾害防御队伍建设,壮大包括学校、医院、企业、工地应急责任人等在内的气象信息员和气象志愿者队伍。推进建立城市气象灾害保险制度。联合相关部门积极探索重大气象灾害停课、停工等制度建设。

5. 提高市民气象科学素质。健全常态化、社会化、专业化的气象科普宣传工作体系。制订气象科普宣传年度工作计划。推进气象知识进学校、进教材、进社区。鼓励社会企业、组织和志愿者等社会资源参与,共同提高全社会的气象防灾减灾意识和公众避险自救互救能力。

(二)提升城市公共气象服务水平

1. 面向城市全体公众,扩大气象服务供给。开展均等化、互动化、分众化的城市公众气象服务。实现城市常住人口和临时流动人口的公众气象服务全覆盖。建立与公众充分互动的气象服务产品形成机制。强化针对主要街区、交通枢纽、商业区、旅游景区等人口密集区域的气象服务。丰富风寒、中暑、花粉、哮喘、"上下班"天气、食品安全等与市民生活和健康密切相关的气象服务产品。建立全国统一品牌、地方特色鲜明的气象服务集约化、品牌化发展格局,让市民享受到标准规范、丰富多样的气象服务,有效提升城市公众气象服务覆盖面和满意度。

2. 面向城市生态文明建设,提高环境气象服务水平。建立完善由霾预报、空气污染气象条件预报和城市空气质量预报构成的环境气象预报业务体系。加强与环保部门合作,建立重污染天气监测预警和应急联动体系。具备条件时实施人工影响天气作业。加强核与辐射、危险化学品扩散事故应急气象保障服务。鼓励有条件的城市逐步开展臭氧、光化学污染环境气象服务。将环境气象监测评估纳入城市生态文明考核评价机制。加强风能、太阳能等气候资源的开发利用工作,服务"绿色城市"建设。

3. 面向城市科学运行管理,提高专业服务能力。开展城市综合交通气象保障服务,完善部门联动机制。围绕城市内轨道交通和高速公路,城市间"1小时交通圈"和城市群一体化交通的需要,建立分工负责、共同参与、集约发展的交通气象综合服务体系。做好城市煤、电、油、运、水等安全运行的气象服务,完善常态化的城市重大活动气象服务管理运行机制,将气象服务全面融入城市运行管理体系。

4. 面向优化城市布局和城市群发展,提高区域一体化服务能力。围绕"两横三纵"城市化战略布局,有针对性地开展城市群气候变化影响评估,对优化城市化布局形态、规模结构和产业功能布局提供决策依据。加强城市群综合利用云水资源的人工影响天气作业能力和协调能力。面向国家"五纵五横"综合交通运输网络大通道和城市群综合物流体系建设,提高基于"物联网"技术的城市群物流气象服务能力。

5. 面向新型城市建设和城镇化管理,提高城市气候服务水平。围绕优化城市功能结构的需要,开展暴雨强度公式编制和定期修订工作,加强城市气候可行性论证,为城市功能区定位、新城规划、工程建设提供科学依据。将气候可行性论证纳入城市规划设计和管理体系,提高城市科学管理水平。开展城市大气承载力评估服务,为控制城市规模和调整产业结构提供决策依据。

(三)夯实城市气象基础能力

1.完善城市气象观测站网。根据《综合气象观测系统发展规划(2014—2020年)》,结合城市特点和预报服务需求,在科学定量分析评估现有观测站网数据的基础上,充分利用地基、空基和天基观测手段,补充、完善城市的气象观测站网;根据服务需求,完善城市环境、交通、能源、旅游、生态等专业气象观测站网;完善部门观测信息共享机制,提高城市高影响气象条件及其影响的综合信息获取能力。完善观测资料质量控制业务体系。在加强部门保障能力的同时,探索引入社会资源,形成气象装备社会化保障机制。

2.建立精细化预报预测业务。改进高分辨率数值模式,发展基于多种资料融合分析和模式释用技术,有效提高大城市气象要素预报的定量化水平,提高灾害性、转折性、高影响天气落区预报的时空分辨率。提高重点时段、重要地段(路段)、重点行业、重点人群的精细化预报能力。开展连续、滚动和无缝隙的城市精细化预报预警业务,制作和发布空间分辨率到街区、时间分辨率到小时的多要素、定量化天气预报和灾害预警产品。建立完善精细化到县的月、季气候预测业务。

3.完善城市气象服务业务系统。建设完善结构合理、集约高效、技术先进、稳定可靠的气象服务业务系统。建立融合地理信息、风险评估技术,集观测数据、预报数据、灾情数据和服务产品于一体,包括采集、加工、存储、共享、应用、服务等功能的智能化城市气象服务业务系统。实现气象观测资料和预报预测产品在1分钟内到达业务服务工作平台。

4.强化科技创新和人才队伍建设。提高城市气象灾害风险预警、城市高影响天气预报预警、气候变化对城镇化影响及适应技术、城市化进程中强降水特征等变化规律研究、暴雨强度公式编制技术、大气环境容量与城市生态文明建设、环境气象、人工影响天气、信息服务技术等领域的科技创新和成果转化。重点加强环境气象、健康、交通、能源等专业气象预报模式发展。提高气象服务技术创新的社会化水平,形成城市气象技术开放式、社会化创新格局。抓好领军人才和青年人才的培养使用,形成一批城市气象科技领军人才和创新团队并发挥重要作用。

三、保障措施

(一)健全组织体系,创新体制机制

健全覆盖市、区县、街道、社区的气象服务组织体系,探索建立中心城区、中心镇气象服务派出机构制度。推动将城市气象防灾减灾和公共气象服务体系建设工作纳入地方基本公共服务体系,全面纳入当地经济社会发展规划、地方政府绩效考核和公共财政预算,建立城市气象防灾减灾行政问责制度。完善气象灾害预警服务部门联席会议制度,将部门合作向气象社会管理延伸。推进气象服务社会化发展,完善政府购买气象服务体制机制,鼓励具有资质的社会气象服务机构开展气象服务,逐步形成气象服务提供主体多元化的发展格局。

(二)强化法规建设,加强社会管理

建立健全城市防灾减灾和公共气象服务法规及标准体系。推动各省(区、市)出台气象灾害防御和公共气象服务相关法规和规范性文件。推动区县及以上地方政府出台气象灾害防御规划。制定气象信息服务管理办法。建立城市公共气象服务白皮书制度。

(三)明确职责分工,统筹协调推进

城市所在区域(地级市、直辖市)气象局为城市气象防灾减灾和公共气象服务体系建设主体,按照3类目标体系,开展不同区域、形态和规模城市的气象防灾减灾和公共气象服务体系建设试点,做到试点先行,区别对待,分类实施,协调推进。省级气象部门负责组织协调及技术指导;城市群中心城市气象部门要主动协调,相关城市气象部门积极配合,共同完成好城市群气象服务;中国气象局有关直属业务单位负责做好关键技术研发、业务标准规范制定等基础性工作,相关内设机构加强制度建设和规范管理。

气象部门因公临时出国经费管理办法

(气发〔2014〕15 号)
2014 年 2 月 10 日

第一章 总 则

第一条 为了进一步规范因公临时出国经费管理,加强预算监督,提高资金使用效益,保证气象部门外事工作的顺利开展,制定本办法。

第二条 本办法适用于气象部门所属各级机关和事业单位因公组派临时代表团组的出国人员。

第三条 各单位因公组派临时出国团组应当坚持强化预算约束、优化经费结构、厉行勤俭节约、讲求务实高效的原则,严格控制因公临时出国规模,规范因公临时出国经费管理。

第二章 预算管理和计划管理

第四条 因公临时出国经费应当全部纳入预算管理,并按照下列规定执行:

(一)各单位财务部门应当加强因公临时出国经费的预算管

理,严格控制因公临时出国经费总额,科学合理地安排因公临时出国经费预算。

(二)各单位应当加强预算硬约束,认真贯彻落实厉行节约的要求,在核定的年度因公临时出国经费预算内,务实高效、精简节约地安排因公临时出国活动,不得超预算或无预算安排出访团组。确有特殊需要的,按规定程序报批。

第五条 出访团组应按照《气象部门因公临时出国(境)管理规定(试行)》要求,实行计划审批管理。

第六条 各单位出国经费的支付,应当严格按照国库集中支付制度和公务卡管理制度的有关规定执行。

各单位应当严格执行各项经费开支标准,不得擅自突破,严禁接受或变相接受企事业单位资助,严禁向下级单位、企业等摊派或转嫁出访费用。

第七条 各单位应当建立因公临时出国计划与财务管理的内部控制制度。出访团组应事先填报《因公临时出国任务和预算审批意见表》(见附表1),并由本单位外事和财务部门分别出具审签意见,明确审核责任。出国任务、出国经费预算未通过审核的,不安排出访团组。

第三章 经费管理

第八条 因公临时出国经费包括:国际旅费、国外城市间交通费、住宿费、伙食费、公杂费和其他费用。

国际旅费,是指出境口岸至入境口岸旅费。

国外城市间交通费,是指为完成工作任务所必须发生的,在出访国家的城市与城市之间的交通费用。

住宿费是指出国人员在国外发生的住宿费用。

伙食费是指出国人员在国外期间的日常伙食费用。

公杂费是指出国人员在国外期间的市内交通、邮电、办公用品、必要的小费等费用。

其他费用主要是指出国签证费用、必需的保险费用、防疫费用、国际会议注册费用等。

第九条 国际旅费按照下列规定执行：

(一)选择经济合理的路线。出国人员应当优先选择由我国航空公司运营的国际航线，由于航班衔接等原因确需选择外国航空公司航线的，应当事先报经外事和财务部门审批同意。不得以任何理由绕道旅行，或以过境名义变相增加出访国家和时间。

(二)按照经济适用的原则，通过政府采购等方式，选择优惠票价，并尽可能购买往返机票。

(三)因公临时出国购买机票，须经本单位外事和财务部门审批同意。机票款由本单位通过公务卡、银行转账方式支付，不得以现金支付。财务部门应当根据《航空运输电子客票行程单》等有效票据注明的金额予以报销。

(四)出国人员应当严格按照规定安排交通工具，不得乘坐民航包机或私人、企业和外国航空公司包机。

(五)省部级人员可以乘坐飞机头等舱、轮船一等舱、火车高级软卧或全列软席列车的商务座；司局级人员可以乘坐飞机公务舱、轮船二等舱、火车软卧或全列软席列车的一等座；其他人员均乘坐飞机经济舱、轮船三等舱、火车硬卧或全列软席列车的二等座。所乘交通工具舱位等级划分与以上不一致的，可乘坐同等水平的舱位。所乘交通工具未设置上述规定中本级别人员可乘坐舱位等级的，应乘坐低一等级舱位。上述人员发生的国际旅费据实报销。

(六)出国人员乘坐国际列车，国内段按国内差旅费的有关规定执行；国外段超过6小时以上的按自然(日历)天数计算，每人每天补助12美元。

第十条 出国人员根据出访任务需要在一个国家城市间往

来,应当事先在出国计划中列明,并报本单位外事和财务部门批准。未列入出国计划、未经本单位外事和财务部门批准的,不得在国外城市间往来。出国人员的旅程必须按照批准的计划执行,其城市间交通费凭有效原始票据据实报销。

第十一条 住宿费按照下列规定执行:

(一)出国人员应当严格按照规定安排住宿,省部级人员可安排普通套房,住宿费据实报销;厅局级及以下人员安排标准间,在规定的住宿费标准之内予以报销。

(二)参加国际会议等的出国人员,原则上应当按照住宿费标准执行。如对方组织单位指定或推荐酒店,应当严格把关,通过询价方式从紧安排,超出费用标准的,须事先报经本单位外事和财务部门批准。经批准,住宿费可据实报销。

第十二条 伙食费和公杂费按照下列规定执行:

(一)出国人员伙食费、公杂费可以按规定的标准发给个人包干使用。包干天数按离、抵我国国境之日计算。

(二)根据工作需要和特点,不宜个人包干的出访团组,其伙食费和公杂费由出访团组统一掌握,包干使用。

(三)外方以现金或实物形式提供伙食费和公杂费接待我代表团组的,出国人员不再领取伙食费和公杂费。

(四)出访用餐应当勤俭节约,不上高档菜肴和酒水,自助餐也要注意节俭。

第十三条 出访团组对外原则上不搞宴请,确需宴请的,应当连同出国计划一并报批,宴请标准按照所在国家一人一天的伙食费标准掌握。

出访团组与我国驻外使领馆等外交机构和其他中资机构、企业之间一律不得用公款相互宴请。

第十四条 出访团组在国外期间,收受礼品应当严格按有关规定执行。原则上不对外赠送礼品,确有必要赠送的,应当事先报经本单位外事和财务部门审批同意,按照厉行节俭的原则,选择具有民族特色的纪念品、传统手工艺品和实用物品,朴素大方,不求奢华。

出访团组与我国驻外使领馆等外交机构和其他中资机构、企业之间一律不得以任何名义、任何方式互赠礼品或纪念品。

第十五条 出国签证费用、防疫费用、国际会议注册费用等凭有效原始票据据实报销。根据到访国要求,出国人员必须购买保险的,应当事先报经本单位外事和财务部门批准后,按照到访国驻华使领馆要求购买,凭有效原始票据据实报销。

第十六条 出国人员回国报销费用时,须凭有效票据填报有团组负责人审核签字的《出国代表团(组)费用结算表》(见附表2)。各种报销凭证须用中文注明开支内容、日期、数量、金额等,并由经办人签字。

中国气象局机关和直属事业单位应按照《中国气象局机关和直属事业单位财务报销管理暂行办法》,对因公临时出国团组的经费进行核销管理。各省(区、市)气象局财务部门应当根据本办法制定本单位财务报销审批的具体规定,加强对因公临时出国团组的经费核销管理。各单位财务部门应当对因公临时出国团组提交的出国任务批件、护照(包括签证和出入境记录)复印件及有效费用明细票据进行认真审核,严格按照批准的出国团组人员、天数、路线、经费预算及开支标准核销经费,不得核销与出访任务无关的开支。

第十七条 中国气象局机关和直属事业单位应根据出国经费预算,结合实际购汇需求,核定本单位购汇数额,通过财政部批准的人民币资金账户,向外汇指定银行购买外汇。各省(区、市)气象局应按照所在地外汇管理机构有关规定,根据出国经费预算,结合实际购汇需求,具体办理购汇手续。

第四章　监督检查

第十八条　除涉密内容和事项外,因公临时出国经费的预决算应当按照预决算信息公开的有关规定,及时公开,主动接受社会监督。

第十九条　各单位外事、财务、审计等部门对因公临时出国情况进行定期或不定期联合检查。各单位财务部门应当定期或不定期对本单位因公临时出国经费管理使用情况进行监督检查。审计部门应当对本单位因公临时出国经费管理使用情况进行审计。

各单位财务部门应当建立健全因公临时出国团组内部监督检查机制,每半年向中国气象局国际合作司、计划财务司报送本单位因公临时出国经费使用情况。严格按照预算绩效管理的有关规定,加强因公临时出国经费预算绩效评价,切实提高预算资金的使用效益。

第二十条　组团单位应当采取集中形式,对团组全体人员进行行前财经纪律教育。对出国人员违反本办法规定,有下列行为之一的,除相关开支一律不予报销外,按照《财政违法行为处罚处分条例》等有关规定严肃处理,并追究有关人员责任:

(一)违规扩大出国经费开支范围的。

(二)擅自提高经费开支标准的。

(三)虚报团组级别、人数、国家数、天数等,套取出国经费的。

(四)使用虚假发票报销出国费用的。

(五)其他违反本办法的行为。

第五章　附　则

第二十一条　各单位因公临时赴香港、澳门、台湾地区的,适用本办法。

第二十二条 边境地区有频繁出国任务的,其因公临时出国经费开支标准和管理办法可根据所在省、自治区财政厅向财政部备案的实际标准执行。

第二十三条 对与我新建交或未建交国家,相关经费开支标准暂按照经济水平相近的邻国标准执行。

第二十四条 财政部、外交部根据出访国家或地区经济发展、物价等变动情况,对相关经费开支标准适时调整。

第二十五条 企业和其他因公临时出国人员参照本办法执行。

第二十六条 本办法由中国气象局计划财务司、国际合作司负责解释。

第二十七条 本办法自 2014 年 1 月 20 日起施行。中国气象局此前下发的有关管理规定与本办法不一致的,按照本办法执行。

附表:1. 因公临时出国任务和预算审批意见表(略)
      2. 出国代表团(组)费用结算表(略)

气象科技成果转化奖励办法(试行)

(气发〔2014〕22号)
2014年2月25日

第一章 总 则

第一条 为贯彻落实《中国气象局关于强化科技创新驱动现代气象业务发展的意见》(气发〔2012〕111号)精神,进一步完善科技创新驱动现代气象业务发展的新机制,引导和激励科技人员紧紧围绕现代气象业务发展需求,增强科技创新能力,解决关键科技问题,强化从事成果转化、推广、应用工作的自觉性和积极性,实现科技成果转化应用和开放共享,为全面推进气象现代化提供科技支撑,制定本办法。

第二条 中国气象局设立气象科技成果转化奖(以下简称"转化奖"),所需经费由中国气象局统筹解决。

第三条 转化奖的推荐、评审和授奖,按照公开、公平、公正的原则,实行科学的评审制度,不受任何个人或组织的非法干涉。

第四条 中国气象局科学技术委员会(以下简称"科技委")负责转化奖的评审工作。科技委办公室负责转化奖评审的组织工作。

第五条 转化奖的奖励证书不作为确定科学技术成果权属的直接依据。

第二章 奖励范围和评选标准

第六条 转化奖授予符合下列条件的成果:在气象科技研究与开发中,取得对气象业务发展和科技进步具有重要意义的创新性成果,并经过两年以上较大范围的推广应用和开放共享,解决了本部门业务服务中的重大难点、关键问题,促进了气象业务服务工作的优化、升级及产品的更新换代,对提高现代气象业务能力和促进气象现代化建设做出了重要贡献,明显提升了气象业务服务的科技含量。

第七条 转化奖成果第一完成人、第一完成单位不限于气象部门,但成果应用单位必须在气象部门。

第八条 转化奖分为一等奖、二等奖两个等级,每年评选一次,每年授奖总数不超过 10 个,其中一等奖不超过 3 个,可以空缺。

转化奖授奖的人员和单位既包括成果完成人员和单位,也须包括从事成果转化应用的人员和单位。单项授奖人数不超过 15 人,授奖单位不超过 5 个。第一申报人应为该项成果的主要完成人。

第九条 转化奖不同等级的评定标准是:

一等奖:成果在研发上具有突破性进展和实质性创新,并解决了业务服务需求重大、共性、关键科技问题,在气象业务服务中进行了成功推广应用和开放共享,显著提高了国家或区域的气象业务服务水平,产生了重大效益。

二等奖:成果在研发上具有较明显进展和较大创新,并解决了业务服务需求急需的实际问题,在气象业务服务中得到有效推广应用和开放共享,提高了气象业务服务水平,产生了重要效益。

第三章 推 荐

第十条 转化奖由各省(自治区、直辖市)气象局和中国气象局直属科研、业务单位推荐。气象部门外的成果在气象部门应用转化的,可由成果应用单位推荐。推荐要明确成果的主要内容、创新性及业务应用效果。

第十一条 转化奖实行限额推荐,每个单位当年推荐转化奖候选成果不超过2项。推荐前应当在推荐单位公示,公示时间为一周(不少于五个工作日)。

第十二条 推荐转化奖候选成果,应当按照奖励条件和科技委办公室通知要求,填写统一格式的推荐书,提供真实、可靠的评价和证明材料,并在规定的时间内报送科技委办公室。

第十三条 凡存有争议的成果,在争议未解决前不得推荐。已经获得国家或省部级同类科技奖励的,不得推荐。

第四章 评 审

第一节 形式审查

第十四条 科技委办公室对推荐材料进行形式审查,认定不符合规定的推荐材料,可以要求推荐单位在规定时间内补正,逾期未补正或者经补正仍不符合要求的,不提交评审。

形式审查的主要内容包括:主要完成人本人签名;成果完成单位、推荐单位推荐意见及公章;应用证明的真实性和完整性;技术评价证明(包括验收、鉴定等材料)及其他证明材料、推荐书规定内容的真实性和完整性。

形式审查后,由科技委办公室统一进行推荐成果真实性的公示。公示范围由科技委办公室确定,公示时间为一周(不少于五个工作日)。

第二节 初 评

第十五条 科技委办公室按业务研究领域确定由相关同行专家组成的初评组,将推荐材料送交各初评组进行初评。

初评以会议方式进行,或者由初评组专家以书面评审方式进行。初评方式由科技委办公室根据转化奖申报情况确定。

第十六条 会议初评工作流程

(一)各初评组组长收到科技委办公室提交的形式审查合格的推荐材料后,对每个候选成果各指定2名主审员,并确定初评会议时间、地点,通知该组成员和科技委办公室。

(二)主审员在会前审阅推荐材料,按要求填写评审意见表。

(三)初评组召开初评会议。出席初评会议人数超过初评组全体人员总数三分之二(含三分之二)时,会议有效。

初评会议由初评组组长主持,主审员介绍对候选成果的初审意见和建议;初评组进行评议;通过无记名投票进行表决。

通过初评的候选成果的条件为:通过初评的转化奖一等奖候选成果所获得的一等奖推荐票数应当为到会评委的二分之一以上(不含二分之一);二等奖候选成果所获得的一等奖和二等奖推荐票数之和应当为到会评委的二分之一以上(不含二分之一)。

(四)将初评组的评审结果报科技委办公室。

第十七条 书面初评工作流程

(一)各初评组组长收到科技委办公室提交的形式审查合格的推荐材料后,分发给该组成员。

(二)各成员审阅推荐材料,按要求填写评审意见表和投票表,提交给本组组长。

(三)初评组组长根据各成员评审意见和投票情况,提出初评组的评审结果,并报科技委办公室。

通过初评的候选成果的条件为:通过初评的转化奖一等奖候选成果所获得的一等奖推荐票数应当为投票评委的二分之一以上(不含二分之一);二等奖候选成果所获得的一等奖和二等奖推荐票数之和应当为投票评委的二分之一以上(不含二分之一)。

第三节 科技委评审

第十八条 科技委召开会议对初评结果进行评审。评审会议的召开要按照科技委章程的有关要求进行。

第十九条 科技委评审会议工作流程

(一)听取科技委办公室汇报推荐材料的受理情况及初评概况。

(二)各初评组组长向科技委介绍本组初评情况和初评意见。

(三)推荐转化奖一等奖的候选成果进行答辩和质疑。

(四)科技委对候选成果进行评议。

(五)投票确定转化奖的获奖成果。科技委评审通过无记名投票进行表决,科技委办公室工作人员负责计票,科技委负责人委托专家监票。

第二十条 科技委评审通过的获奖成果的条件为:转化奖一等奖获奖成果所获得的一等奖赞成票数应当在三分之二以上(含三分之二);二等奖获奖成果所获得的一等奖和二等奖赞成票数之和应当在二分之一以上(不含二分之一)。在满足上述条件的成果中,根据授奖成果的限额,按得票数由高到低选取。

第二十一条 必要时,对建议授奖的转化奖一等奖成果,可组织有关专家进行考察,并将考察结果报科技委。

第二十二条 转化奖的评审实行回避制度。

被推荐为转化奖候选成果的完成人,不得作为评审人员参加相关初评组。

若科技委委员为转化奖候选成果的完成人,在科技委评审会议就与其相关的候选成果进行审议时,该委员需退场回避,但可以参加对该成果的投票表决（投赞成票）。科技委办公室在计票时扣除该候选成果总票数和赞成票数各一票。

第五章　异议及其处理

第二十三条　转化奖的评审工作实行异议制度。

科技委办公室将评审结果予以公示，公示时间为一周（不少于五个工作日）。任何单位和个人对候选成果持有异议，应当在公示期内向科技委办公室提出，逾期不予受理。

提出异议的单位或个人应当以真实身份提交书面异议材料，并提供证明文件。个人提出异议的，应当在异议材料上签署真实姓名；以单位名义提出异议的，应当由单位负责人（法人代表）签名并加盖单位公章。匿名异议不予受理。推荐单位及成果的完成人和完成单位对评审等级的异议，不予受理。

第二十四条　科技委办公室在接到异议材料后，经审查属于异议受理范围的，将异议内容（不记名）通知推荐单位，要求其在规定的时间内核实异议内容，并将调查、核实情况及初步处理建议报送科技委办公室审核。

候选成果的推荐单位在规定时间内未按要求提供相关证明材料的，视为承认异议内容；提出异议的单位、个人在规定时间内未按要求提供相关证明材料的，视为放弃异议。

科技委办公室向科技委负责人或科技委评审会议报告异议核实情况及处理意见，经科技委负责人批准或科技委评审会议研究决定后，科技委办公室将最终处理意见通知异议方和推荐单位。

第二十五条　科技委办公室、推荐单位，以及其他参与异议调查、处理的有关人员应当对异议者的身份予以保密。确实需要公开的，应当事前征求异议者的意见。提出异议的单位、个人不得擅自将异议材料直接提交初评组成员或科技委委员。

第二十六条 公示期内,成果完成单位或完成人提出放弃奖励的,应当经成果完成单位或者完成人申请,推荐单位同意,报科技委办公室审核后,提交科技委裁定。经裁定不予授奖的成果,应当间隔一年,方可重新申报转化奖。

第六章 授 奖

第二十七条 中国气象局科技管理职能部门将科技委评选出的转化奖成果报中国气象局审核批准。

第二十八条 转化奖由中国气象局颁发证书。

转化奖一等奖、二等奖的奖金分别为5万元、3万元。

中国气象局将根据科技、经济发展的需要,适时提高转化奖的奖励经费和奖金数额。

第二十九条 鼓励有关单位对转化奖获得者给予相应的匹配奖金。

第七章 纪律与罚则

第三十条 参与评审工作的科技委委员、初评组成员及有关工作人员应当对评审内容严格保守秘密。参与转化奖评审活动和有关工作的人员在评审活动中违反保密规定、弄虚作假、徇私舞弊的,依法给予行政处分。

第三十一条 剽窃、侵夺他人的发现、发明或者其他科学技术成果的,或者以其他不正当手段骗取转化奖的,由中国气象局科技管理职能部门报中国气象局批准后撤销奖励,追回奖金,依法给予行政处分。

第三十二条 推荐单位提供虚假数据、材料,协助他人骗取转化奖的,由中国气象局科技管理职能部门通报批评;情节严重的,暂停或者取消其推荐资格;对负有直接责任的主管人员和其他直接责任人员,依法给予行政处分。

第八章　附　则

第三十三条　本办法自发布之日起施行,由科技与气候变化司负责解释。

中国气象局《党政机关厉行节约反对浪费条例》实施办法

(气发〔2014〕25号)
2014年3月21日

第一章 总 则

第一条 为了进一步巩固党的群众路线教育实践活动成果,弘扬艰苦奋斗、勤俭节约的优良作风,推进气象部门厉行节约反对浪费,建设节约型部门,根据《党政机关厉行节约反对浪费条例》(以下简称《条例》),结合气象部门实际,制定本办法。

第二条 本办法适用于气象部门所属各级机关以及事业单位。

第三条 本办法所称浪费,是指气象部门及其工作人员违反规定进行不必要的公务活动,或者在履行公务中超出规定范围、标准和要求,不当使用公共资金、资产和资源,给国家和社会造成损失的行为。

第四条 厉行节约反对浪费,应当遵循下列原则:坚持从严从简,勤俭办一切事业,降低公务活动成本;坚持依法依规,遵守国家法律法规和党内法规制度的相关规定,严格按程序办事;坚持总量控制,科学设定相关标准,严格控制经费支出总额,加强厉行节约绩效考评;坚持实事求是,从实际出发安排公务活动,取消不必要的公务活动,保证正常公务活动;坚持公开透明,除涉及国家秘密事项外,公务活动中的资金、资产、资源使用等情况应予公开,接受各方面监督;坚持深化改革,通过改革创新破解体制机制障碍,建立健全厉行节约反对浪费工作长效机制;坚持属地原则,考虑气象部门工作在地方、生活在地方的实际情况,可按照属地标准和规定,全面落实好《条例》各项规定和要求。

第五条 中国气象局办公室负责统筹协调、指导检查全国气象部门厉行节约反对浪费工作,建立协调联络机制承办具体事务。各级气象部门办公室负责指导检查落实本地气象部门厉行节约反对浪费工作。

纪检监察和人事、计财、外事、党委、审计等部门根据职责分工,依法依规履行对厉行节约反对浪费相关工作的管理、监督等职责。

第六条 各级气象部门应当加强对厉行节约反对浪费工作的组织领导。各单位领导班子主要负责人对本单位的厉行节约反对浪费工作负总责,其他成员根据工作分工,对职责范围内的厉行节约反对浪费工作负主要领导责任。

第二章 经费管理

第七条 继续深化气象部门综合预算改革,加强预算编制管理,按照综合预算的要求,将各项收入和支出全部纳入部门预算,统筹各项收入安排支出,各项支出要明细到具体项目。

严禁以任何形式隐瞒、截留、挤占、挪用、坐支或者私分收入;严禁转移到机关所属工会、培训中心、服务中心等单位账户使用;严禁将应收缴的各项收入直接抵顶支出。坚决制止搞"小金库"、账外账等违法违纪行为。

第八条 各单位应当遵循先有预算、后有支出的原则,严格执行预算,严禁超预算或者无预算安排支出,严禁虚列支出、转移或者套取预算资金。

严格控制国内差旅费、因公临时出国(境)费、公务接待费、公务用车购置及运行费、会议费、培训费等一般性支出,降低行政成本。强化预算约束,年度预算执行中一般不追加支出,因特殊需要确需追加的,由计财部门审核后按程序报批。

充分利用计财业务系统对违规转移资金、超额提取现金、不按预算规定用途使用资金等行为进行重点监控。建立健全预算绩效管理体系,形成"花钱必问效、无效必问责"机制。严把预算执行关,增强预算执行的严肃性,提高预算执行的准确率,防止年底突击花钱等现象发生。

第九条 严格执行国家会计制度,构建单位内控规范体系,准确核算单位运行经费,全面反映行政成本。

第十条 严格执行国家公务活动经费具体开支范围和开支标准。强化支出报销审核责任制,严格支出报销审核,不得报销超范围、超标准及与相关公务活动无关的费用,不得报销未按要求审批报备、原始凭证不真实不完整的支出。

第十一条 严格执行公务卡制度。对于国内发生的公务差旅费、公务接待费、公务用车购置及运行费、会议费、培训费等经费支出,除按规定实行财政直接支付或者银行转账外,应当使用公务卡结算。对不具备刷卡条件的公务支出,应当事前核准使用现金额度。

第十二条 各单位采购货物、工程和服务,应当实行政府采购,遵循公开透明、公平竞争、诚实信用、物有所值原则。

政府采购应当依法完整编制采购预算,严格执行经费预算、资产配置标准和预算管理有关规定,加强项目预算评审和采购方案论证,不得违规采购进口产品、超标准配置产品,不得超出办公需要采购服务。

严格执行政府采购程序,不得违反规定以任何方式和理由指定或者变相指定品牌、型号、产地、供应商。采购文件中不得有限制和排斥潜在供应商的内容。采购公开招标数额标准以上的货物、工程和服务,应当进行公开招标,确需改变采购方式的,应当严格执行有关审批程序和有关公示制度。列入政府集中采购目录范围的,应当依法委托集中采购机构代理采购,并逐步推行批量集中采购。严格控制协议供货采购的数量和规模,不得以协议供货拆分项目的方式规避公开招标。严格按照预算确定事项开展采购活动,不得自行增加采购需求或者提高项目技术规格等指标。

应当按照政府采购合同规定的采购需求组织验收。计财部门应当加强政府采购管理和监督检查,对政府采购的资金节约、政策效能、透明程度以及专业化水平进行综合、客观评价。

第十三条 加强单位资产管理,建立健全资产配置、使用和处置等管理制度,完善资产配置的数量、价格和使用年限标准。加快建立国有资产统筹调配机制,促进资产科学配置、高效使用和规范处置。

第三章 国内差旅和因公临时出国(境)

第十四条 各单位应当建立健全并严格执行国内差旅内部审批制度,明确审批责任,规范审批流程。设立差旅审批单,并作为财务报销的凭证之一。

严格差旅费预算管理,从严控制国内差旅人数和天数。严禁无实质内容、无明确公务目的差旅活动,严禁以公务差旅名义和方式变相旅游,严禁异地部门间无实质内容的学习交流和考察调研。

第十五条 差旅人员应当严格按规定乘坐飞机、火车、轮船等交通工具,有多种交通工具可以选择时,在不影响公务、确保安全的前提下,应当选乘相对经济便捷的交通工具。

差旅人员严格按规定的差旅住宿费标准选择入住宾馆(包括饭店、招待所)。差旅人员应当在住宿宾馆或者公务活动地点自行用餐。住宿、就餐费用由差旅人员所在单位或派出单位承担。不得将应由个人负担的超范围、超标准的费用转嫁给下级单位、企业或其他单位。住宿、就餐由接待单位协助安排的,必须按标准交纳住宿费和餐费。

差旅人员不得向接待单位提出正常公务活动以外的要求,不得在出差期间接受违反规定用公款支付的宴请、游览和非工作需要的参观,不得接受礼金、礼品和土特产品等。

第十六条 按照务实、高效、精简、节约的原则,统筹安排、科学制订年度因公临时出国(境)计划,严格控制团组数量和规模。坚持因事定人,先由各级气象部门统筹确定本单位对外交流与合作任务事项,再根据工作需要和人员分工提出因公临时出国(境)计划与人选建议。不得因人找事,不得安排照顾性和无实质内容的一般性出访,不再安排考察性出访。不得到境外组织无实质内容的调研、会议、培训等活动,严禁集中安排赴热门国家和地区出访,严禁以各种名义变相公款出国(境)旅游,严格控制跨地区、跨部门团组。

第十七条 人事、外事管理等有关部门应当加强出国(境)培训总体规划、因公临时出国(境)审批管理和监督管理,对违反规定、不适合成行的团组予以调整或者取消。

从严制订领导干部境外培训计划,严格控制出国(境)培训规模,科学设置培训项目,择优选派培训对象。建立团组出国(境)培训情况跟踪和评估工作机制,加强对培训成果的总结和推广,提高出国(境)培训质量和实效。

第十八条 加强因公临时出国(境)经费预算管理,严格控制因公临时出国(境)经费总额,严格执行经费先行审核制度。无出国(境)经费预算安排的不予批准,确有特殊需要的,按规定程序报批。严禁违反规定使用出国(境)经费预算以外资金作为出国(境)经费,严禁接受或变相接受企事业单位资助,严禁向下级单位、企业等摊派或转嫁出访费用。

第十九条 严格遵守因公出境经费预算、支出、使用、核算等财务制度,严格执行各项经费开支标准,不得擅自突破。

出国(境)团组要注重节约,严格按照规定安排交通工具和食宿,不得安排超标准住房和用车,不得铺张浪费。未经批准不得变更出访路线,不得以任何理由绕道旅行,或以过境名义变相增加出访国家和时间,不得擅自延长在国(境)外停留时间。不得参加与项目任务无关的活动。出访期间,原则上不赠送礼品,不得用公款相互宴请,不得接受超标准接待和高消费娱乐,不得接受礼金、贵重礼品、有价证券、支付凭证等。

第四章 公务接待

第二十条 严格按照《党政机关国内公务接待管理规定》,加强对部门公务接待工作的管理和指导。各单位公务接待管理部门应结合本地本部门实际,完善公务接待管理办法,制定公务接待标准。

第二十一条 公务接待应当坚持有利公务、厉行节约、事前审批、对等接待、严格标准、简化礼仪、高效透明、尊重少数民族风俗习惯的原则。

第二十二条 各单位应当建立公务接待审批控制制度,严格控制公务接待范围。公务外出需要接待的,派出单位应当向接待单位发出公函,告知内容、行程和人员。对能够合并的公务接待统筹安排,对无公函的公务活动和来访人员不予接待,严禁将非公务活动纳入接待范围。

第二十三条 应当严格执行国内公务接待标准,实行公务接待经费总额和接待标准双控制度。

接待单位应当严格按标准安排接待对象的住宿用房,协助安排住宿的,应当选择定点饭店或机关内部接待场所,协助安排用餐的按标准收取餐费。接待住宿应当按照差旅费管理有关规定执行。接待对象应按照财务规定的住宿标准缴纳住宿费。不得在接待费中列支应当由接待对象承担的费用,不得在非税收入中坐支接待费,不得借公务接待名义列支其他支出,不得以举办会议、培训等名义列支、转移、隐匿接待费开支。

第二十四条 建立公务接待清单制度。公务活动结束后,接待单位应当填写接待清单,如实反映接待对象的单位、姓名、职务和公务活动项目、时间、场所、费用等内容,由相关负责人审签,作为财务报销的凭证之一并接受审计。

应当从严审核报销公务接待费支出,报销凭证应当包括派出单位公函、公务接待审批单、财务票据和接待清单等。

第二十五条 外宾接待工作应当遵循服务气象事业发展、友好对等、务实节俭的原则。严格审批,强化管理,外宾邀请单位应当严格按照有关规定和外事接待开支标准安排接待活动,从严从紧控制外宾团组和接待费用,严禁超规格、超标准接待,严禁扩大接待范围、增加接待项目,严禁承担应由外宾自行承担的费用。

第二十六条 各单位不得以任何名义新建、改建、扩建所属宾馆、招待所等各类具有住宿、会议、餐饮接待功能的设施或者场所。

第二十七条 积极推进公务接待服务社会化改革,有效利用社会资源为公务接待提供住宿、餐饮、用车等服务。

第五章 公务用车

第二十八条 按照属地化原则,坚持社会化、市场化方向,改革公务用车制度,合理有效配置公务用车资源,创新公务交通分类提供方式,保障公务出行,降低行政成本,积极推行建立符合实情的新型公务用车制度。

改革公务用车实物配给方式,取消一般公务用车,保留必要的执法执勤、机要通信、应急和气象特种专业技术用车及按规定配备的其他车辆。普通公务出行由公务人员自主选择,实行社会化提供。取消的一般公务用车采取公开招标、拍卖等方式公开处置。

公务用车制度改革后,适度发放公务交通补贴,不得以车改补贴的名义变相发放福利。

第二十九条 应当从严配备实行定向化保障的公务用车,不得以特殊用途等理由变相超编制、超标准配备公务用车,不得以任何方式换用、借用、占用下属单位或者其他单位和个人的车辆,不得接受企事业单位和个人赠送的车辆。严格按规定配备专车,不得擅自扩大专车配备范围或者变相配备专车。

第三十条 公务用车实行政府集中采购,应当选用国产汽车,优先选用新能源汽车。

第三十一条 规范公务用车运行费用管理。公务用车保险、维修、加油等实行政府集中采购和定点保险、定点维修、定点加油制度,严格控制公务用车燃料费、维修费、保险费、过路过桥费、停车费和其他相关费用支出,降低运行成本。

第三十二条 根据公务活动需要,严格按规定使用公务用车,严禁以任何理由挪用或者固定给个人使用执法执勤、机要通信、应急等公务用车。领导干部亲属和身边工作人员不得因私使用配备给领导干部的公务用车。

第六章 会议活动

第三十三条 各单位召开会议应当坚持厉行节约、反对浪费、规范简朴、务实高效的原则,严格控制会议数量、会期和参会人员规模,严格执行会议费开支范围和标准。各单位召开的会议实行分类管理、分级审批。

第三十四条 会议召开场所实行政府采购定点管理。在定点饭店召开的会议,应当在定点饭店协议价格以内结算费用,会议住宿用房以标准间为主,用餐以自助餐为主。各单位应当优先安排使用内部会议室、礼堂等场所召开会议。参会人员以本地单位为主的会议不得到外地召开。不得到明令禁止的风景名胜区召开会议。

第三十五条 各单位应精简会议数量,改进会议形式,充分运用电视电话、网络视频等现代信息技术手段,降低会议成本,提高会议效率;内容相近、时间靠近、参会人员重叠的会议,应当合并套开或者接续召开,节约费用支出。

第三十六条 完善会议费报销制度,实行一会一结算。会议费报销时应当提供会议通知、实际参会人员名单、会议服务单位提供的费用原始明细单据,以及应报批会议的批复文件等凭证。未经批准以及超范围、超标准开支的会议费用,一律不予报销。

严禁违规使用会议费购置电脑、复印机、打印机、传真机等办公设备,严禁列支公务接待费等与会议无关的任何费用,严禁套取会议资金。严禁以任何方式向下属机构、企事业单位等转嫁或摊派会议费。

第三十七条 建立健全培训审批制度,应当按程序报批的培训,必须提前向培训审批部门提出书面请示。严格控制培训数量、时间、规模,严禁以培训名义召开会议。

严格执行分类培训经费开支标准,严格控制培训经费支出范围,严禁在培训经费中列支公务接待费、会议费等与培训无关的任何费用,严禁以培训名义进行公款宴请、公款旅游活动。

建立健全气象部门培训费管理办法,明确培训审批、培训费开支范围、开支标准、报销支付等规定。

第三十八条 未经批准,各单位不得以单位成立、周年庆祝、行政区划变更、工程奠基或者竣工等名义举办各类节庆、论坛、展会等活动。节庆、论坛、展会活动实行审批制,应当按照依据明确、数量适当、规模适度、经费合规的总体要求,从严掌握,注重实效,防止形式主义和铺张浪费。

批准的各类节庆、论坛、展会等活动,应当严格控制规模和经费支出,不得向下属单位摊派费用,不得借举办活动发放各类纪念品,不得超出规定标准支付费用邀请名人参与活动。不得利用节庆论坛展会活动为单位或者个人谋取私利。

第三十九条 严格控制和规范评比达标表彰活动,实行项目管理,从严掌握,总量控制,不得自行设置评比达标表彰项目。以中国气象局名义开展的省级评比达标表彰项目,报党中央、国务院审批;省级以下评比达标表彰项目,报中国气象局或当地有关部门审批。评比达标表彰项目费用由举办单位承担,举办单位不得以任何方式向参评单位和个人收取费用或变相收费,不准借举办活动乱发钱物或者组织公款旅游等活动。

第七章 办公和业务用房

第四十条 认真贯彻落实中央关于楼堂馆所建设管理的有关规定,停止新建办公用房建设项目,从严控制业务用房建设项目。凡是违反规定的拟建办公业务用房项目,必须坚决终止;凡是未按照规定程序履行审批手续、擅自开工建设的办公业务用房项目,必须停建并予以没收。

第四十一条 严格控制业务用房及配套设施建设规模和标准,应科学控制建设标准,统筹使用建设资金,严格规范建设程序,有序推进基层气象机构基础设施建设。业务用房建设应围绕提升公共气象服务水平和支撑保障能力需求,统一规划,科学设计,分步实施,实现功能布局合理、满足需求等要求。

新建、改建、扩建、迁建、购置、置换、维修改造业务用房项目,必须严格按规定程序履行审批手续,严禁擅自开工建设业务用房项目;严格按审批部门复核批准的施工图施工,严禁超规模、超标准、超投资概算建设业务用房项目。确需变更的,应当按照规定程序重新报批。

第四十二条 业务用房建设项目所需投资,统一纳入预算安排解决,未经审批的项目不得安排预算,不得使用银行贷款,不得接受任何形式的赞助建设和捐赠建设,不得搞任何形式的集资或者摊派,不得让施工单位垫资,严禁挪用各类专项资金。

第四十三条 经批准的业务用房建设项目,应当按照有关规定取得规划许可、用地批准等文件,并符合法律法规规定的其他条件后开工建设。项目建设中应当严格执行工程招投标和政府采购有关规定,强化概算管理,加强对工程项目的全过程监理和审计监督。

第四十四条 办公用房因使用时间较长、设施设备老化、功能不全、存在安全隐患或者突发灾害,不能满足办公需求的,可以进行维修改造。维修改造项目应当以消除安全隐患、恢复和完善使用功能、降低能源资源消耗为重点,严格执行维修改造标准,严禁豪华装修。不得擅自增加建设维修内容、扩大建设规模、提高装修标准。

维修改造项目所需投资,统一纳入预算安排财政资金解决,未经审批的项目,不得安排预算,项目维修改造资金严禁挪作他用。已批准的维修改造项目,在实施过程中要严格控制装修标准,大力压减装修支出。尚在审批过程中的维修改造项目,从源头上从严控制装修标准。

第四十五条 建立健全办公和业务用房集中统一管理制度,

对办公和业务用房实行统一权属登记、统一使用调配、统一维修管理。推进办公和业务用房资源的公平配置和集约使用。凡是超过规定面积标准占有、使用办公用房以及未经批准租用办公用房的，必须腾退；凡是未经批准改变办公用房使用功能的，原则上应当恢复原使用功能。

第四十六条 领导干部应当按照标准配置使用一处办公用房，确因工作需要另行配置办公用房的，应当严格履行审批程序。领导干部不得长期租用宾馆、酒店房间作为办公用房。配置使用的办公用房，在退休或者调离时应当及时腾退并由原单位收回。

第八章 资源节约

第四十七条 各单位应当节约集约利用资源，加强全过程节约管理，提高能源、水、粮食、办公家具、办公设备、办公用品等的利用效率和效益，对能源、水的使用实行分类定额和目标责任管理，杜绝浪费行为。

第四十八条 大力推广应用节能技术产品、节能环保办公用品和应用节水技术和器具，重点推广应用新能源和可再生能源。推进空调、照明系统和信息机房等设施设备节电改造。实施管网和卫生器具、食堂用水设施节水改造。加强燃气锅炉采暖的节能诊断和改造，推广使用节能型食堂灶具，提高燃气热量效率。

第四十九条 严格执行国家空调温度控制标准，严格控制供暖温度并根据室外气温及时调节；节约用电，及时关闭办公设备；节约使用办公耗材，减少一次性办公用品消耗；严格控制文件材料印刷数量，减少纸张浪费。

第五十条 优化办公家具、办公设备等资产的配置和使用，通过调剂方式盘活存量资产，节约购置资金。已到更新年限尚能继续使用的，不得报废处置。

积极开展废旧物品回收利用,对产生的非涉密废纸、报废的电器电子产品等废旧物品应当按规定进行集中回收处理,促进循环利用;涉及国家秘密的,按照有关保密规定进行销毁。

第五十一条 面向需求推动气象部门服务社会信息化建设。气象部门政务信息系统建设要统筹规划、统一组织实施、统一建设、统一管理、统一运营,防止重复建设、频繁升级和资源浪费,降低软件开发、系统维护和升级等方面费用。优化资源配置,实现政务信息系统互联互通、信息高度共享和业务协同。积极利用信息化手段,推行无纸化办公。

第九章 宣传教育

第五十二条 强化宣传教育,大力宣传厉行节约反对浪费的重要性,广泛宣传中华民族勤俭节约的优秀品德,宣传阐释相关制度规定,宣传推广贯彻执行《条例》和本办法的先进典型和好做法好经验,通过以案说法、典型曝光、事件评述等方式,促进厉行节约反对浪费宣传教育深入开展,营造崇尚节俭、人人节约的良好风尚。

第五十三条 把加强厉行节约反对浪费教育作为作风建设的重要内容,融入气象干部队伍建设和机关日常管理之中,建立健全常态化工作机制。对各种铺张浪费现象和行为,应当严肃批评、督促改正。

纪检监察部门应当建立典型案件剖析和通报制度,不定期通报铺张浪费的典型案例,加强警示教育,做到警钟长鸣。

各级人事、培训部门应当把厉行节约反对浪费作为各类干部培训的重要内容,进教材、进课堂,创新教育方法,切实增强教育培训的针对性和实效性。

第五十四条 应当围绕建设节约型单位,组织开展形式多样、便于参与的活动,引导气象干部职工牢固树立节约光荣、浪费可耻的思想观念,切实增强节约意识、珍惜物力财力,积极培育和形成崇尚节约、厉行节约、反对浪费的浓厚氛围和气象文化,使之内化于心、外化于行,汇聚起全面深化改革、全面推进气象现代化建设的强大力量。

第十章　监督检查

第五十五条　各单位应建立健全厉行节约反对浪费监督检查机制,明确监督检查的主体、职责、内容、方法、程序等,把本实施办法有关规定和执行情况纳入检查、考核指标体系,加强经常性督促检查,针对突出问题及时开展重点检查、暗访等专项活动。

第五十六条　领导干部厉行节约反对浪费工作情况,应当列为领导班子民主生活会和领导干部述职述廉的重要内容并接受评议。

第五十七条　各有关部门应负责统筹协调开展对厉行节约反对浪费工作的督促检查。每年至少组织开展一次专项督查,并将督查情况在适当范围内通报。专项督查可结合党风廉政建设责任制检查考核、综合管理和绩效考评等一并开展,督查考核结果按照干部管理权限分别送纪检监察机关和组织人事部门,作为干部管理监督、选拔任用的依据。

第五十八条　纪检监察部门应当采取明察暗访、集中检查、重点抽查等方式,加强对厉行节约反对浪费工作的监督检查。通过公开举报电话、开通网络举报邮箱,受理群众举报和有关部门移送的案件线索,及时查处违纪违法问题。

应当将厉行节约反对浪费工作情况纳入巡视监督内容,加强对被巡视单位领导班子及其成员厉行节约反对浪费工作情况的巡视监督。

第五十九条 计财部门应当将贯彻落实《条例》和本办法工作情况作为财政监督检查工作的重要内容,加强对预算编制、执行等财务、政府采购和会计事项的监督检查,对发现的违规问题,严格按要求督促整改,对发现的违纪问题,移交纪检监察部门处理。

审计部门应当加大对公务支出、公款消费的审计力度,全面履行审计监督职能,对违反《条例》和本办法规定的,依法处理、督促整改违规问题,并将涉嫌违纪违法问题移送有关部门查处。

第六十条 应当建立健全厉行节约反对浪费信息公开制度。除依照法律法规和有关要求须保密的内容和事项外,下列内容应当按照及时、方便、多样的原则,以适当形式进行公开:

(一)预算和决算信息;

(二)政府采购文件、采购预算、中标成交结果、采购合同等情况;

(三)国内公务接待的批次、人数、经费总额等情况;

(四)会议的名称、主要内容、支出金额等情况;

(五)培训的项目、内容、人数、经费等情况;

(六)节庆、论坛、展会活动等活动举办信息;

(七)办公和业务用房建设、维修改造、使用、运行费用支出等情况;

(八)公务支出和公款消费的审计结果;

(九)其他需要公开的内容。

第六十一条 重视各级各类媒介在厉行节约反对浪费方面的舆论监督作用。加强舆情监控、反馈,及时调查处理媒体曝光的违规违纪违法问题。

发挥群众对本单位及其工作人员铺张浪费行为的监督作用,认真调查处理群众反映的问题。

第十一章 责任追究

第六十二条 要建立健全气象部门厉行节约反对浪费信息公开和责任追究制度,对铺张浪费行为要发现一起、查处一起,坚决杜绝"破窗效应",保证追究效果。

对违反《条例》和本办法规定造成浪费或者不良影响的,应当依纪依法追究相关人员的责任,对负有领导责任的主要负责人或者有关领导干部实行问责。

第六十三条 有下列情形之一的,追究相关人员的责任:

(一)未经审批列支财政性资金的;

(二)采取弄虚作假等手段违规取得审批的;

(三)违反审批要求擅自变通执行的;

(四)违反管理规定超范围、超标准或以虚假事项开支的;

(五)利用职务便利假公济私的;

(六)有其他违反审批、管理、监督规定行为的。

第六十四条 有下列情形之一的,追究主要负责人或者有关领导干部的责任:

(一)本单位铺张浪费、奢侈奢华问题严重,对发现的问题查处不力,干部群众反映强烈的;

(二)指使、纵容下属单位或者人员违反《条例》和本实施办法规定造成浪费的;

(三)不履行内部审批、管理、监督职责造成浪费的;

(四)不按规定及时公开本单位有关厉行节约反对浪费工作信息的;

(五)其他对铺张浪费问题负有领导责任的。

第六十五条 违反本办法规定造成浪费的,根据情节轻重,由有关职能部门依照职责权限给予批评教育、责令作出检查、诫勉谈话、通报批评或者调离岗位、责令辞职、免职、降职等处理。

应当追究党纪政纪责任的,依照《中国共产党纪律处分条例》、《行政机关公务员处分条例》等有关规定给予相应的党纪政纪处分。

涉嫌违法犯罪的,依法追究法律责任。

第六十六条 有下列情节之一的,应当从重追究:

(一)干扰、阻碍调查的;

(二)弄虚作假、隐瞒事实真相的;

(三)对检举人、控告人打击、报复、陷害的;

(四)国家法律法规和党内法规规定的其他从重情节。

第六十七条 有下列情节之一的,可以从轻追究:

(一)主动采取措施,有效避免损失或者挽回影响的;

(二)积极配合调查,并且主动承担责任的;

(三)国家法律法规和党内法规规定的其他从轻情节。

第六十八条 违反《条例》和本办法规定获得的经济利益和用公款支付、报销应由个人支付的费用,由纪检监察、人事等部门依照职责权限予以纠正、收缴或者责令退赔。

第六十九条 受到责任追究的人员对处理决定不服的,可以按照相关规定向有关部门提出申诉。受理申诉部门应当依据有关规定认真受理并作出结论。

申诉期间,不停止处理决定的执行。

第十二章 附 则

第七十条 各省(区、市)气象局、中国气象局各直属事业单位,可以根据本办法,结合实际制定实施细则。有关职能部门应根据各自职责,制定完善相关配套制度,形成厉行节约反对铺张浪费的长效机制。

各级气象部门所属企业参照本办法执行。

第七十一条 本办法由中国气象局办公室会同有关职能部门负责解释。

第七十二条 本办法自发布之日起施行。其他有关厉行节约反对浪费的规定,凡与本办法不一致的,按照本办法执行。

农业气象试验站网建设与发展指导意见

(气发〔2014〕28号)
2014年4月8日

农业气象试验站作为农业气象服务体系的重要组成部分,是农业气象科技研发、中试和推广应用的重要平台,是气象为农服务工作的重要基础支撑。为更好地发挥农业气象试验站试验研究、技术示范、成果推广、田间观测、人才培养等功能,进一步增强气象为农服务能力,特制定本指导意见。

一、现状与需求

(一)现状分析

气象部门现有农业气象试验站70个,其中,国家一级农业气象试验站36个,由中国气象局统一规划布局;二级农业气象试验站34个,由各省(区、市)气象局根据当地需要规划建设。长期以来,农业气象试验站坚持"试验(引进)－示范－推广－服务"的模式,在作物、蔬菜、牧草、瓜果、渔业、林业等适宜生长气象指标鉴定,农业气候区划、农业气象产量预报、农业气象观测、农业气候资源开发利用业务实验,以及农作物节水灌溉、小麦干热风、杂交水稻生态适应性、作物低温冷害防御等适用技术研发中发挥了重要作用,形成了一批具有实用性的技术和成果,有效提升了农业气象服务的水平。

(二)存在问题

现有农业气象试验站网在布局、功能、管理和保障支撑等方面已经不能满足现代农业发展及生态文明建设的需要。主要体现在：

1. 站网布局有待调整优化，观测能力亟待加强。随着现代农业的发展，我国农业布局发生了很大变化，农业气象试验站网布局不能适应国家农业和生态战略格局建设需要。目前的农业气象试验站观测试验大多针对传统大宗粮油作物开展，对设施农业、特色农业、生态气象等方面的观测试验能力薄弱；对发展作物模型模拟技术所需要的必要参数等观测项目存在缺失；观测自动化程度低，观测要素和频次难以满足试验和服务需要。

2. 试验条件普遍偏差。在现有农业气象试验站中，有9%的站没有试验场地，27%的站试验用地不足10亩，26%的站没有实验室，64%的站实验仪器短缺，且相当部分站的试验设施陈旧、老化，承接试验研究、技术示范推广的基础条件不够。同时，现有站网中82.8%的站的试验业务维持经费不足，多数站无法围绕业务和服务需求持续、稳定地开展试验研究。

3. 试验研究成果转化率低。受多种因素限制，部分站承接的科研试验、技术推广项目的渠道有限，导致技术积累与当地农业生产服务需求对接不够，难以紧贴地方需求提供针对性特色服务；特别是多数站针对当地农业生产气象适用技术研发力度不够，农业气象试验站辐射带动及示范作用明显不足。

4. 管理体制不顺，人才队伍缺乏。现有站网中，1个站由国家级科研单位管理，5.7%的站由省级科研或业务单位管理，74.2%的站由地市级气象局管理，18.6%的站由县级气象局管理。多头管理造成管理不到位、责权不清晰、组织不统一、运行不顺畅的现象；大部分试验站与国家和省级业务科研单位间的相互联系与相互支撑不足，业务、科研、服务缺乏系统的设计规划和上下衔接；部分由市、县气象局负责管理的试验站人员编制被占用,37%的站每站不足6人,3%的农业气象试验站无人员编制,不能保证在编人员从事农业气象试验研究、业务服务等工作,大部分站的人员总量和队伍知识结构也不能适应现代农业气象业务服务发展的新需求。

(三)需求分析

1.农业农村改革发展对农业气象试验提出新需求。随着我国现代农业的发展,一方面,农业规模化、机械化、工厂化的生产技术大规模应用,迫切需要根据现代生产方式开展针对性的气象观测、试验新的气象服务指标、改进服务内容和服务模式。另一方面,生产效益高的设施农业、特色农业、都市农业等发展迅猛、比重增加,需要开展相关的观测试验研究,建立设施农业、特色农业等农业气象指标体系和模型系统,尽快推进针对设施农业、特色农业生产的全过程气象服务。

2.提升农业防灾减灾气象服务能力的新需求。目前,我国的农业产业结构、生产方式、天气气候条件等均发生很大变化,原有的农业气象指标已经不能科学反映气象条件和农业气象灾害对作物生长发育的影响,迫切需要联合开展区域性农业气象观测试验研究,持续验证和修订农业气象指标体系,明确农业气象灾害的形成机理和危害机制,提高农业气象灾害监测、预报、预警及评估能力和水平。

3.发展农业应对气候变化适用技术的新需求。农业水土资源短缺、气候变化影响加剧已经成为我国现代农业发展的瓶颈,迫切要求农业气象在科技创新上取得新突破,依托农业气象试验站切实增强农业应对气候变化研究力度,强化农业抗御气象灾害和提高开发利用农业气候资源的适用技术的研发、验证、示范及推广。

4.发展保障生态文明建设气象服务的新需求。生态文明建设是我国的一项长期任务,农业气象试验站长期开展作物物候等方面的观测和研究,具有一定的技术基础和优势,需要在生态质量监测评估以及退耕还林、退牧还草、湿地保护与恢复等重大生态建设工程服务等方面开展探索,进一步发挥其作用。

二、总体要求

(一)指导思想

以党的十八大和十八届三中全会精神为指导,深入贯彻落实科学发展观,紧密围绕大力推进生态文明和建设小康社会的迫切需求,以提升现代农业气象业务服务能力为核心,逐步建成具有农业气象技术研发先进性、农业气象服务先导性和农业气象适用技术示范性等功能的农业气象试验站网。

(二)基本原则

坚持需求牵引。根据我国现代农业发展和生态文明建设的实际需要,分级设置站网,分批开展建设。

坚持突出重点。以全国主要粮食产区、重点设施和特色农业生产区、关键和脆弱生态区为重点,着力于激发农业气象试验站发展活力,着力于强化农业气象科技创新,着力于建立长效发展机制。

坚持融入发展。站网建设要与现代农业示范区、其他野外台站等实现有机结合、优势互补、资源共享,着力于提升农业与生态气象综合服务能力。

(三)发展目标

通过3~5年的建设,初步建成布局合理、层次分明、定位准确、功能先进、管理顺畅,由5个左右国家级农业气象工程技术中心、40个左右国家一级农业气象试验站和若干个国家二级农业气象试验站组成的站网。为发展现代农业、保障国家粮食安全和重要农产品供给、农业防灾减灾、应对气候变化和开发利用气候资源以及生态文明建设等提供强有力的支撑。通过重点建设,力争在5年内有1~2个试验站进入国家级野外科学试验站序列。

三、站网布局与主要任务

(一)站网布局及定位

1.站网布局。按照国家主体功能区规划以及"十二五"期间"七区二十三带"农业战略格局、"两屏三带"生态安全战略格局,结合各站现有试验条件、区域代表性、人员情况以及发展潜力等,按照定位不同、各有侧重、功能互补的原则,分三级设置农业气象试验站,即国家级农业气象工程技术中心、国家一级和二级农业气象试验站。农业气象工程技术中心和一级站由中国气象局统一组织进行重新规划布局(布局见附表1),二级站由省级气象部门按照上述原则规划布局并上报中国气象局备案。建成后将形成涵盖大宗作物以及特色农业、设施农业、林业(森林)、牧业(草原)、渔业以及湿地、荒漠等各种类型的站网。

2.站网定位。农业气象工程技术中心主要负责气象灾害对农作物等生长发育过程的影响机理试验研究、为农业气象大型控制性试验开展提供技术支撑以及相关培训等。一级站主要服务于国家粮食安全和生态文明建设的需要,主要围绕代表区内农业生产、生态恢复以及气象灾害防御的关键环节,开展作物(生物)及其相关环境要素的立体、自动、连续监测;开展农业与生态气象指标的相关试验研究;负责防灾减灾、农业适应气候变化、气候资源高效利用等适用技术的引进(试验)、示范、推广及周边地区技术指导。二级站以满足省(市、区)内农业气象服务需求为目标,选择粮油、设施、特色、畜牧、水产等典型农业生产区进行布局建设,针对当地农业生产环节对气象服务的实际需要,开展相关的一系列观测、试验、研究、示范、中试和服务等工作,作为一级站网的有益补充。

(二)主要任务

各农业气象试验站应根据在站网中的定位及服务需求,不同程度地承担以下任务:

1.农业气象观测。开展常规农业气象观测,积累长期、定点、稳定、系统的观测资料;参加或受委托承担农业与生态气象观测规范的制、修订任务;参加或受委托承担计划应用于农业与生态气象观测的新仪器、新设备的中试、对比、校验、标定试验和研究确定相应的观测方法与规范的任务;参加或受委托承担农业气象试验站观测记录统一输出和传输格式制、修订任务;根据农业与生态气象灾害、农林病虫害的发生情况和农业气象服务的需要,承担移动观测、田间调查等任务;承担农业气象试验站观测、试验等各类资料的存储与归档任务。

2.农业气象试验研究。根据保障农业防灾减灾和生态文明建设等服务的需求,农业气象试验站承担农业与生态气象相关科研、业务试验以及观测新仪器、新设备的试验、对比、校验、标定等方法试验研究任务,负责或协助进行试验方案设计,分阶段、按步骤合理安排试验,按年度、分项目提交试验研究报告,负责或协助完成实验结果的分析研究及试验成果在业务服务中的检验应用。

3.农业气象科研成果示范推广。根据国家和省级农业、气象科研业务单位发展促进农业高产稳产、防灾减灾和气候资源开发利用等适用技术的需要,农业气象试验站发挥代表性强、距生产实际近的优势,承担部分相关技术的研发、成果验证、示范任务,承担将效益明显的科技成果在农业生产实际中推广应用的任务。

4.农业气象服务。农业气象试验站要发扬和深化"试验(引进)—示范—推广—服务"的模式,负责深入生产一线调查、总结责任区域内农业生产对气象服务的具体需求,建立农业气象科技与服务信息化平台,充分利用观测、试验等资料,探索、研发现代农业生产全过程、精细化、实用性气象服务产品,建立面向生产一线的现代农业生产综合气象服务模式,承担责任区域内省级、地市级及县级农业气象服务技术指导任务。

5.农业气象人才培养。农业气象试验站承担农业气象综合观测、农业气象预测预报、农业气象集成服务和相关科研实验相关人员的实习、培训等任务。

四、能力建设

(一)观测能力建设

农业气象试验站观测能力应达到以下要求：具备对作物(生物)长势等常规观测及土壤水分、农田小气候等相关环境要素自动化连续监测能力；具备土壤理化性质等基础试验分析和生物生理生化分析能力；具备相应的移动和特种观测能力；具有必要的农机具和交通工具(设备配备参考见附表2)。

(二)试验示范能力建设

业务及实验室。业务和实验室及相关配套建筑面积在 $500m^2$ 以上，水、电、路、网络等设施齐全。

观测试验场地。农业气象试验站自有土地或长期租用土地面积一般不少于30亩,保证观测、试验等任务的顺利开展。

示范推广场地。依托当地现代农业示范区建设等,建立农业气象试验站的示范推广基地,示范推广基地面积不低于100亩。具备一定规模的技术培训条件。

(三)服务能力建设

建立移动观测与野外调查资料传输与处理平台,完善农业气象业务服务平台,形成代表区内主要生产对象的专题气象服务产品体系。

(四)人才队伍和机构建设

根据所承担的农业气象业务服务任务明确各类农业气象试验站机构设置,并逐步形成合理的人才结构比例。原则上农业气象技术工程中心应不低于10名人员编制;国家一级农业气象试验站应不低于8名人员编制;国家二级农业气象试验站应不低于5名人员编制。

五、保障措施

(一)强化组织领导,形成发展合力

各级气象部门要共同推进农业气象试验站发展和建设。中国气象局相关职能司要在农业气象试验站业务管理、规划设计、经费投入、设备保障、机构和岗位设置、业务科研项目立项、人员培训等方面持续加大力度。相关省(区、市)气象局要建立农业气象试验站"双重"管理机制,原则上农业气象试验站业务、科研由省级及以上相关业务或科研单位管理,并派出农业气象业务骨干人员担任站长;农业气象试验站所在地气象局负责日常运行管理。省级气象部门要负责本省农业气象试验站的规划设计和具体建设任务的组织实施;各农业气象试验站所在地、县气象局要组织骨干队伍承担农业气象试验站建设和日常运行。

(二)加大经费投入,保障运行维护

各级气象部门要多渠道筹集资金,加大农业气象试验站的基础设施及配套实验设备建设的投入力度。积极鼓励农业气象试验站与涉农涉灾部门共建共享共用,融入现代农业示范区、高产示范创建等的建设,融入当地的农业生产。积极鼓励农业气象试验站与部门内外的业务科研部门联合申报各类科研业务项目,并据此建立稳定的建设和运行维持投入机制。

(三)强化技术指导,带动人才成长

积极发挥国家级和省级科研业务单位和相关专家的作用,建立省级及以上专家驻站指导、农业气象试验站业务科研人员到省级及以上业务科研单位进行岗位交流的制度。积极鼓励和安排相关人员参加学术交流,并针对性地开展科研业务能力专项培训,由此带动农业气象试验站业务科研人员由单一型向综合型人才成长。

(四)强化管理考评,促进持续发展

中国气象局相关职能司要研究建立农业气象试验站定期考评

制度,建立筛选晋级、淘汰降级的管理机制,根据服务需求和能力建设评估结果,实行动态管理。

附表:1. 国家一级以上农业气象试验站网布局列表(略)
   2. 农业气象试验站设备配备参考列表(略)

气象部门差旅费管理办法

(气发〔2014〕31号)

2014年4月21日

第一章 总 则

第一条 为加强和规范气象部门国内差旅费管理,推进厉行节约反对浪费,根据《党政机关厉行节约反对浪费条例》和《中央和国家机关差旅费管理办法》,制定本办法。

第二条 本办法适用于气象部门各级行政、事业单位,以下简称"各单位"。

第三条 差旅费是指工作人员临时到常驻地以外地区公务出差所发生的城市间交通费、住宿费、伙食补助费和市内交通费。

第四条 各单位应当建立健全公务出差审批制度。出差必须按规定报经单位有关领导批准,填写出差审批单,从严控制出差人数和天数;严格差旅费预算管理,控制差旅费支出规模;严禁无实质内容、无明确公务目的的差旅活动,严禁以任何名义和方式变相旅游,严禁异地单位间无实质内容的学习交流和考察调研。

第五条 财政部按照分地区、分级别、分项目的原则制定差旅费标准,并根据经济社会发展水平、市场价格及消费水平变动情况适时调整。气象部门各单位按照该标准执行。

第二章 城市间交通费

第六条 城市间交通费是指工作人员因公到常驻地以外地区出差乘坐火车、轮船、飞机等交通工具所发生的费用。

第七条 出差人员应当按规定等级乘坐交通工具。乘坐交通工具的等级见下表:

交通工具级别	火车(含高铁、动车、全列软席列车)	轮船(不包括旅游船)	飞机	其他交通工具(不包括出租小汽车)
部级及相当职务人员	火车软席(软座、软卧),高铁/动车商务座,全列软席列车一等软座	一等舱	头等舱	凭据报销
司局级及相当职务人员	火车软席(软座、软卧),高铁/动车一等座,全列软席列车一等软座	二等舱	经济舱	凭据报销
其余人员	火车硬席(硬座、硬卧),高铁/动车二等座,全列软席列车二等软座	三等舱	经济舱	凭据报销

部级及相当职务人员出差,因工作需要,随行一人可乘坐同等级交通工具。

未按规定等级乘坐交通工具的,超支部分由个人自理。

第八条 到出差目的地有多种交通工具可选择时,出差人员在不影响公务、确保安全的前提下,应当选乘经济便捷的交通工具。

第九条 乘坐飞机的,民航发展基金、燃油附加费可以凭据报销。

第十条 乘坐飞机、火车、轮船等交通工具的,每人次可以购买交通意外保险一份。所在单位统一购买交通意外保险的,不再重复购买。

第三章 住宿费

第十一条 住宿费是指工作人员因公出差期间入住宾馆(包括饭店、招待所,下同)发生的房租费用。

第十二条 财政部分地区制定住宿费限额标准(详见附表1),作为各单位工作人员到相关地区出差的住宿费限额标准。气象部门各单位按该标准执行。

对于住宿价格季节性变化明显的城市,住宿费限额标准在旺季会上浮一定比例,具体标准按财政部发布执行。

第十三条 部级及相当职务人员住普通套间,司局级及以下人员住单间或标准间。

第十四条 出差人员应当在职务级别对应的住宿费标准限额内,选择安全、经济、便捷的宾馆住宿。

第四章 伙食补助费

第十五条 伙食补助费是指对工作人员在因公出差期间给予的伙食补助费用。

第十六条 伙食补助费按出差自然(日历)天数计算(出差天数以出差审批单批准的天数为准),按规定标准包干使用。

第十七条 财政部分地区制定伙食补助费标准(详见附表1),作为各单位工作人员到相关地区出差的伙食补助费标准。气象部门各单位按照该标准执行。

第十八条 出差人员应当自行用餐。接待单位统一安排用餐,应尽量安排在单位内部食堂。凡由接待单位统一安排用餐的,应当向接待单位交纳伙食费。

第五章 市内交通费

第十九条 市内交通费是指工作人员因公出差期间发生的市内交通费用。

第二十条 市内交通费按出差自然(日历)天数计算(出差天数以出差审批单批准的天数为准),每人每天80元包干使用。

第二十一条 出差人员由接待单位或其他单位提供交通工具的,应向接待单位或其他单位交纳相关费用。

第六章 报销管理

第二十二条 出差人员应当严格按规定开支差旅费,费用由所在单位承担,不得向下级单位、企业或其他单位转嫁。

第二十三条 城市间交通费按乘坐交通工具的等级凭据报销,订票费、经批准发生的签转或退票费、交通意外保险费凭据报销。

住宿费在标准限额之内凭发票据实报销。

伙食补助费按出差目的地的标准报销,在途期间的伙食补助费按当天最后到达目的地的标准报销。

市内交通费按规定标准报销。

未按规定开支差旅费的,超支部分由个人自理。

第二十四条 工作人员出差结束后应当及时办理报销手续。差旅费报销时应当提供出差审批单(参考附表2)、机票、车票、住宿费发票等凭证。

差旅费报销时出差人员应当据实填报是否由接待单位统一安

排用餐,是否由接待单位提供交通工具,是否交纳相关费用,接待事项的真实性由出差人员负责。

接待单位统一安排用餐,出差人员已交纳相关费用,或接待单位未安排用餐的,伙食补助费按照标准报销;接待单位统一安排用餐,出差人员未交纳相关费用的,不报销伙食补助费。

接待单位提供交通工具,出差人员已交纳相关费用,或接待单位未提供交通工具的,市内交通费按标准报销;接待单位提供交通工具,出差人员未交纳相关费用的,不报销市内交通费。

在途期间的伙食补助费和市内交通费按规定标准报销。

住宿费、机票支出等按规定用公务卡结算,具体要求按照《气象部门公务卡管理实施办法》执行。

各单位临时聘请其他部门专家或人员开展咨询、评审、调研、试验等工作发生差旅事项,报销时应附邀请函,从事咨询、评审的专家或人员按规定标准报销住宿费和城市间交通费,从事调研、试验的专家或人员按规定标准报销差旅费。

第二十五条 各单位财务部门应当严格按规定审核差旅费开支,对未经批准出差以及超范围、超标准开支的费用不予报销。

实际发生住宿而无住宿费发票的,不得报销住宿费以及城市间交通费、伙食补助费和市内交通费。其中:气象部门挂职、交流、锻炼、异地任职和借调的干部到原工作地点出差的,无住宿费发票可以按规定标准报销差旅费;气象部门工作人员开展野外观测实验,住宿在台站或其他无法开具住宿费发票的地方,可以按规定标准报销差旅费;当天往返未发生住宿的或乘坐夕发朝至城际列车没有住宿费发票的,可以报销当天或路程期间的城市间交通费、伙食补助费和市内交通费。自带交通工具的,自带交通工具期间不能报销市内交通费。

第七章　监督问责

第二十六条 各单位应当加强对本单位工作人员出差活动和经费报销的内控管理,对本单位出差审批制度、差旅费预算及规模控制负责,相关领导、财务人员等对差旅费报销进行审核把关,确保票据来源合法,内容真实完整、合规。对未经批准擅自出差、不按规定开支和报销差旅费的人员进行严肃处理。

各单位应当强化对所属预算单位的监督检查,发现问题及时处理,重大问题向中国气象局报告。

各单位应当自觉接受审计部门对出差活动及相关经费支出的审计监督。

第二十七条 计财司会同审计室对各单位差旅费管理和使用情况进行监督检查。主要内容包括:

(一)单位出差审批制度是否健全,出差活动是否按规定履行审批手续;

(二)差旅费开支范围和标准是否符合规定;

(三)差旅费报销是否符合规定;

(四)是否向下级单位、企业或其他单位转嫁差旅费;

(五)差旅费管理和使用的其他情况。

第二十八条 出差人员不得向接待单位提出正常公务活动以外的要求,不得在出差期间接受违反规定用公款支付的宴请、游览和非工作需要的参观,不得接受礼品、礼金和土特产品等。

第二十九条 违反本办法规定,有下列行为之一的,依法依规追究相关单位和人员的责任:

(一)单位无出差审批制度或出差审批控制不严的;

(二)虚报冒领差旅费的;

(三)擅自扩大差旅费开支范围和提高开支标准的;

(四)不按规定报销差旅费的;
(五)转嫁差旅费的;
(六)其他违反本办法行为的。

有前款所列行为之一的,由计财司会同审计室责令改正,违规资金应予追回,并视情况予以通报。对直接责任人和相关负责人,报请其所在单位按规定给予行政处分。涉嫌违法的,移送司法机关处理。

第八章 附 则

第三十条 工作人员外出参加会议、培训,举办单位统一安排食宿的,会议、培训期间的食宿费和市内交通费由会议、培训举办单位按规定统一开支,往返会议、培训地点的差旅费由所在单位按照规定报销。

举办单位统一安排食宿,但要求参加会议人员承担住宿费或伙食费的,会议期间的食宿费可以按规定标准报销,不报销市内交通费;往返会议地点的差旅费由所在单位按照规定报销。

举办单位统一安排食宿,但要求参加培训人员承担住宿费或伙食费的,培训期间的住宿费按规定报销,15天以内的培训伙食补助费按规定标准报销,超过15天的培训,超过天数伙食补助费按规定标准的80%报销,超过30天的培训,超过天数按规定标准的70%报销;不报销市内交通费;往返培训地点的差旅费由所在单位按照规定报销。

第三十一条 各单位因公临时赴香港、澳门、台湾地区的差旅费,适用《因公临时出国经费管理办法》。

第三十二条 气象部门民间非营利组织参照本办法执行。各单位可以根据本办法,结合本地区、本单位实际情况制定具体操作规定。

第三十三条 本办法由中国气象局负责解释。

第三十四条 本办法自发布之日起施行,气象部门其他有关差旅费管理规定与本办法不一致的,按照本办法执行。

附表:1.中央和国家机关差旅住宿费和伙食补助费标准表
（略）
2.出差审批单(参考格式)(略)

气象部门培训费管理办法

(气发〔2014〕33号)

2014年5月15日

第一章 总 则

第一条 为加强气象部门培训费管理,节约培训费开支,根据《中央和国家机关培训费管理办法》等有关规定,制定本办法。

第二条 本办法所称培训,是指气象部门各级单位根据《中华人民共和国公务员法》、《干部教育培训工作条例(试行)》、《公务员培训规定(试行)》等,在境内举办的三个月以内的岗位培训、任职培训、专门业务培训、初任培训等各项培训。

第三条 本办法适用于气象部门各级行政、事业单位、民间非营利组织,以下简称"各单位"。

第四条 各单位举办培训应当坚持厉行节约、反对浪费的原则,实行单位内部统一管理,增强针对性和实效性,保证培训质量,统筹和节约培训资源,提高培训经费使用效益。

第二章 计划和备案管理

第五条 建立培训计划编报和审批制度。气象部门培训计划实行分级编报、审批。

中国气象局重点培训计划编报、审批。中国气象局各内设机构每年7月15日前向中国气象局人事司(以下简称人事司)提出下年度重点培训需求,人事司根据各内设机构提出的需求和气象培训工作的总体安排商中国气象局计划财务司(以下简称计财司)编制下年度中国气象局重点培训计划,适时报中国气象局局长办公会或党组会批准后施行。

中国气象局其他全国性业务技术培训计划编报、审批。中国气象局气象干部培训学院根据气象事业发展和各业务领域的需求编制下年度中国气象局其他全国性业务技术培训计划,于每年7月15日前报人事司、计财司批准后施行。

各单位的培训计划编报、审批。各单位人事部门根据业务需求编制下年度培训计划,经单位财务部门审核后,报本单位领导办公会或党委会批准后施行。

各单位应于每年12月15日前将下年度培训计划报上级单位人事部门备案(各二级预算单位人事部门应于12月15日前将本级下年度培训计划报人事司备案)。各单位年度培训计划包括培训名称、对象、内容、时间、地点、参训人数、所需经费及列支渠道等。

第六条 年度培训计划一经批准,原则上不得调整。因工作需要确需临时增加培训及调整预算的,应当按原培训计划申报渠道申请调整,批准后执行。

第七条 气象部门年度重点培训计划由人事司根据有关规定报中央组织部、国家公务员局、财政部备案。

第三章 开支范围和标准

第八条 培训费是指各单位开展培训直接发生的各项费用支出,包括住宿费、伙食费、培训场地费、讲课费、培训资料费、交通费、其他费用。

（一）住宿费是指参训人员及工作人员培训期间发生的租住房间的费用；

（二）伙食费是指参训人员及工作人员培训期间发生的用餐费用；

（三）培训场地费是指用于培训的会议室或教室租金；

（四）讲课费是指聘请师资授课所支付的必要报酬；

（五）培训资料费是指培训期间必要的资料及办公用品费；

（六）交通费是指用于接送以及统一组织的与培训有关的考察、调研等发生的交通支出；

（七）其他费用是指现场教学费、文体活动费、医药费以及授课教师交通、食宿等支出。

第九条 培训费实行综合定额标准，分项核定、总额控制。综合定额标准如下：

单位：元/人天

住宿费	伙食费	场地费和讲课费	资料费、交通费和其他费用	合计
180	110	100	60	450

综合定额标准是培训费开支的上限，各项费用之间可以调剂使用。各单位应在综合定额标准以内结算报销。

15 天以内的培训按照综合定额标准控制；超过 15 天的培训，超过天数按照综合定额标准的 80% 控制；超过 30 天的培训，超过天数按照综合定额标准的 70% 控制。上述天数含报到撤离时间，报到和撤离时间分别不得超过 1 天。

第十条 讲课费执行以下标准（税后）：

（一）副高级技术职称专业人员每半天最高不超过 1000 元；

（二）正高级技术职称专业人员每半天最高不超过 2000 元；

（三）院士、全国知名专家每半天一般不超过 3000 元。

其他人员讲课参照并不得超过上述标准执行。

第四章 培训组织

第十一条 气象部门培训实行分级管理,中国气象局年度重点培训由人事司负责委托中国气象局气象干部培训学院及培训分院组织开展;干部学院牵头组织全国性业务技术培训;各单位开展的培训,由各单位人事部门和下属培训机构或相关业务部门负责组织开展。

第十二条 各单位开展培训应当在开支范围和标准内,优先选择气象部门所属培训机构承担培训项目;对于气象部门所属培训机构不能承担的培训择优选择党校、行政学院、干部学院、高校培训基地以及组织人事部门认可的培训机构承担培训项目。

第十三条 组织培训的工作人员控制在参加培训人员数量的5%以内,且最多不超过10人。

第十四条 严禁借培训名义安排公款旅游;严禁借培训名义组织会餐或安排宴请;严禁组织高消费娱乐、健身活动;严禁使用培训费购置电脑、复印机、打印机、传真机等固定资产以及开支与培训无关的其他费用;严禁在培训费中列支公务接待费、会议费;严禁套取培训费设立"小金库"。

培训住宿不得安排高档套房,不得额外配发洗漱用品;培训用餐以自助餐为主,不得上高档菜肴,不得提供烟酒;7天以内的培训不得组织调研、考察、参观。

第十五条 各单位组织培训应尽量利用网络、视频等信息化手段,大力推行干部选学、在职自学等方式,降低培训成本,提高培训效率。

第五章 报销结算

第十六条 培训举办单位报销培训费,应当提供培训通知、实际参训人员签到表、讲课费签收单以及培训机构出具的原始明细单据、电子结算单等凭证。

各单位财务部门应当严格按照规定审核培训费开支,对未履行审批备案程序的培训,以及超范围、超标准开支的费用不予报销。

第十七条 讲课费、小额零星开支以外的培训费用,应当按照国库集中支付和公务卡管理的有关制度执行,采用银行转账或公务卡方式结算,不得以现金方式支付。

第十八条 培训费由培训举办单位承担,纳入部门预算管理,在各单位日常公用经费或专项经费中列支。

第十九条 中国气象局气象干部培训学院及培训分院承担中国气象局人事司安排的年度重点培训项目,列入中国气象局气象干部培训学院及各培训分院年度预算,根据中国气象局批准的培训计划组织开展统一安排食宿或食宿自理的培训。对于涉及使用电教室或远程直播教室的培训可以根据预算编制情况适当收取相关费用。

第二十条 在中国气象局部门预算中安排的、用于支持气象部门开展职业教育及培训的中央财政专项经费,按照《职业教育及培训经费管理办法》执行。

第六章 监督检查

第二十一条 各单位应当将培训的项目、内容、人数、经费等情况,以适当方式进行公开。

第二十二条 各二级预算单位应当于每年2月15日前,将本级上年度培训计划执行情况报送人事司。人事司于每年3月底前将上年度中国气象局重点培训计划执行情况报送中央组织部、国家公务员局、财政部。培训计划执行情况包括培训名称、主要内容、时间、地点、培训对象及人数、工作人员数、经费开支及列支渠道、培训成效等。

第二十三条　人事司、计财司、审计室等有关部门对各单位培训活动和培训费管理使用情况进行监督检查。主要内容包括：

（一）培训计划的编报是否符合规定；

（二）培训费开支范围和开支标准是否符合规定；

（三）培训费报销和支付是否符合规定；

（四）是否存在虚报培训费用的行为；

（五）是否存在转嫁、摊派培训费用的行为；

（六）是否存在向参训人员乱收费的行为；

（七）是否存在其他违反本办法的行为。

第二十四条　对于检查中发现的违反本办法的行为，由人事司、计财司、审计室等有关部门根据各自职责责令改正，追回资金，并予以通报；相关责任人员，由所在单位按规定予以党纪政纪处分；涉嫌犯罪的，移交司法机关处理。

第七章　附　则

第二十五条　各单位参加中国气象局统一组织或外部门组织的培训，按照培训通知及相关规定报销培训费和差旅费。

第二十六条　气象部门确因业务发展和人才培养需要举办的时间超过三个月的培训按照本办法执行。

第二十七条　各单位可以按照本办法规定，结合本单位业务特点和工作实际，制定培训费管理具体实施细则。

第二十八条　本办法由中国气象局计财司会同人事司负责解释，自发布之日起施行。

中共中国气象局党组
关于全面深化气象改革的意见

(中气党发〔2014〕28号)
2014年5月20日

为贯彻落实党的十八大和十八届三中全会精神,中国气象局党组就全面深化气象改革提出如下意见。

一、全面深化气象改革的重要意义和指导思想

1.重要意义。改革开放是坚持和发展中国特色气象事业的必由之路,是实现气象现代化的重要法宝。面对国家全面深化改革的新形势和全面提升气象服务保障能力的新要求,必须在新的历史起点上全面深化气象改革,着力解决影响和制约气象事业发展的体制机制弊端,更好地发挥政府、市场和社会力量的重要作用,更好地发挥气象工作在经济社会发展中的职能作用,为全面建成小康社会作出新的更大贡献,具有重大而深远的意义。

2.面临挑战。当前,气象发展环境和条件正在发生深刻变化,国家全面深化改革、新技术和市场开放带来的挑战不断加大,我国气象科技与国际先进水平的差距日益加大。气象服务能力与日益增长的服务需求不相适应的矛盾、气象科技水平和业务能力与社会要求不相适应的矛盾、气象管理能力与全面履行气象行政管理职能不相适应的矛盾、人才队伍素质与全面推进气象现代化要求不相适应的矛盾日益突出,亟需通过全面深化气象改革加以解决。

3.指导思想。以邓小平理论、"三个代表"重要思想、科学发展观为指导,深入贯彻《中共中央关于全面深化改革若干重大问题的决定》和习近平总书记系列重要讲话精神,坚持公共气象发展方向,坚持科技型、基础性社会公益事业定位,坚持全面推进气象现代化,进一步解放思想,不断激发创新动力和发展活力,以提升公共气象服务能力和效益为导向深化气象服务体制改革,以提高气象核心竞争力和综合业务科技水平为导向深化气象业务科技体制改革,以全面履行气象行政管理职能为导向深化气象管理体制改革,加快构建和完善有利于气象事业发展的体制机制,努力开创气象工作新局面。

4.总体目标。到2020年,在气象服务体制、气象业务科技体制和气象管理体制等重要领域和关键环节的改革上取得突破性进展和决定性成果,构建开放多元有序的新型气象服务体系、世界先进的现代气象业务体系、适应气象现代化的气象管理体系,形成体系完备、科学规范、运行有效的体制机制,为实现气象现代化提供制度保障,为全面建成小康社会提供强有力的气象保障。

二、深化气象服务体制改革,加快构建开放多元有序的新型气象服务体系

气象服务体制改革是全面深化气象改革的重点,对气象业务科技体制改革和气象管理体制改革具有牵引和传导作用。必须巩固和加强公共气象服务,构建政府部门主导、市场资源配置、社会力量参与的气象服务新格局,更好地满足经济社会发展和人民群众生产生活日益增长的气象服务需求。

5.强化政府在公共气象服务中的职能和作用。加强公共气象服务发展战略、规划、政策、标准的制定和实施,优化公共气象服务资源配置,提高公共气象服务供给能力和保障水平。改进政府提供公共气象服务方式,建立政府购买公共气象服务机制,组织引导社会资源和力量开展公共气象服务。健全气象防灾减灾机制,完善基本公共气象服务均等化制度。建立气象服务市场监管体系，实行统一的气象服务市场监管，规范气象服务市场秩序。加强气象观测和资料获取、存储、使用监管，维护国家气象数据安全。

6.加强气象部门在公共气象服务中的基础作用。气象部门要主动适应气象服务市场开放和政府职能转变的要求，改进服务提供方式，提升服务能力，扩大服务覆盖面，为市场和社会提供基本气象资料和产品。激发部门活力，优化资源配置，发挥部门优势，建立统筹协调、集约高效的新型公共气象服务运行机制，促进公共气象服务集约化、规模化发展。推进实施国家和省级公共气象服务品牌化发展战略，探索建立适应多样化需求、分类运行的多元气象服务发展模式，着力提高公共气象服务科技含量和核心竞争力。

7.积极培育气象服务市场。建立公平、开放、透明的气象服务市场规则，形成统一的气象服务市场准入和退出机制，鼓励和支持气象信息产业发展。按照开放有序的原则，制定气象服务负面清单，明确气象服务市场开放领域，建立基本气象资料和产品开放共享和使用监管政策制度，加大气象资料和产品的社会共享力度。营造良好的气象服务市场发展环境，在市场准入、基本气象资料和产品使用、政府购买服务等方面，让各类气象服务市场主体享受公平政策。积极培育气象信息服务产业，扶持气象科技企业发展，提高市场竞争力和国际竞争力。

8.激发社会组织参与公共气象服务的活力。鼓励发展气象社会组织，支持社会资源和力量参与公共气象服务，适合由气象社会组织提供的公共气象服务事项，交由气象社会组织承担。优先发展气象信息服务、防雷技术服务、气象专用技术保障等领域的气象社会组织。稳步推进气象防灾减灾社会组织建设，鼓励社会组织参与气象防灾减灾活动，发挥气象信息员、志愿者、社会媒体的积极作用，完善其他领域的社会组织参与气象防灾减灾的机制，进一步提高气象防灾减灾能力。

三、深化气象业务科技体制改革，加快构建世界先进的现代气象业务体系

气象业务科技体制改革是全面深化气象改革的关键，也是深化气象服务体制改革的支撑。要紧紧围绕气象核心技术突破深化科技体制改革，提高综合业务能力和水平，建立集约高效的业务运行机制，创新人才培养、引进、使用机制，不断拓展气象业务领域，实现气象业务提质增效。

9.围绕核心技术突破深化气象科技体制改革。以突破重大气象业务核心技术为主线，推进国家气象科技创新工程建设，建立长期稳定的财政投入机制、有序竞争的人才保障机制、科学合理的考核评价机制。优化"一院八所"学科布局，建立科研业务有机结合、以核心任务为导向的学科体系和创新团队，针对重大业务技术集中力量联合攻关。加大开放合作力度，完善共建共享共赢机制和协同创新机制，引导和利用国内外高校、科研机构和企业的优势资源，参与重大核心任务协同攻关。健全科技成果转化奖励机制，完善以技术突破和业务贡献为导向的评价制度，着力发挥评价激励导向作用。

10.完善现代气象业务发展的体制机制。建立完善科技驱动和支撑现代气象业务发展的体制机制，运用现代信息技术，以数值预报为核心，以预报精准为目标，构建数据获取、分析和应用为一体，技术先进、功能完善、综合集约的现代气象业务体系。调整优化气象业务职责，国家级要着力强化核心气象业务研发，加强对全国气象业务指导和技术支撑。省级要着力加强对所属气象台站业务产品支持和技术支撑。改革县级气象业务体制，建立业务一体化、功能集约化、岗位多责化的综合气象业务。

11.建立集约高效的业务运行机制。优化业务布局与业务分工，实现气象业务的集约高效。完善业务流程，实现气象业务各系统之间的有效衔接和有机互动。优化资源配置，完善业务运行制度,统一数据格式、技术标准和业务要求,提高业务运行效率。建立健全业务管理体系,完善以业务质量和服务效果为核心的业务考核评价机制,推进业务管理由分项运行管理向综合质量标准管理转变。建立企业和社会力量承担气象业务运行的工作机制,推进气象技术装备和信息网络运行保障、气象信息传播、灾害性天气辅助观测等工作社会化。

12.创新人才发展机制。完善局校合作机制,推动大气科学学科建设,建立高校教材合作开发、高校师资与业务科研骨干顺畅交流机制,促进气象高等教育与现代气象业务有效衔接。建立公开、平等、竞争、择优选人用人机制,严把人才入口关。完善人才培养选拔机制,建立按需设岗、按岗聘用、人岗相适的激励机制,激发人才创新活力。完善以需求为导向的气象业务培训机制,推进基本气象业务岗位持证上岗制度。完善以提高核心科技水平和实际业务能力为导向的人才考核评价机制,改进气象专业技术职称评聘制度。健全人才开放合作长效机制,有效吸引海内外优秀人才和智力,促进人才有效流动。

四、深化气象管理体制改革,加快建立适应气象现代化的气象管理体系

气象管理体制改革是全面深化气象改革的重要保障。必须坚持和发展气象部门与地方政府双重领导、以气象部门领导为主的管理体制,完善与之相适应的双重计划财务体制,创新气象行政管理方式,营造良好的政策环境,夯实履行气象行政管理职能的基础,增强公信力和执行力,全面履行法律法规赋予的权利和义务。

13.完善全面正确履行气象行政管理职能的机制。气象主管机构要转变管理理念和方式,实现由部门管理向社会管理转变。加强气象发展战略、规划、政策、标准等的制定和实施力度。强化行业管理和资源配置,统筹规划全社会气象观测站网布局。全面履行法律法规赋予的气象行政管理职能,强化公共气象服务和气

象社会管理职能。完善"政府主导、部门联动、社会参与"的气象防灾减灾工作机制,完善基层气象防灾减灾和公共气象服务体系建设政策。健全气象公共安全体系,强化安全生产的气象行业监管职能。建立生态文明建设的气象保障机制,探索建立气候资源开发利用保护与监督管理机制。推进气象行政审批制度改革,进一步简政放权,对保留的行政审批事项,要规范程序、优化流程、减少环节,提高行政管理效能。

14.建立新型气象管理体制机制。推进气象管理机构改革,科学规范气象管理机构职责,优化调整气象管理机构设置、职能配置、工作流程,提高气象管理效能。统筹考虑国家和地方气象机构设置,优化调整现有气象事业单位业务分工、业务机构和业务功能配置,有效整合直属业务单位的功能。建立统筹协调、分工明确、职责清晰、运行高效的气象业务科技管理机制和权界清晰、分级负责、权责一致、运转高效、法治保障的气象行政管理机构。完善绩效管理制度,突出责任落实,确保权责一致。

15.主动适应国家相关改革政策。建立气象事权和支出责任相适应的制度,明确中央和地方按照事权承担相应支出责任。深化气象预算和财务体制改革,健全与气象管理体制相适应的预算和财务管理制度。完善气象国有资产管理制度。深化收入分配制度改革,形成合理有序的收入分配格局。深化气象干部人事制度改革,完善干部选拔、培养、使用和考核评价制度。推进气象事业单位分类改革,逐步建立多元用人机制。

16.完善依法发展气象事业的制度体系。健全气象法规体系,完善气象防灾减灾、气候资源开发利用保护、应对气候变化、人工影响天气、气象预报和气象服务等方面的法律制度。依法规范气象预报发布,推进气象数据开放。完善气象标准体系,强化气象标准实施应用,推进气象标准化、规范化管理。建立气象法律顾问制度,完善规范性文件、重大决策合法性审查机制和专家咨询机制。

加强法制机构和基层执法队伍建设,明确执法责任,完善省级气象主管机构指导监督,市、县级气象主管机构组织实施的气象行政执法体系。优化政策环境,制定完善深化气象改革开放的配套政策。

五、加强组织领导,确保气象改革扎实稳步推进

全面深化气象改革必须加强党的领导,充分发挥党组(党委)的领导核心作用,调动一切积极因素,凝聚共识,协同推进,确保各项改革有力有序协调推进。

17.强化领导和组织保障。建立领导气象改革的责任机制,在强化党组(党委)负总责的前提下明确责任分工,在加强总体谋划、整体推进前提下细化目标任务。加强对重大改革问题的调查研究,提高改革决策水平,确保改革举措充分体现各方面意志、兼顾好各方面利益,更加符合气象事业发展实际。中国气象局党组全面深化气象改革领导小组负责全国气象改革的总体设计、统筹协调、分类指导、整体推进和督促落实各项改革措施。

18.抓好试点稳步推进。选择一些有条件的单位,作为深化改革的试点,将制度创新和机制创新作为试点的核心任务,鼓励从实际出发,大胆尝试、勇于创新,探索和总结一批可复制、可推广的试点经验。重视发挥改革试点的示范带动作用,积极稳妥推进气象改革。

19.营造改革的良好环境。切实发挥基层党组织的战斗堡垒和党员的先锋模范作用。依靠职工支持和参与改革,切实做好干部职工的思想动员,充分发挥广大气象干部职工的积极性、主动性、创造性,尊重基层首创精神,凝聚职工的智慧,齐心协力推动改革。强化责任担当,树立大局意识,践行社会主义核心价值观,大力弘扬气象精神。加强深化气象改革的正面宣传和舆论引导,及时回应反馈干部职工关心的问题。

20.抓好各项改革落实。按照中国气象局党组的统一部署,各内设机构要密切关注国家全面深化改革的部署和要求,各省(区、市)气象局要重点关注地方政府改革相关举措,结合各自工作实际,抓紧研究制定本意见的贯彻落实方案,抓好各项改革措施的组织实施。加强调研总结指导,及时掌握改革进展。围绕影响改革发展的重大问题和群众反映强烈的突出问题,及时分析查找原因,拿出解决办法。深入推进县级气象机构综合改革工作。要强化监督检查,抓好跟踪督办,建立定期评估机制,确保各项改革措施落到实处。

全国气象科普教育基地管理办法

(气发〔2014〕43号)
2014年6月3日

第一章 总 则

第一条 根据《中华人民共和国科学技术普及法》、《中华人民共和国气象法》和实施《全民科学素质行动计划纲要(2006－2010－2020年)》要求,广泛联合社会力量,推动气象科普基础设施建设,促进全民科学素质提升,制定本办法。

第二条 本办法适用于全国气象科普教育基地的申报、评审、命名和考核的组织管理工作。

"全国气象科普教育基地"指:以面向社会公众开展气象科学知识普及、宣传气象科技发展和具有专业特色气象文化为主要内容,具有良好引导示范作用的各种场所的总称。

获得"全国青少年科技教育基地"、"全国科普教育基地"称号的气象行业有关单位,参照本办法进行管理和考核。

第三条 全国气象科普教育基地建设、运行和管理原则:

(一)政府推动、全民参与。将气象科普教育基地建设纳入全民科学素质行动计划纲要总体规划中,纳入气象事业发展规划和气象现代化建设中,鼓励利用社会公共资源和现有条件建设气象科普教育基地,鼓励企事业单位、社会团体及公民个人参与建设,共同推动气象科学技术知识的教育、传播与普及。

（二）科技为先，深化内涵。围绕公众与社会需求，及时跟进世界气象科技发展步伐，注重体现气象科技发展水平，并深入挖掘和提升其科技内涵。结合数字化、人性化、智能化的发展趋势，丰富科普展示的内容与形式，进一步增强基地的现代化水平和感染力。

（三）以人为本，关注民生。面向基层、关注民生，突出防灾减灾和应对气候变化知识传播，帮助公众理解气象知识，用好气象信息，掌握科学方法，弘扬科学精神，提高面向重点人群的科普服务能力，不断提升气象科普服务效果。

（四）统筹资源，促进创新。加强顶层设计，科学合理布局。创新技术手段，提升气象科普教育基地综合效益。发挥互联网等新兴媒体在科技传播中的积极作用，拓宽公众获取科学知识的渠道，实现大众化、社会化气象科普传播。

第四条 气象科普主管部门负责对气象科普教育基地管理工作进行监督、管理、指导和协调。中国气象学会秘书处负责全国气象科普教育基地的组织申报和评估考核工作。

成立全国气象科普教育基地管理领导小组（简称领导小组），下设办公室（设在学会秘书处，简称领导小组办公室），负责指导全国气象科普教育基地建设、运行、管理和本办法实施工作。

各省、自治区、直辖市气象学会负责本地区符合条件单位申报全国气象科普教育基地的审核和推荐工作。

第二章　申报范围

第五条 分为3类进行申报：综合类、示范校园气象站类和基层防灾减灾社区（乡镇）类。

（一）综合类申报范围包括：

1.联合社会力量共建或独立兴建的具有气象科普展示、教育功能的科技、文化、教育类公共科技教育活动场所。

2.气象行业中具有气象科技展示、教育功能的气象业务、科研场所,如气象台(站)、观测场(站)、雷达站等。

3.气象相关科研机构和大学面向公众开放的实验室、陈列室、科研中心或野外观测站、农业试验站等。

(二)示范校园气象站类申报范围包括:建有校园气象站,并依托校园气象站开展气象科普活动的各类学校。

(三)基层防灾减灾社区(乡镇)类申报范围包括:积极促进气象预警信息传播,面向居民开展气象科普宣传,有效提高公众应用气象信息和防灾减灾能力的城市社区或乡镇。

第三章　申报条件

第六条　申报条件。

(一)综合类

1.具有面积不少于100平方米的固定气象科普活动场所,具备开展经常性科普活动的条件和设备。在显著位置设有公告栏,公示基地的开放制度。

2.重视科普基地工作,有分管领导负责。

3.制定科普基地的发展规划,将科普工作列入本单位年度计划;建有日常科普工作管理制度。

4.有具备开展科普活动的专兼职队伍,科普活动经费列入本单位经费预算并落实到位。

5.积极参加每年世界气象日、防灾减灾日、科技活动周、全国科普日等活动及各地方组织的科普活动,发挥示范作用。

6.每年开放天数不低于30天,年接待人数不低于5000人,有条件的科普基地可常年开放。有固定的解说词。

7.经常开展或参加经验交流、工作培训和理论研讨等,主动与新闻媒体合作,加强对科普基地和科普活动的宣传。

8.积极推进气象科普基地信息化、网络化和数字化建设。

(二)示范校园气象站类

1.建有人工观测气象站和能对4个或4个以上气象要素进行观测的自动观测气象站。

2.重视校园气象科普工作,有分管校长负责。

3.将校园气象站和气象科普活动列入年度工作计划;建有校园气象站管理制度,定期研究、检查、总结气象科普工作。

4.有专门负责此项工作的教师或兼职培训人员,有一定的经费保障。

5.成立气象科技兴趣活动小组,组织学生连续2年以上定期开展气象观测和记录,并将资料存档。依托校园气象站定期开展校园气象科普活动,能够发挥示范引领作用。

6.命名后接受当地气象主管机构或气象学会对校园气象站的指导,并积极参加有关交流、培训等活动。

7.积极推进校园气象站信息化、网络化和数字化建设。

(三)基层防灾减灾社区(乡镇)类

1.建有气象科普长廊或专栏,农家书屋或社区阅览室、文化室,存有气象科普读物。

2.重视气象科普工作,有所在地分管领导负责。

3.将气象科普工作列入当地年度工作计划。

4.建有气象信息员队伍,有一定的经费保障。

5.能够准确及时地将气象预警信息传递到辖区内的基层防灾减灾社区(乡镇),经常开展气象科普活动,能够发挥示范引领作用。

6.积极参加气象防灾减灾相关交流、培训等活动。

7.积极推进基层防灾减灾社区(乡镇)信息化、网络化和数字化建设。

第四章 申报程序

第七条 全国气象科普教育基地申报评审工作每两年开展一次,采取自愿申请的原则。

第八条 凡符合上述申报条件的单位,按要求向所在省、自治区、直辖市气象学会提出申请。申报材料包括:《全国气象科普教育基地申报表》、相关附件和证明材料。经所在地气象学会审核同意后,向领导小组申报。

第五章 评审程序

第九条 领导小组负责全国气象科普教育基地的评审。评审活动的组织、受理、审查等工作由领导小组办公室负责。

第十条 各省、自治区、直辖市气象学会负责组织申请材料的初审,并在规定时间内向领导小组办公室报送推荐材料。

第十一条 领导小组办公室负责审查申报材料,对拟认定单位的评审结果向社会公示。公示期内,任何单位和个人对拟认定单位有异议,应在规定期限内以真实身份向领导小组办公室提交书面材料,逾期和匿名不予受理。

第十二条 公示后的名单报领导小组审定后命名,颁发证书、牌匾。命名单位材料需报中国气象局办公室备案。

综合类命名为"全国气象科普教育基地"。示范校园气象站类命名为"全国气象科普教育基地——示范校园气象站"。基层防灾减灾社区(乡镇)类命名为"全国气象科普教育基地——基层防灾减灾社区(乡镇)"。

第六章　考核奖惩

第十三条　全国气象科普教育基地自命名起,应于每年的12月底前将年度工作总结报送至领导小组办公室。

第十四条　领导小组每两年对全国气象科普教育基地运行情况进行考核。对考核合格者,保留"全国气象科普教育基地"名称。对考核优秀者,鼓励其进一步发挥示范作用。对考核不达标者,提出警告,并要求在一年内完成整改;到期仍未达标者,将撤销命名并向社会公布。

第十五条　有以下行为之一的,撤销其命名:

(一)违法违纪行为的。

(二)宣传封建迷信、伪科学的。

(三)损害公众利益的。

第七章　附　则

第十六条　本办法由领导小组办公室负责解释。

第十七条　本办法自发布之日起实行。原《全国气象科普教育基地管理办法》(气发〔2005〕141号)废止。

附件:全国气象科普教育基地申报表(略)

气象部门应急预案管理实施办法

(气发〔2014〕68号)
2014年8月8日

第一章 总 则

第一条 为进一步实现气象部门应急预案的科学、规范化管理,提高气象部门应急保障和处置突发事件的能力,根据《中华人民共和国突发事件应对法》和国务院办公厅《突发事件应急预案管理办法》等法律、行政法规和规范性文件,制定本办法。

第二条 本办法所称应急预案,是指各级气象部门为依法、迅速、科学、有序应对突发事件,最大程度减少突发事件及其造成的损害而预先制定的工作方案。

第三条 气象部门应急预案的规划、编制、审查、发布、备案、演练、修订、培训、宣传教育等工作,适用本办法。

第四条 应急预案管理遵循统一规划、分类指导、分级负责、动态管理的原则。

第五条 应急预案编制要依据有关法律、行政法规和制度,紧密结合实际,合理确定内容,切实提高针对性、实用性和可操作性。

第二章 分类和内容

第六条 气象部门应急预案体系由国家、省、地、县四级应急预案构成,包括重大气象灾害应急预案、气象保障应急预案、部门内部突发事件处置应急预案等三类。

重大气象灾害应急预案是各级气象部门依据本级政府气象灾害专项应急预案及所涉及的部门职责,为应对重大气象灾害,组织管理、指挥协调所管相关应急资源的应急行动计划和程序规范,必要时可根据应对响应需要制定分灾种应急预案。

气象保障应急预案是各级气象部门依据本级政府相关专项应急预案和其他部门应急预案及所涉及的部门职责,针对气象灾害外的自然灾害、事故灾难、公共卫生事件、社会安全事件和大型活动、重大工程建设需要提供气象应急保障而制定的行动计划和程序规范。

部门内部突发事件处置预案是气象部门根据工作实际,为应对可能出现的内部业务系统重大故障、突发重大安全生产事故等事件而制定的具体行动方案。

鼓励相邻、相近的气象部门联合制定应对区域性、流域性突发事件的联合应急预案。

第七条 气象部门应急预案横向要与本级政府相关专项应急预案及其他部门应急预案相互衔接,纵向要与同类不同层级的应急预案内容各有侧重、相互协调。

中国气象局本级应急预案侧重突发事件的应对原则、组织指挥机制、预警分级和事件分级标准、信息报告要求、分级响应及响应行动、应急保障措施等,重点规范国家级层面的应对行动,同时体现政策性和指导性。

省级气象部门应急预案侧重突发事件的组织指挥机制、信息报告要求、分级响应及响应行动、队伍物资保障及调动程序、市（地）级气象部门职责等，重点规范省级层面应对行动，同时体现指导性。

市（地）级气象部门应急预案侧重突发事件的组织指挥机制、风险评估、监测预警、信息报告、分级响应及响应行动、队伍物资保障、调动程序等内容，重点规范市（地）级和县级层面应对行动。

县级气象部门应急预案侧重突发事件的监测预警、信息收集报告、应急处置措施、队伍物资保障等内容。

联合应急预案侧重于相邻、相近气象部门间信息通报、处置措施衔接、应急资源共享等应急联动机制。

第八条 各级气象部门可根据本单位的性质及突发事件隐患，结合工作实际，制定涉及本单位应对自然灾害、事故灾难、公共卫生事件及群体性事件的应急预案，预案应侧重明确应急响应责任人、风险隐患监测、信息报告、预警响应、应急处置、人员疏散撤离组织和路线、可调用或可请求援助的应急资源情况及如何实施等，体现自救互救、信息报告和先期处置特点。

第九条 各级气象部门可根据应急预案，并针对突发事件现场处置工作灵活制定现场工作方案，侧重明确现场组织指挥机制、应急队伍分工、不同情况下的应对措施、应急装备保障和自我保障等内容。

第十条 各级气象部门可结合具体情况，编制应急预案操作手册，内容一般包括风险隐患分析、处置工作程序、响应措施、应急队伍和装备物资情况，以及相关联络人员和电话等。

第十一条 对预案应急响应是否分级、如何分级、如何界定分级响应措施等，由预案制定单位根据实际情况确定。

第三章 预案编制

第十二条 各级气象局应当针对本行政区域多发易发气象灾害、需要提供气象保障的不同情况、内部主要风险等,制定应急预案编制规划,并根据实际情况适时修订完善。

各级气象部门可根据应对本单位突发事件需要,制定本单位应急预案编制计划。

第十三条 应急预案编制单位应当根据应急预案编制规划和计划适时成立预案编制工作小组,吸收预案涉及部门和相关单位业务人员、有关专家及有现场处置经验的人员参加。编制工作小组组长由应急预案编制单位有关负责人担任。编制联合应急预案的工作小组组长由牵头单位有关负责人担任。

第十四条 应急预案的编制应遵循完整性、科学性、可操作性和规范性原则,符合下列要求:

(一)符合有关法律、行政法规、标准的相关规定;

(二)与上级及本级相关应急预案充分衔接;

(三)适应突发事件风险状况和具备相应的应急能力;

(四)应对措施具体,有可操作性;

(五)主体内容完备,责任分工合理明确;

(六)应急响应级别设计合理;

(七)文字简洁规范,通俗易懂。

第十五条 编制应急预案应当开展风险分析、应急资源调查和应急能力评估工作,分析应急预案适用范围、应急处置可能性、现有应急资源分布和具备的应急能力等情况。

第十六条 应急预案一般应当包括总则、组织机构与职责、信息报告与发布、预测预警、应急响应、事后处置、保障措施、附则、附件等内容。

（一）总则，包括现状、指导思想、基本原则、编制目的、编制依据和适用范围等；

（二）组织机构与职责，包括组织体系和责任体系等；

（三）信息报告与发布，包括信息报告和信息发布的原则、程序和时限要求等；

（四）预测预警，包括监测预测工作要求，可能发生且可以预警的突发事件的预警分级指标、预警的发布或解除程序等；

（五）应急响应，包括事件分级指标、预案启动、分级响应、扩大应急和应急结束的程序和措施等；

（六）事后处置，包括恢复重建和调查评估等；

（七）保障措施，包括资金、装备、技术及应急队伍、宣传教育、培训与演练、奖惩措施等；

（八）附则，包括名词术语、预案管理要求、修订情况和施行日期等；

（九）附件，包括风险分析和应急能力评估、工作流程图、有关人员和单位通讯录、应急资源情况一览表和相关应急预案名录等。

应急预案编制单位可以根据重大气象灾害应急、气象保障应急和部门内部突发事件处置不同情况以及实际需要适当增减应急预案内容。

第十七条　应急预案编制过程中应当广泛征求有关部门、单位和专家的意见，与相关的预案做好衔接。涉及其他单位职责的，应当书面征求相关单位意见。涉及相关公民、法人或其他组织的，应当根据法律、行政法规要求或实际需要，征求相关利益者的意见。必要时，向社会公开征求意见。

第四章　审查、备案和公布

第十八条　应急预案的审查，按下列程序办理：

（一）预案编制工作小组或牵头单位将预案送审稿及各有关单位复函和意见采纳情况说明、编制工作说明等有关材料报本级气象应急管理机构初审。联合应急预案报牵头单位应急管理机构初审。因保密等原因需要发布应急预案简本的,应当将应急预案简本一起报送审批;

（二）气象应急管理机构组织专家评审。评审专家原则上不少于5人,一般应包括预案涉及领域的专家、相关法律专家和应急管理人员;

（三）气象应急管理机构将评审后的应急预案送本级气象法规管理机构进行合法性审查;

第十九条 应急预案由气象部门以行政办公会议或行政公文形式审查批准,以各级气象局或直属企事业单位名义印发施行。联合应急预案由编制单位联合印发施行。

第二十条 应急预案审批单位应当在应急预案印发后的20个工作日内依照下列规定向有关单位备案:

（一）中国气象局应急预案报送国务院应急办备案;

（二）中国气象局直属企事业单位应急预案报送中国气象局应急办备案;

（三）省级气象部门应急预案报送省级人民政府应急管理机构和中国气象局应急办备案;

（四）省级气象直属企事业单位应急预案报送省级气象应急管理机构备案;市（地）气象部门应急预案报送市（地）人民政府应急管理机构和省级气象局备案;

（五）联合应急预案报送上一级气象应急管理机构、联合应急预案牵头单位所在地方政府应急管理机构备案。

法律、行政法规另有规定的从其规定。

第二十一条 内容涉及公众生命财产安全及其救灾行动的应急预案,应向社会公布。涉及国家秘密和业务保密规定的应急预案,应当按有关规定执行。

第五章　应急演练

第二十二条　中国气象局应急管理机构负责组织编制应急预案演练指南,指导地方各级气象部门开展应急预案演练活动。

第二十三条　各级气象应急管理机构应当依照有关法律、行政法规和有关规定建立健全定期演练制度。预案编制单位定期组织开展应急预案演练。

第二十四条　各级气象应急管理机构应当制定应急预案演练年度计划。计划应包括演练牵头单位、参演单位、演练内容、演练形式、演练时间、演练保障等。应急预案演练至少每3年进行一次。

第二十五条　应急预案演练牵头单位根据年度计划制定演练方案并组织实施。根据预案性质和实际情况采取实战演练、桌面推演等方式,组织开展人员广泛参与、处置联动性强、形式多样、节约高效的应急演练。演练结束后,牵头单位应当对演练进行评估,评估的主要内容包括:演练的执行情况,预案的合理性与可操作性,指挥协调和应急联动情况,应急人员的处置情况,演练所用设备装备的适用性,对完善预案、应急准备、应急机制、应急措施等方面的意见和建议等。对分析总结应急预案与实际应急需要的适用程度和发现的问题,及时向气象应急管理机构报告。鼓励委托第三方进行演练评估。

第六章　评估和修订

第二十六条　气象应急管理机构应当按照有关法律、行政法规和有关规定建立应急预案定期评估制度,分析评价预案内容的针对性、实用性和可操作性。预案编制单位定期组织预案的修订，实现预案的动态优化和科学规范管理。

第二十七条 重大气象灾害应急预案、气象保障应急预案应当至少每5年修订一次，部门内部突发事件应急预案、联合应急预案根据需要及时进行修订。有下列情形之一的，预案编制单位应当根据实际需要和情势变化，适时组织修订。

（一）有关法律、行政法规、规章、标准、上级预案中的有关规定发生变化的；

（二）应急指挥机构及其职责发生重大调整的；

（三）面临的风险发生重大变化的；

（四）重要应急资源发生重大变化的；

（五）预案中的其他重要信息发生变化的；

（六）在实际应对和应急演练中发现问题需要作出重大调整的；

（七）应急预案编制单位认为应当修订的其他情况。

第二十八条 修订后的应急预案应重新进行审查、批准、备案和发布。

第二十九条 各级政府及其部门、企事业单位、社会团体、公民等，可以向气象应急管理机构提出应急预案修订建议。

第七章 培训和宣传

第三十条 各级气象局应将应急预案培训作为应急管理培训的重要内容，纳入领导干部培训、公务员培训、应急管理干部日常培训内容。制定有关应急预案培训大纲，通过编发培训材料、举办培训班、开展工作研讨等方式，对与应急预案实施密切相关的气象应急管理人员和专业技术人员开展应急预案培训。

第三十一条 应急预案的主要内容应纳入气象科普宣传和培

训计划。对需要公众广泛参与的非涉密的应急预案,应制作并向社会公众免费提供通俗易懂、好记管用的宣传普及材料,并充分利用互联网、广播、电视、报刊等多种媒体广泛宣传。

第八章　组织保障

第三十二条　中国气象局统筹指导全国气象部门应急预案体系的建设工作,负责国家级气象应急预案体系的综合管理。中国气象局直属单位负责职责范围内的应急预案制定工作。

地方各级气象局负责统筹规划本行政区域内气象应急预案建设工作,负责本级气象应急预案管理。

第三十三条　各级气象局明确分管领导和管理机构,对气象部门应急预案管理工作加强指导和监督。各有关单位要指定专门机构和人员负责相关具体工作,将应急预案的规划、编制、审查、发布、演练、修订、培训、宣传教育等工作所需经费纳入预算统筹安排。

第三十四条　各级气象应急管理机构要结合气象应急管理工作需要,建立健全各类应急预案数据库和应急决策指挥管理信息系统,提高应急预案的执行能力和水平。

第九章　附　则

第三十五条　本办法由中国气象局办公室负责解释。
第三十六条　本办法自印发之日起施行。

气象宣传工作管理办法

(气发〔2014〕76号)
2014年8月29日

第一章 总 则

第一条 根据党中央、国务院有关新闻宣传工作的政策规定和指示精神,为进一步加强和规范气象宣传工作,坚持开放共享和舆论引导相协调、制度创新和机制创新为支撑,挖掘潜力、激发活力,构建新形势下气象宣传工作体系,更好地发挥宣传工作统一思想、凝聚共识、传播信息、促进发展的作用,制定本办法。

第二条 本办法适用于中国气象局各直属单位、内设机构(以下简称各单位)和以中国气象局名义进行的气象宣传工作。

第三条 气象宣传工作的指导思想:高举中国特色社会主义伟大旗帜,以邓小平理论、"三个代表"重要思想、科学发展观为指导,深入贯彻落实党的十八大和十八届二中、三中全会精神,坚持服从和服务于气象行业改革发展大局,坚持"团结、稳定、鼓劲、正面宣传为主"的方针,坚持解放思想、实事求是、稳中求进、改革创新,把握好、引导好、发挥好舆论导向,为气象事业服务于全面建成小康社会提供传播平台、思想保证、精神动力和舆论支持。

第四条 气象宣传工作基本原则:围绕中心、服务大局,统筹部署、协调推进,需求引导、精心组织,改革创新、遵循规律,规范程序、各负其责。

第五条 中国气象局气象宣传工作的内容

(一)宣传党和国家方针政策,气象法律、法规、规章和其他规范性文件。

(二)宣传中国气象局党组贯彻落实党中央、国务院重要精神的决策部署,气象现代化建设、改革创新、业务服务、科技研究、法律法规、重大工程建设等方面的进展和成效,气象工作在服务经济社会发展、改善民生过程中的重要作用。

(三)宣传全局性的重大活动、会议成果及相关部署。

(四)宣传气象行业先进典型。

(五)宣传气象科学技术知识。

(六)传播重要气象监测预报预警信息和统计数据。

(七)做好气象突发事件和社会关注热点的舆论引导工作。

第二章 组织机构

第六条 气象宣传工作在中国气象局党组领导下组织开展,办公室负责日常管理工作。

第七条 气象宣传管理主要职责

(一)组织、管理、指导、协调气象新闻、文化、科学知识和服务信息传播工作。

(二)拟订全国气象部门宣传规划、工作要点和规章制度,并组织监督实施。

(三)负责中国气象局所属报纸、期刊、图书、影视、网站和官方微博、微信、客户端等新媒体的管理工作。

(四)负责联系国家及相关部委宣传主管部门,并组织协调和监督落实相关工作。

(五)组织、指导社会媒体的沟通服务和新闻发布工作。

（六）指导全国气象部门舆情监测和舆论引导工作。

（七）协调气象行业宣传资源和业务。

（八）组织气象宣传工作改革和政策研究,开展重大气象新闻宣传评估工作。

（九）协助人事部门组织全国气象宣传管理和业务培训交流。

第八条 各单位主要负责人是本单位气象宣传工作的负责人。各单位须指定一名工作人员为气象宣传工作联络员,协助办公室做好气象宣传工作,负责本单位日常宣传工作。

第九条 公共服务中心、宣传科普中心、报社、出版社按各单位职责做好新闻宣传、信息传播、科学普及和媒体服务等工作。

第三章 新闻发布

第十条 气象新闻发布是气象新闻宣传和信息公开工作的重要组成部分。气象新闻发布工作参照《中国气象局新闻发布制度》（气发〔2013〕93号）执行。

第十一条 媒体记者采访接待工作参照《中国气象局新闻媒体采访管理规定》（气办发〔2013〕42号）执行。

第十二条 宣传稿件的提供

（一）为了保证良好的宣传效果,各类气象新闻宣传稿件,应由主办单位准备相关背景材料,负责新闻通稿、口径材料的起草、自审和送审工作。

（二）经审核的稿件,由宣传与科普中心提供给新闻媒体使用。

第十三条 宣传稿件的审核

（一）涉及气象全局性工作,重大法律法规,重要政策文件,重要科研成果,重大会议、活动、工程,突发热点事件以及提供给国外新闻媒体的宣传稿件,由宣传与科普中心核实刊发媒体资质并对稿件完成初审后,报办公室协调相关内设机构审定。

（二）以部门负责人个人名义撰写反映本单位工作的稿件，由负责人本人审定，所在单位宣传管理部门负责协调在媒体上刊登。

（三）报道各单位一般性工作、典型事迹的稿件，由各单位审定。经记者采访撰写的稿件，一般由受访人负责审定。

（四）稿件内容涉及国家或行业秘密、气候趋势预测、内部材料或内部会议等内容，须报相关内设机构审批。

（五）凡属气象科普、学术研究、文学艺术类的稿件无需送审，文责自负。

第四章　舆论引导

第十四条　各单位应围绕党组中心工作，全面、准确、主动、及时地宣传气象行业法律法规、方针政策、工作举措及其成效。根据境内外气象舆情动态及时发布权威信息，引导舆论。

第十五条　要把握好信息发布、政策解读和回应关切三个环节，一体联动、统筹考虑，借助媒体传播，实现让群众看得见、听得懂、信得过、用得上气象信息。

第十六条　各单位宣传管理部门要遵循新闻传播规律、传统媒体和新兴媒体融合发展规律，完善舆论引导流程，加强气象舆情收集、研判、报告和回应机制。针对公众反映的气象相关工作，及时向本单位分管领导和宣传管理部门通报，客观研判、科学回应，解疑释惑。

第十七条　各单位发现重大虚假、敏感报道，要及时沟通办公室。对造成严重影响的不实报道，办公室应及时向局领导和国家宣传主管部门报告，必要时可通过司法程序解决。

第十八条　突发事件舆论引导

（一）按照《国家气象灾害应急预案》、《中国气象局气象灾害应急预案》等有关文件要求，及时、准确、客观、全面发布最新气象灾害监测预报预警信息、防灾避险知识和应急响应工作动态。

（二）对气象业务、服务范围内发生的具有重大社会影响的突发公共事件，主管内设机构要在应急预案中纳入舆论引导工作。要迅速掌握事件情况，商办公室制定信息发布和回应关切方案，拟定口径，报局领导同意后实施。未经批准，突发公共事件所涉及的单位及其工作人员，不得擅自对外提供消息、发表意见。

（三）对突发公共事件报道中涉及的重要数字、重要情节和重要解读，主管内设机构要核实清楚，联合办公室审核，报局领导同意后方可发布。

（四）建立网络气象评论员队伍，及时对网上虚假、负面报道或评论进行引导。

第五章　媒体管理

第十九条　气象报纸、期刊、图书、影视、网站等新媒体的建设、运用、管理和维护工作，须严格遵守国家相关方针政策和法律法规。

第二十条　各单位须制定并严格实行气象宣传审核制度，确保正确的舆论导向和良好的作品质量。文字、图片、图表、影像和解说等宣传内容，均须符合国家新闻出版广电总局相关要求。

第二十一条　各单位要做好气象宣传资料的存档工作。包括：气象宣传文字、图片、音视频资料，报纸、期刊、图书、影视、新媒体作品、电子出版物等样本。

第二十二条　支持气象报纸、期刊、图书出版和影视制作单位拓展网络移动终端等传播领域，推进向数字化、信息化方向的转变。

第二十三条　推动气象媒体融合发展。坚持传统媒体和新兴媒体优势互补、一体发展。坚持先进技术为支撑、内容建设为根本,实现各种媒介资源的有效整合,实现信息内容、技术应用、平台终端、人才队伍的共享融通。

第二十四条 气象宣传从业人员管理

(一)各单位要按照"讲政治、管队伍、守纪律"的要求,管好用好气象宣传从业人员。气象宣传从业人员应经过保密教育、气象知识、新闻业务等培训,提高政治素质、职业道德和业务水平。

(二)气象宣传从业人员在从事采访、参加会议、听取传达、阅读文件等职务活动中,获取的各类信息、素材以及所采制的新闻作品(其中包含国家秘密、不宜公开披露的信息)等,视为气象宣传从业人员职务行为信息。要把气象宣传从业人员职务行为信息使用的批准和备案纳入日常管理制度。

(三)气象宣传从业人员上岗须签订保密承诺书和职务行为信息保密协议,未签订的不得聘用和任用。新闻采编人员申领、换领新闻记者证申报材料中须包含保密承诺书和职务行为信息保密协议。

职务行为信息保密协议须分类明确气象宣传从业人员职务行为信息的权利归属、使用规范、离岗离职后的义务和违约责任。

(四)气象宣传从业人员不得通过博客、微博、微信以及论坛、讲座等任何渠道和场合透露、发布职务行为信息。气象宣传从业人员违反保密承诺和保密协议,擅自使用职务行为信息的,各单位应依法依规追究责任。

(五)各单位要坚持依法依规、趋利避害、善管善用、可管可控的原则,加强职务行为信息管理,确保气象宣传从业人员职务信息使用科学合理、规范有序。

第二十五条 气象报刊管理

(一)气象报纸和期刊的创办、撤销,相关单位应报中国气象局审批后,报国家新闻出版广电总局和北京报刊发行局登记备案。

(二)气象报纸和期刊的变更(包括变更刊号、刊名、主办单位、主编、刊期、页码、开本、定价等)、增刊,相关单位应报办公室审核后,报国家新闻出版广电总局和北京报刊发行局登记备案。

第二十六条　气象图书管理

(一)气象图书出版须按照国家新闻出版管理的有关规定制订年度出版计划,报办公室批准后,报国家新闻出版广电总局审批备案。

(二)出版单位须合理控制书号使用总量,优化选题,规划好图书出版的种类结构,优先保证气象重点图书、学术著作、科普图书的出版。

第二十七条　气象影视管理

重大气象题材影视作品拍摄制作需报办公室审批备案。

第二十八条　气象网站管理

(一)气象部门网站是指各级气象部门及其直属单位作为主办单位建立在互联网上的网站,是发布气象政务和服务信息,传播气象新闻和文化、普及气象知识、提供在线服务、开展公众互动和了解社情民意的重要平台。

(二)坚持"积极利用、科学发展、依法管理、确保安全"的方针,按照"谁主管谁负责、谁运行谁负责"的原则,规范网站建设、运用和管理。

(三)各单位要把本单位主办网站建成气象服务、知识、新闻和文化传播的重要渠道。要指定具体机构和人员负责,及时更新网站信息,严格网站信息发布审核和保密审查制度,确保网站信息的时效性、准确性、规范性和权威性。

(四)要建立值班读网制度,安排值班人员每日登录网站,检查网站运行和页面显示是否正常。建立审核审查记录档案。

(五)各类网站以刊载气象相关内容为主,不得转载其他社会网站未经证实的消息,不得刊登或转载未经授权的作品。

第二十九条　气象新媒体管理

（一）坚持积极利用、科学发展、依法管理、确保安全的原则,促进官方微博、博客、微信、客户端等新媒体平台的建设。

（二）各单位开设官方新媒体平台须报办公室、减灾司、预报司登记备案。领导干部以个人身份开设的新媒体平台不得标注所在单位及职务信息。领导干部以职务身份,经互联网站认证的气象专家、气象新闻从业人员和气象名人开设的个人新媒体平台须报本单位宣传主管部门登记备案。已开设的新媒体平台账号应补办报批、报备手续。

（三）各官方新媒体平台主办单位要建立健全新媒体平台的管理制度和工作流程,明确收集、筛选、编辑、审核、回应等环节的流程,严明责任与纪律,加强相关舆情的收集、监督与研判。

（四）加强新媒体平台的开发、应用与推广,强化与其他互联网产品、移动终端的对接。优化功能,提升平台的适用性和便捷性。

第六章　责任与考核

第三十条　气象宣传工作是气象社会管理职能的重要组成部分,对促进公共气象服务和气象现代化起着重要的舆论引导作用。各单位要切实加强对气象宣传工作的领导,建立组织体系,健全运行机制,完善管理制度,逐步提升舆论引导水平。办公室每年制定气象宣传工作重点和目标考核任务,定期督促检查。

第三十一条　参照《全国气象部门宣传工作信息沟通制度》（气办发〔2013〕43号）,加强气象宣传与业务、服务、科研、管理工作融合,加强气象宣传管理部门之间的联动,统筹资源,形成合力。

第三十二条　加强与国家宣传主管部门的沟通合作,争取将气象宣传纳入国家宣传工作的总体安排中。联合社会主流媒体、文化机构和文化团体,建立宣传策划、新闻发布、业务交流、资源共享长效合作机制,借助社会力量扩大气象宣传覆盖面。

第三十三条 各单位建立气象宣传工作激励机制,鼓励本单位人员为媒体撰写稿件或按要求接受媒体采访。对宣传业绩突出的单位、部门、个人和社会媒体按有关规定给予表彰。对违反本办法并造成不良后果的单位和个人,将视情节轻重给予相应处分。积极向国家宣传主管部门推送气象宣传先进个人、集体和优秀作品,参评国家级奖项或申报国家级项目。

第三十四条 定期组织气象宣传管理和业务培训,提升气象宣传队伍素质。建立"百名气象宣传骨干人才库",实行滚动管理。充实扩大兼职人才队伍,吸引社会力量开展气象宣传。鼓励气象宣传作品创作,发表在当地主流媒体且具有较大影响力的作品,作为职称评审业绩并列为评奖评比依据。

第三十五条 建设气象宣传综合管理信息平台、气象舆情监测平台和气象宣传专家库、资源库。鼓励开展气象宣传工作研究,及时总结并共享重大气象专题宣传的经验和模式,不断创新方式手段,切实提高气象宣传工作软实力。积极探索委托管理、服务外包等多元化的技术保障工作机制。

第三十六条 探索建立稳定多元的气象宣传经费投入机制,加大对重要气象宣传项目的扶持力度。在重大项目、重要活动(会议)中,统筹安排专题宣传经费,确保宣传实效。

第七章 附 则

第三十七条 本办法由办公室负责解释,自发文之日起施行。《气象宣传工作管理办法》(气发〔2001〕202 号)同时废止。

第三十八条 各省、自治区、直辖市气象局的宣传管理工作可参照制定相应制度。

中国气象局关于加强政务门户网站应用和管理工作的意见

(气发〔2014〕77号)
2014年9月5日

随着国民经济和社会信息化的发展、政务信息公开的深入推进,气象政务门户网站建设和发展不断加快。为深入贯彻落实《国务院办公厅关于进一步加强政府信息公开回应社会关切提升政府公信力的意见》(国办发〔2013〕100号)精神及中央网络安全和信息化领导小组办公室文件有关要求,进一步改进气象政务门户网站建设和管理工作,强化气象服务、及时公开信息、回应关切和引导舆论,现提出以下意见。

一、充分认识办好气象政务门户网站的重要意义

气象政务门户网站是气象部门在互联网上宣传党和国家方针政策,提供气象服务和公开气象政务信息的重要窗口;是传播气象新闻和文化,普及气象科学知识,提供在线便民服务,方便公众参与和了解社情民意的重要平台;是履行政府职能、提高工作效率的重要方式,办好气象政务门户网站意义重大。各级气象部门要高度重视气象政务门户网站建设和管理,遵循传播规律、创新技术应用、顺应网站发展和媒体整合发展趋势,将气象政务门户网站打造成更加及时、准确、公开透明的气象信息发布平台。

二、扎实推进气象政务门户网站建设

(一)建设政务门户网站群。各级气象部门要认真贯彻国家关于电子政务建设的决策部署,坚持科技型、基础性社会公益网站定位,按照统筹规划、协同建设、分级管理的原则,创新建设理念,强化顶层设计,加快建立功能齐全、平台统一、数据共享、上下联动的气象政务门户网站集群。中国气象局网(以下简称 CMA 网)要发挥示范引领作用,着重加强全局性、政策性、权威性信息发布,为公众提供在线气象服务信息和服务指引,回应社会关切。省级及省级以下气象政务门户网站着重就区域性重大问题加强权威信息发布,提供在线气象服务信息和办事服务,积极开展与公众的互动交流。上下级网站之间要做好链接,逐步实现资源共享、协同共建和整体联动。

(二)加强信息公开工作。要进一步完善网站政务信息公开专栏,修订政务信息公开目录,按照"依法公开、真实公正、保密例外、注重实效"的政务公开要求,及时公布适宜公开的规范性文件、气象政务服务、重大气象工作部署和统计数据等重要信息。属于主动公开的信息,应自该信息形成或者变更之日起 20 个工作日内在网站公开。报送信息要严格履行审查审批程序,确保信息内容真实、客观、准确,符合国家有关法律法规和方针政策。对发布的信息依法依规做好保密审查,确保信息内容和发布程序合法合规,实现信息公开流程化、规范化、制度化。

(三)加强新闻发布工作。充分发挥气象政务门户网站在开展气象服务和舆论引导中的作用,围绕党和国家相关政策规章、中国气象局重大决策部署和重点工作、灾害性天气及预报预警信息等,及时发布信息。实现各级气象政务门户网站对重要信息发布的联动。统筹运用新闻发言人、政务门户网站、政务新媒体等发布信息、回应关切、引导舆论。围绕社会关注问题,组织专家做好科学解读工作,让公众"听得懂、信得过、用得上"。

(四)传播气象知识和文化。强化气象服务、网站科普、文化栏目建设。充分发挥气象宣传科普综合业务平台作用,及时向公众发布重要气象服务信息、气象科技成果进展和传播气象科学知识。加强网站气象服务和气象科普产品的研发,充分利用互联网技术,研发可以多平台展示的动漫、图表、视频等气象服务和科普产品,提高网站气象服务和气象科普产品的科学性、权威性、趣味性和针对性。推动中华优秀传统文化和气象文化精品网络化传播,提升气象软实力。

(五)提高在线办事能力。要从满足公众日益增长的需求出发,增强服务意识,强化网站在线办事功能。要公布行政审批事项的名称、依据、程序和要求,制定在线办事目录清单,提供在线表格下载、业务咨询和办理指南,努力实现在线申请受理、状态查询和结果反馈,积极探索推行"一点受理、抄告相关、并联审批、限时反馈"等在线办理模式。按照"网站受理、后台办理、网站反馈"模式,通过办事指引和页面链接提供"一站式"服务入口,建立网上办事大厅。

(六)强化互动交流功能。要按照"总体规划,分步实施,严格审理,确保安全"的原则,加强互动栏目建设,为公众参与互动交流创造条件,实现互动渠道多样化和服务方式多元化。围绕气象部门重点工作和公众关注热点,开通在线访谈、热点解答、网上咨询等栏目。通过局长信箱、公众监督信箱等,接受公众建言献策和情况反映。围绕气象部门重要决策和与公众利益密切相关事项,开展网上调查、网上评议等工作,征集公众的意见和建议,及时分析汇总,为决策提供参考。

(七)规范网站展示形式。气象政务门户网站应在首页显著位置标注本行政机关的合法名称,并在显要位置标注中国气象局标志。英文域名以".gov.cn"结尾,中文域名以".cn"结尾,要与本行政机关的合法名称或简称相适应,并及时备案。网站页面设计要科学布局、重点突出、方便实用,页面层级要合理规划、深度适中,栏目划分要清晰合理、便于公众获取信息。

(八)推动媒体整合发展。坚持传统媒体和新兴媒体优势互补、一体发展。坚持先进技术为支撑、内容建设为根本,实现各种媒介资源的有效整合。探索利用政务微博、微信、微视、客户端等新媒体,开拓信息发布渠道。利用新媒体互动功能,提供及时、便捷的公众互动交流方式。搭建全媒体发布平台,充分发挥气象报刊、电视、网站和新媒体的作用,扩大气象宣传覆盖面。

(九)提升技术保障水平。加强气象政务门户网站的统筹规划和资源共享。研发网络技术平台和重要业务应用系统,建设资源共享、分类明确、简明高效的 CMA 网站信息共享发布平台。省级气象政务门户网站可参考 CMA 网信息共享发布平台建设相应平台,及时高效发布网站信息。要按照电子政务安全规范和技术要求,完善气象政务门户网站防攻击、防篡改、防病毒等安全防护措施。要按照信息安全等级保护的要求,定期对网站安全进行检查。要通过人工审核与安全自动化过滤相结合的方式提高网站信息发布安全水平。

三、加强网站运行管理机制建设

(一)加强领导明确职责。各单位要把门户网站建设和管理列入重要议事日程,纳入电子政务发展规划,明确网站建设和管理的责任单位。各单位办公室为本单位门户网站主管部门,负责规划、指导、协调和监督所属门户网站工作。要按照"谁主管谁负责、谁运行谁负责"的要求,明确分工、健全责任制,加强统筹协调和监督检查,确保工作落实到位。

(二)规范运行管理流程。进一步完善网站信息审核、办事服务、互动交流、保密审查、运行维护、应用管理等业务的管理制度。建立国家-省-市气象部门网站互动和共建机制,规范和完善发布流程。加强网站日常监测和网络舆情监测工作,逐步建立健全舆情收集、研判和回应机制。制定网站突发事件应急预案，完善发现、处置、报备(视情况向公安机关报案)流程，确保网站系统的安全稳定运行。

（三）加强队伍建设和培训。加强网站队伍建设，培养建立一支政治素质高、业务能力强、具有创新意识的网站策划、技术支撑和内容保障队伍。提高利用现代信息技术对气象信息资源进行收集、筛选、重组的能力，提高安全利用网站和新媒体的意识和技能，遵守职业道德和相关法律规章。建立交流培训工作常态化机制，组织开展面向门户网站工作人员、新媒体维护人员和新闻发言人等从业人员的专业培训，及时总结交流经验，不断提高相关人员的政策把握能力、舆情研判能力、解疑释惑能力和回应引导能力。

（四）强化保障措施。将网站建设和管理列入气象基本业务服务预算经费管理，确保网站安全稳定运行，实现国家－省－市气象门户网站之间的网络技术平台对接和业务应用系统的兼容。积极探索委托管理、服务外包等多元化的技术保障工作机制。积极开展各类交流培训，加强绩效评估，探索建立有关部门、社会机构和公众共同参与的气象政务门户网站绩效评估机制，充分发挥绩效评估的导向和激励作用。

各级气象部门要进一步提高认识，切实加强对气象政务门户网站建设和管理的组织领导，紧密结合实际，制定相应实施办法和具体方案，认真落实各项工作措施，不断提升网站建设和管理水平。

全国人工影响天气业务发展指导意见

(气发〔2014〕95号)
2014年10月24日

人工影响天气是指为避免或者减轻气象灾害,合理利用气候资源,在适当条件下通过科技手段对局部大气的物理、化学过程进行人工影响,实现增雨雪、防雹、消雨、消雾、防霜等目的的活动。人工影响天气工作是党和政府促进经济社会发展、保障人民群众安全福祉的一项民生工程,是保障国家粮食安全、水安全、生态安全、公共安全的一项公益事业,是提高气象防灾减灾能力、应对气候变化能力、开发利用气候资源能力的一项基础工作。现阶段我国人工影响天气业务中较成熟的主要包括人工增雨雪和人工防雹,人工消雾(霾)、消减雨、防霜等技术应用尚未形成常规的业务,有待不断加强试验研究和技术开发,逐步形成相应业务能力。

为进一步提高人工影响天气的作业能力、管理水平和服务效益,全面推进人工影响天气科学、协调、安全发展,根据《国务院关于加快气象事业发展的若干意见》(国发〔2006〕3号)文件要求,全面贯彻第三次全国人工影响天气工作会议和《国务院办公厅关于进一步加强人工影响天气工作的意见》(国办发〔2012〕44号)文件精神,认真落实中国气象局关于全面深化气象改革和推进气象现代化的一系列部署和要求,结合全国人工影响天气业务能力与科技水平,制定本指导意见。

一、需求与现状分析

(一)需求分析

受全球气候变化的影响,气象灾害对我国经济社会发展造成的损失越来越大。粮食和经济作物生产受干旱、冰雹等灾害的影响扩大但防御能力不足,水资源短缺但空中云水资源的开发利用力度不够,生态、环境、交通等对干旱、冰雹、雾、霾等灾害的敏感性和脆弱性加大但应对防范手段不多,重大社会活动对天气保障的需求越来越强烈但人工影响天气的应对能力有限。解决这些复杂难题,迫切需要增强人工影响天气业务能力、科技水平和服务效益,提高人工影响天气作业(增雨雪抗旱、防雹减灾等)能力,保障国家粮食安全;提高云水资源开发利用能力,缓解水资源短缺,保障国家水资源安全;加强生态保护能力和改善城乡大气环境等方面的人工影响天气工作,保障国家生态安全;加强降低森林草原火险等级的人工增雨雪、保障交通安全的人工消雾等工作,保障社会的公共安全;提高重大社会活动的人工消云减雨能力,保障重大活动的顺利开展。

(二)发展现状

我国从1958年开展人工影响天气工作以来,逐步形成了各级政府领导、气象主管机构管理的组织管理体系和地面火箭、高炮与飞机播撒相结合的增雨雪、防雹作业体系。经过50多年发展,人工影响天气业务能力和科技水平有了显著提高,人工增雨雪抗旱保丰收贡献突出,人工防雹抗灾减损效益显著,人工增雨雪蓄水保生态作用突出,人工消减雨保障重大活动的影响巨大。人工影响天气工作已成为我国防灾减灾和空中云水资源开发利用的重要科技手段,并将长期持续发展。

近年来,全国30个省(区、市)、新疆生产建设兵团和黑龙江农垦等行业的2300余个县(市、区、团、场)开展人工影响天气作业,使用高炮6700余门、火箭发射架7200余台、飞机50余架,从业人员4.77万人,人工增雨雪作业区面积500余万平方公里,人工防雹作业保护面积50余万平方公里,年均增水约500亿吨,作业规模居世界首位。

2012年,第三次全国人工影响天气工作会议召开,国务院办公厅下发了关于进一步加强人工影响天气工作的44号文件,国家加大了对人工影响天气事业支持力度,现代化进程明显加快。第一个国家重点建设工程《东北区域人工影响天气能力建设》启动实施,国家空管委批复《全国对空射击管理系统人工影响天气对空射击业务终端建设》立项,国家发展改革委和中国气象局正在共同编制《全国人工影响天气发展规划(2014—2020年)》;国家建设的高性能增雨飞机计划于2015年投入作业飞行,新一代增雨火箭和57mm高炮作业系统进入作业装备列装,新型高效催化剂和机载云粒子探测仪器基本完成室内和外场实验;以作业条件监测分析为核心的作业指挥系统正在多个省份人工影响天气业务部门试点推广。区域统筹步伐加快,第一个国家级人工影响天气分中心——东北区域中心在长春成立,西南、西北、中部、东南、华北等五个区域人工影响天气能力建设工程可研报告编制完成,跨省区联合作业机制不断完善,组织机构建设取得新进展,北京等地开展了改善空气质量业务试验和作业的有益尝试。

(三)存在问题

尽管我国人工影响天气业务技术工作已取得了很大的成绩,但面对新形势和未来发展对人工影响天气工作的新需求,人工影响天气业务工作仍存在一些突出问题。

一是业务体系不健全,业务规范化管理不够。各级人工影响天气业务机构仍不健全,人员编制缺乏,岗位设置不尽合理。全国统筹设计、各级相互支撑、功能健全的业务技术体系还不完善,标准体系、业务流程和运行机制仍不规范。国家和地方各级业务平台亟待建立,缺乏集成监测预报、决策指挥和效果检验等核心业务功能的规范化业务系统,通讯、装备、催化剂、安全等保障业务能力还有限。省级以下重作业、轻业务建设的问题突出,成为制约人工影响天气业务科技水平快速提高的"瓶颈"。

二是科技支撑薄弱,作业科学化水平不高。对作业条件、作业方法、作业效果等核心问题与关键技术深入系统的研究不足;缺乏完整的科学设计、持续稳定的大型外场试验、充分的室内实验和催化技术研究。数值模拟和催化模拟技术及业务应用亟待改进,云降水精细探测和分析技术亟待加强。

三是业务布局不尽合理,区域统筹亟待强化。单纯以地方行政地区划分作业范围,对于系统性天气科学实施全云系的催化作业非常不利,制约了人工影响天气整体效益的发挥,亟待建立国家统筹、区域联合、规模化和常态化跨省区联合作业的科学化业务布局。

四是观测系统和作业系统能力不足。人工影响天气观测系统和作业装备发展存在盲目性。满足云水资源监测和作业条件分析的人工影响天气专项观测系统尚未形成,对当地云系特征和作业服务需求缺乏科学合理分析;人工影响天气作业装备仍以地面火箭、高炮为主,缺乏可对不同类型云系进行催化作业的高性能飞机和高效催化设施。

二、指导思想与发展目标

(一)指导思想

认真贯彻落实党的十八大和十八届三中全会精神,以科学发展观为指导,按照中国气象局全面深化气象改革和推进气象现代化的要求,把人工影响天气业务服务作为防灾减灾、农业公共服务体系建设和水资源安全保障的有力手段、重要举措和有效途径,加快融入气象基本业务。推进集约化、专业化、规范化业务体系建设进程,完善体制机制,坚持依靠科技进步,强化科技对核心业务的支撑,全面提升人工影响天气工作的水平和效益,为经济社会发展和人民群众安全福祉提供坚实保障。

(二)基本原则

坚持需求牵引、科技驱动。以适应农业农村发展、生态文明建设、防灾减灾等服务需求为出发点,大力提升空中云水资源开发利用能力和水平,着力解决人工影响天气业务中的关键技术问题,加快向业务能力转化进程,提高作业科技水平,推动人工影响天气业务全面发展。

坚持统筹集约、协调发展。以人工影响天气业务观测、分析、指挥、作业、效果评估等关键环节与气象其他基本业务进行统筹设计为出发点,将人工影响天气业务有机融合入现代气象业务体系,做到横向、纵向之间密切衔接、相互结合,全面推进各地、各级人工影响天气业务协调发展。

坚持突出重点、效益优先。以保障粮食和经济作物生产、生态环境保护、水资源开发作为人工影响天气服务的重点,大力发展增雨雪、防雹等重点业务,积极推进消雾、减霾、消减雨、防霜等试验研究与技术成果业务化。加强对跨省区、跨流域人工影响天气联合作业的组织协调和指导,提升服务整体效益。

坚持开放联合、创新发展。坚持业务、科研相结合,构建研究型、开放式业务,建立多层次、多领域、多学科相结合的机制,加强科技合作与交流,促进科技成果转化。加强与军队、地方等多部门协作,共同做好人工影响天气工作。

(三)发展目标

到2020年,基本建成装备先进、布局合理、指挥科学、评估客观的业务系统,形成全国统一协调、上下联动、逐级指导的人工影响天气业务体系,人工影响天气重点领域服务能力、基础保障能力、科技支撑能力、区域统筹能力、安全监管能力显著提高,人工影响天气服务效益明显增强。

三、业务构成与分工

人工影响天气是现代气象业务的重要组成部分,是公共气象服务的重要领域。人工影响天气业务从综合观测系统获取各种观测数据,基于预报预测系统生成作业条件预报预警产品,利用信息网络系统实现数据与信息的快速收集和指导产品与作业指令的共享分发。人工影响天气催化作业相关的试验,在技术层面上可参照相关业务环节及流程进行。

(一)业务构成

按业务性质与业务流程,人工影响天气业务分为:监测分析、条件预报、作业指挥、作业实施、效果评估、装备保障、安全管理和科技支撑八个部分。

1. 监测分析

监测分析是开展人工影响天气作业的基础,依托气象综合观测系统,及时获取各类基本气象业务观测资料和人工影响天气特种观测资料,开展云宏微观结构、时空变化特征和云水转化的监测分析,包括云水资源监测评估和作业条件监测分析。

2. 条件预报

条件预报是对作业天气、作业云系和播云条件等多尺度作业条件的预报预测,是决策指挥的重要依据,包括用于申报作业计划的天气过程预报、用于设计作业方案的作业潜力预报和用于发布作业指令的临近预报与预警。

3. 决策指挥

决策指挥是人工影响天气的关键业务环节,业务人员在作业条件预报和实时监测分析基础上,根据目标云系特征、作业目的和作业装备、空域情况,实时制定和修正作业方案、调度作业装备、发布作业指令、实时跟踪指挥,包括作业方案设计、空域申请和实时指挥。

4. 作业实施

作业实施是指作业人员按照作业方案和下达的作业指令,组织完成飞机或地面外场作业,包括执行相应操作规范、协调空域、完成催化剂装配、开展飞机或地面作业、观测记录、收集并及时上报作业情况。可分为飞机作业实施和地面作业实施。

5. 效果评估

效果评估是指催化作业后,对作业过程、作业季节和作业年度或专项服务任务等进行作业效果评估,包括作业效果的物理检验、统计评估、模式检验和作业效益的综合评估等。

6. 装备保障

人工影响天气装备包括地面和机载人工影响天气专用探测和作业设备。装备保障是为确保人工影响天气作业顺利、有效地进行,对相关的各种仪器、设备、装备进行日常或定期的运行维护保养等。包括对人工影响天气探测仪器设备的维护、标定,对各类型作业装备的维护、年检,对各种催化剂和炮弹、火箭弹、烟条焰弹的出厂验收、供应和检验等。

7. 安全管理

安全管理是人工影响天气业务的重要环节,包括各种安全标准、规章制度、业务规范及作业站点标准化的建立,作业单位资质审查和作业人员资格认可,装备年检及弹药生产、运输和储存,作业实施过程安全监管等。

8. 科技支撑

科技支撑是指为提高人工影响天气作业科学化水平而开展的基础研究、关键技术研发和科研成果转化等工作,包括空中云水资源评估,增雨雪、防雹、消雾、减霾机理研究,重大装备与高效催化剂研发,作业条件监测预报技术和效果检验技术研发,云物理实验室以及外场试验基地建设、科研与业务紧密结合的体制机制建立、科学知识普及宣传等。

(二)业务分工

人工影响天气业务主要围绕人工影响天气作业,开展监测分析、作业条件预报、作业决策指挥、效果评估、装备保障和安全管理等工作,分别在国家、省、市、县和作业站点各级开展。各级分工各有侧重,互为支撑。国家级在整个人工影响天气业务中起引领作用;省级是开展人工影响天气工作的核心,起骨干作用;市县级重点是组织指挥作业,起支撑作用;作业站点负责地面具体作业实施与信息上报,为业务的基础。各级主要职责和具体分工为:

1. 国家级

中国气象局人工影响天气中心(以下简称国家中心):开展全国人工影响天气监测分析和预报业务,采集分析全国作业信息,发布服务报告;组织和指挥重点区域、重大活动和突发事件的应急作业和跨区域作业;组织开展相关理论与应用技术的研究,牵头重大科学试验;负责全国专用技术装备研发、生产、供应、维护标定等保障工作;提出标准体系方案并承担全国人工影响天气标准化技术委员会相关工作,组织业务人员培训,提高全国人工影响天气业务技术人员的整体水平。

区域人工影响天气中心(以下简称区域中心):作为国家级分中心,主要负责组织协调指挥区域内跨省区人工影响天气作业,区域内国家级飞机作业的组织实施,以及区域内人工影响天气作业条件预报、监测和催化作业技术指导,制作并发布相关指导产品。

2. 省级

开展人工影响天气监测分析业务,发布全省云水资源评估报告;释用和检验上级业务指导产品,发布本省作业监测和作业条件预报指导产品;组织全省人工影响天气作业、省级飞机人工增雨作业方案的制订与指挥作业;收集、整理并上报全省人工影响天气作业信息;开展人工影响天气作业效果评估业务,发布全省人工影响天气作业效果评估报告;制订全省人工影响天气装备和弹药采购计划,做好装备采购供应、弹药储运和安全检查工作;组织全省作业指挥和作业人员岗位培训和考核,开展业务技术交流;组织全省人工影响天气科学试验,负责人工影响天气新技术的引进和研发。

3.市级

开展人工影响天气监测分析和临近预报预警业务,释用和检验上级业务指导产品,制作本市作业预案及作业方案,并指挥全市人工影响天气作业,开展效果评估和决策服务业务;收集、整理并上报全市人工影响天气作业信息和灾情信息;承担上级委托的作业人员培训和考核;负责全市作业装备存储、维护和故障排除等工作。

4.县级

开展人工影响天气监测分析业务。作业需求大、作业站点多的县级,在市级指导下实时指挥全县地面人工影响天气作业,发布县级人工影响天气服务报告,开展效果评估和决策服务业务;收集、整理并上报全县人工影响天气作业信息和灾情信息;负责全县作业装备安全存储和管理、维护。

5.作业站点

根据上级下达的作业指令,实施地面人工影响天气作业,收集、整理并上报作业区内的人工影响天气作业信息和灾情信息,负责作业装备日常维护和作业期间弹药储存管理。

四、主要任务

(一)监测分析能力建设

1.加强人工影响天气观测系统建设

落实《综合气象观测系统发展规划(2014-2020年)》,在基本气象观测网基础上,围绕作业指挥、效果评估等业务需求,重点推进云降水物理专业化观测,提高对云降水形成、演变及其催化过程的精细监测能力,同时满足气象其他基本业务观测需要。

(1)飞机观测

建设2架国家高性能探测飞机,配备全尺度、全相态粒子探测仪器、机载云雷达、辐射计、下投式探空和机载云物理光学摄像仪器,根据需要搭载强天气监测和环境气象监测的专用设备;在国家和地方高性能作业飞机上,配备基本气象要素探测设备和云粒子探测系统;在地方自建和租赁的常规作业飞机上,配备作业条件监测的基本气象要素和云物理探测设备。

建立国家机载云物理/化学仪器标校中心,负责机载仪器的标校、维护、保障和人员培训。

(2)地基云降水观测

在国家增雨、防雹、消雾试验示范基地和效果检验区,依托综合气象观测网,补充布设移动多普勒(或偏振)雷达、风廓线雷达、北斗探空系统、微波辐射仪、GNSS/MET水汽监测、雨(雾)滴谱仪、雹雨分测仪等观测设备,开展云降水机理、作业技术、效果评估技术试验。选择云雾出现频次高、基础条件好的高山气象站补充布设云雾观测仪器,建立高山云雾观测基地。

在地形地貌比较复杂的山区、气象业务雷达网难以覆盖的增雨防雹重点保护区内,补充建设X波段雷达等专项观测设备,以满足人工增雨、防雹作业实时指挥需要。

结合综合气象观测网建设规划,统筹布局,分步、分期推进人工影响天气地基云降水观测建设,经评估符合条件的可逐步纳入综合气象观测系统业务化运行和技术保障序列。

2.建立资料实时收集业务

(1)观测资料收集

地基云降水观测数据,基于气象宽带网和各级局域网,实时传输并存储到省级、国家级气象信息中心,飞机空基探测数据和飞机飞行状态数据通过无线/卫星通信网络(空—地通信传输系统)实时传输存储到本地飞机作业指挥中心,为实时指挥作业提供依据,并同步传输到国家级、省级气象信息中心。

国家中心和省级人工影响天气业务部门从本级气象信息中心实时获取人工影响天气业务和科研需要的基本气象观测数据和人工影响天气专项观测数据。区域中心从其所在省气象信息中心收集本区域内各省观测数据。

市县级人工影响天气业务部门通过省级人工影响天气业务部门获取所需的观测数据,其中,用于防雹作业和增雨雪作业实时指挥的本地雷达数据直接从雷达站收集。

(2)观测资料处理与共享

分步推进对收集的云降水观测资料进行规范化处理和质量控制。全国统一布网的云降水观测资料由气象信息中心进行规范化处理和质量控制,尚未纳入统一布网的观测资料(如飞机探测资料)则由人工影响天气中心负责对资料规范化处理和质量控制,按统一业务规范和要求存入人工影响天气专用数据库及气象信息中心的共享资料库。国家级牵头联合省级统一开发应用针对卫星、雷达、探空、辐射计和飞机等各类观测资料自动加工处理与云物理反演系统,实时获得云场、降水场、水汽场和动力场等特征物理参量,形成人工影响天气观测数据产品集,按照规定和要求提供给全国各级人工影响天气业务及科研相关单位使用。

3.完善空中云水资源评估

利用卫星、雷达和地基云探测资料以及模式再分析资料和同化产品,基于三维水汽场、云水场、降水场等观测资料,定量评估各类(各地)空中云水资源分布状况、演变特征和增雨潜力,并利用飞机观测的云物理资料进行验证,为人工影响天气作业系统布局、作业方式选择和技术发展提供依据。

国家级和省级开展此项业务。国家级不断优化完善云水资源评估技术方案和规范,开展全国云水资源评估并为各地业务提供技术指导,制作发布全国空中云水资源评估报告。省级采用国家级提供的方案,结合本省稠密资料和云系特点,开展本省空中云水资源精细化评估,发布评估报告。

4.强化作业条件监测分析

利用收集的卫星、飞机、雷达、探空等多种资料,对增雨雪、防雹等各类作业目标云系(层状云、对流云、地形云等)开展监测分析,获取云宏微观特征及播云条件的各种参量,总结建立适用于本地区不同季节、不同云系的作业条件指标。加强对作业条件及其判别指标的验证与应用,开展增雨雪和防雹作业条件实时监测业务。

国家级主要牵头发展监测分析技术方法,发布人工影响天气云降水特征参量反演产品,指导各省建立典型云系增雨雪、防雹作业的概念模型和作业条件识别指标。

省级主要建立本省各类作业云系增雨雪、防雹作业的概念模型和综合判别指标,发布基于卫星、雷达、探空等多种资料的作业条件综合监测指导产品。

市、县两级在上级监测分析产品的基础上,根据本地雷达探测资料和作业指标,开展作业条件实时监测,及时发布增雨雪、防雹作业指令,并实施作业。

(二)作业条件预报能力建设

1.完善作业天气过程预报

利用常规数值天气预报产品和气象台短期预报结果,结合作业天气概念模型,开展作业天气过程预报,判别影响本地适合人工影响天气作业的天气形势和条件,作出24－72小时的作业天气过程预报(包括落区、时段、天气类型和结构等),为提前申报空域计划、调配作业装备、组织实施作业和加密观测提供依据。

国家级主要基于中央气象台预报,发布全国和各区域人工影响天气作业天气过程预报。省级主要基于本省气象台预报,发布本省人工影响天气作业天气过程预报。

2.发展作业潜力预报

利用中尺度云模式产品,参考各级气象台的短期预报订正产品和短时预报产品,判别影响本地适合人工影响天气作业的云系结构、性质和作业条件,结合云的监测分析,作出3－24小时作业潜力预报(包括空间分布、时段、云性质和结构、作业方式等),为制定作业方案提供依据。

此项业务主要在省级以上人工影响天气业务单位开展。国家级主要发展并运行全国/区域范围的中尺度云模式,定时发布12－24小时全国/区域作业潜力预报产品,并逐步发展云模式集合预报产品。

省级主要释用上级下发的作业潜力预报产品,并参考本省气象台短期预报、短时预报和灾害性天气预报,制作发布本省未来3小时、6小时、12小时、24小时作业潜力预报产品。有条件的省可根据需要运行适合本地的具有更高时空分辨率的中尺度云模式。

3.强化作业条件临近预报与预警

结合短时临近天气预报,基于卫星、雷达、探空等多种资料快速同化技术,发展具有快速滚动更新能力的云场临近精细预报和冰雹追踪识别方法,与作业条件实时监测结果进行综合分析,作出0－3小时增雨雪作业条件临近预报和防雹作业预警,为作业方案设计和修订、空域申报、作业指令下达提供依据。

此项业务根据需求在市级及以上人工影响天气业务单位开展。国家级主要发展基于卫星、雷达、探空等资料的云场临近精细预报方法,统一组织研发云场临近预报和冰雹追踪识别系统。在重大应急服务和联合作业调度指挥时,运行快速更新的云场临近预报和冰雹追踪识别系统,制作发布临近预报和预警产品,为实时作业指挥提供依据。

省级本地化运行快速更新的云场临近精细预报和冰雹追踪识别系统,参考气象台发布的临近预报和灾害性天气预警产品,制作发布增雨雪临近预报产品和防雹预警产品,为本省实时作业指挥提供依据。

市级本地化运行快速更新的云场临近精细预报和冰雹追踪识别系统,参考上级指导产品,结合本地雷达等实时监测,作出本市范围分县的增雨雪临近预报和防雹预警产品,并通过业务平台向县级实时推送。

(三)作业指挥能力建设

1.强化作业方案设计

依据作业条件和作业技术指标,在作业条件监测和预报基础上,结合飞机和地面作业系统布局及作业效果评估需要,制定飞机和地面作业预案、作业方案以及配套的加密观测方案。根据临近预报预警以及跟踪监测的天气实况,及时修订预案和方案,强化作业预案和方案的科学性、针对性。

作业预案内容主要包括:作业天气及云系类型,作业目的(人工增雨雪、人工防雹等),作业区域(目标区),作业方式(飞机、地面等),飞机播撒高度,作业时间初步部署计划。作业预案一般需在作业前24小时完成。

作业方案设计内容主要包括:作业天气及云系类型,作业目的(人工增雨雪、人工防雹等),作业区域(目标区),作业对象(目标云),拟采用的催化技术(冷云催化、暖云催化等)和催化剂类型,作业方式(飞机、地面等),作业时机、作业部位、催化剂(作业用弹)量等作业综合技术指标。在飞机作业方案中,需设计飞机作业(兼探测)的水平航线与垂直航线(必要时)。地面作业方案中,需设计参加作业的站点、装备类型(火箭、高炮、地面催化剂发生器等)和发射仰角、方位角等具体作业参数。省级对下级的指导作业方案一般需提前6小时发布,本级的作业方案一般需提前3小时发布。

国家中心主要负责设计国家级高性能飞机跨区域作业预案及作业方案,区域中心主要负责设计区域内飞机联合作业预案及作业方案。

省级主要负责制定省内飞机作业预案和方案,指导市县制定作业预案和方案。

市县级主要负责日常地面作业方案的设计与调整。有作业飞机的市级需制定飞机作业预案和方案,防雹作业方案由市县级根据本地天气雷达或移动雷达实时资料制定并直接发布到各防雹作业站点。

2. 提高作业空域申报审批效率

密切联合军队、民航等空域管制部门,建立飞机和地面作业空域计划申请和飞机调度、飞行保障等高效协调工作机制,保障飞机、地面作业实施与顺利运行。定期向所属的空域管制部门备案飞机和地面作业空域保障年度计划,制定并完善与人工影响天气飞机作业和地面作业的空域报批业务相关的制度、规范、流程以及标准,不断提升作业空域申报的自动化、信息化和规范化水平。

(1) 飞机作业空域申报

根据飞机作业预案,提前 24 小时以上向所在空域范围的航空管制部门申报飞机作业的空域使用计划,包括:作业飞机信息和起备降机场计划、作业区域(目标区)、作业起止时间、作业高度等。

根据飞机作业方案,并按照空域管制部门的要求,提前 2 小时以上向航空管制部门申报飞行方案,包括:作业飞机信息、起备降机场、作业起止时间、飞行航线、飞行高度等。

联合军民航空域管制部门,推进自动化飞机作业空域申报审批系统建设,提高全国飞机作业空域管理的规范化和集约化程度。

国家中心主要负责制定空域报批业务相关制度、规范和流程,会同国家空管部门审定全国飞机作业空域划定、全国年度飞机作业计划,负责组织跨区域作业空域协调和空域申报;区域中心会同区域空域管制部门审定本区域飞机年度作业计划,负责组织区域内飞机联合作业空域协调和空域申报。

省级会同本省所属的空域管制部门审定省内飞机年度作业计

划,负责组织本省飞机作业空域协调和空域申报。有作业飞机的市级飞机作业空域申报参照省级模式。

(2)地面作业空域申报

根据地面作业方案,并按照空域管制部门的要求,由省或市级提前2小时以上向所属的空域管制部门申报地面作业空域计划,包括:作业站点信息、作业区域(目标区)、作业时间、装备类型等。

根据地面作业方案和作业指令,由县级或以上地面作业指挥部门(根据各省实际)适时向所属的空域管制部门申报地面作业空域,包括:作业站点信息、作业区域(目标区)、作业时间、装备类型、射击仰角、方位等。

加快建设全国人工影响天气地面作业空域申报系统,推进省及以下各级人工影响天气部门的业务应用,提高地面空域申报审批效率和规范化程度。

3.加强作业调度指挥

国家级、省级根据需要及时组织开展重点地区、重大天气过程和重大应急服务等作业需求、作业条件、作业计划等联合会商,加强上下联动和跨省区联防作业,建立并逐步完善会商制度、流程和调度、指挥机制。

(1)飞机作业调度指挥

按照飞机作业方案,提前部署作业飞机,落实飞机作业人员、播撒装备、观测仪器、通信设备等,做好飞行前各项准备工作。利用作业指挥系统,实时调度并指挥飞机作业,加强内外场业务运行协调,准确发布飞机作业各项指令,动态监控作业全过程,及时调整订正作业方案,收集作业信息和作业外场天气实况变化,跟踪了解天气变化。

国家中心负责跨区域作业和重大应急服务作业的协调、调度、指挥,负责收集汇总全国飞机作业信息;区域中心负责区域内飞机联合作业的协调、调度、指挥,负责收集飞机联合作业信息。省级负责本省飞机作业的调度指挥与作业信息收集,有作业飞机的市级参照省级模式执行。

(2)地面作业调度指挥

地面作业调度指挥由市县级人工影响天气业务部门负责。根据地面作业方案,落实地面作业人员以及作业装备和配套观测相关仪器设备,及时做好作业前的各项准备工作。利用作业指挥系统,实时、准确地发布地面作业各项指令,开展对作业全过程的动态监控,根据实际情况对作业方案及时进行调整,收集作业信息和作业外场天气实况变化等。

4.建立集约化作业指挥系统

遵循全国气象信息网络系统总体设计方案,吸收各省作业指挥系统特色功能,以东北区域人工影响天气工程建设的作业指挥系统为示范,逐步建立国家、区域、省、市、县统一集约的人工影响天气作业指挥系统和平台,有机结合全国气象电视会商系统,实现全国各级人工影响天气业务指挥的上下互通、功能互补、规范集约,提高人工影响天气作业指挥的效率和科技水平。

(1)通信传输系统

依托气象业务网,补充建设飞机与指挥中心的空地通信网、指挥中心与军民航的空域申报网、指挥中心与作业站点的作业指令与作业信息传输网,实现观测数据、指导产品、作业指令、作业信息的实时传输,提高人工影响天气作业指挥时效性和自动化水平。

(2)人工影响天气专用数据库

依托国家和省级的综合气象信息共享系统,补充建立各级人工影响天气专用数据库,并纳入各级数据环境统一管理。及时收集整理多尺度云降水观测数据、业务指导产品、作业信息、典型过程作业个例信息等多种数据,进行规范化存储管理并为各级人工影响天气业务科研人员提供共享服务。

(3)人工影响天气综合分析平台

借鉴 MICAPS 和 SWAN 等发展成果,根据人工影响天气决策指挥和效果分析对多源、多类、多尺度云降水动力和宏微观物理信息分析处理需求,发展以云降水精细分析、反演融合和三维综合显示分析等为核心功能的软件平台。强化云降水生成发展动力和微物理宏微观结构的分析技术和方法的综合应用,实现星基、空基和地基等多类云降水实时监测信息、反演融合产品、云模式产品以及空基、地基作业信息、作业站点信息等的综合集成分析,并支持监测分析、预报制作、作业方案设计、调度指挥和效果分析等业务功能。重点发展以雷达资料与产品应用为核心的作业实时指挥功能。

国家级主要负责统一设计作业指挥系统,会同省级人工影响天气业务部门,组织开发软件整体框架并实现核心功能。省级主要负责系统的本地化部署并组织市县和作业站点进行安装培训和本地化改造。

(四)作业实施能力建设

1. 发展飞机增雨作业能力

大力发展飞机增雨作业能力,增强对大范围云系、跨区域播撒催化和应急作业的能力。在重点作业保障区,加快建设续航能力强、负载大、升限高、抗结冰能力强的多功能高性能作业飞机,配备适用不同类型云系(冷暖云或混合云)、不同催化剂类型(人工冰核、制冷剂、吸湿剂等)和催化方式的机载播撒装置。

进一步完善地方常规作业飞机的建设,配备两种以上机载播撒装置,开展满足地方需求的增雨作业,并配合高性能作业飞机开展保障重点任务的联合作业。选择基础好的飞机停靠地,配套建设和改造飞机作业保障基地,完善工作、生活等基础设施。

国家级主要负责全国飞机作业系统的总体规划布局、国家级高性能作业与探测飞机及其保障基地的建设;省级根据全国规划布局并结合本地实际需求,负责地方常规作业飞机及其适用机载播撒装置以及保障基地的建设,有条件的市级飞机作业系统建设参照省级模式。

2.提高地面作业装备现代化水平

优化地面作业装备布局,按照"限制规模、提升质量、确保安全"的原则,在现有地面作业系统基础上,重点发展新型火箭等地面作业装备,提高地面作业装备的整体科技水平与作业安全水平。

在国家级和地方重点作业区,逐步淘汰性能落后、安全性低的高炮和火箭,更新列装固定和流动相结合、人工操控和智能遥控相结合的新型自动化火箭作业系统,发展高效、适用不同高度、不同类型作业对象的体播撒火箭。

结合作业需求并根据重点作业区的范围、下垫面条件、降水(冰雹)集中分布与移动路径以及火箭、高炮的影响面积,科学合理地布设火箭、高炮作业装备的位置与规模。

在地形云特征明显、作业影响区风场观测分析基础上,在山区适量布设具备风向、风速、上升气流探测能力的人工操控与智能遥控相结合的地面催化剂发生器系统。

国家级主要负责全国地面作业系统的总体规划布局。省级根据全国规划布局和本地实际需求,负责省内人工影响天气地面各类作业装备的统一购置、作业装备和作业站点的统一布设。市、县两级负责辖区内地面作业站点和各类作业装备的具体建设以及日常运行、维护和管理。

3.加强作业实施的规范化

(1)飞机作业

根据飞机作业方案和作业指令,按照飞机作业和机载探测有关规程、规范,完成催化剂装配、播撒实施、机载云物理探测、登机观测记录等,按规定及时向地面指挥中心传报作业信息和作业区云场变化情况。作业后及时维护飞机播撒装置和机载探测设备。

国家中心主要组织实施国家级飞机跨区域作业以及飞机作业

信息和作业区云降水场基本观测信息上报;区域中心组织实施区域内飞机跨省区联合作业以及飞机作业信息和作业区云降水场基本观测信息上报。省级组织完成省内飞机作业和飞机作业信息的收集上报。有作业飞机的市级参照省级模式完成飞机作业过程。

(2)地面作业

根据地面作业方案和作业指令,按照地面火箭、高炮、发生器等作业相关规程、规范,完成作业用弹(催化剂)装配、火箭和高炮作业、地面催化剂发生器燃烧、地面作业信息和观测记录等,按规定及时向指挥中心上报作业信息、作业现场及云场变化实况。作业后及时维护、保养地面作业装备。

国家级主要收集地面作业信息与作业现场及周边地区降水(降雹)、灾情等信息。省级收集并上报省内地面作业情况。市县级负责组织辖区内作业站点完成作业与各种信息上报过程。

4.推进地面标准化作业站点建设

加快标准化作业站点建设。国家级组织编制增雨、防雹作业站点标准化建设规范。省级制定全省作业站点标准化建设规划和年度实施方案,督促各级人工影响天气部门按要求实施,并组织验收。市县级按照省级要求,遵照建设规范具体组织实施标准化作业站点建设。

(五)作业效果评估业务建设

1.作业效果直观对比检验

利用雷达等云降水观测资料,开展对作业前后的云宏微观特征以及地面降水(降雹)粒子谱特征的对比分析,提出作业效果物理响应证据。进行催化剂扩散传输计算,确定作业影响区和对比区及其变化,分析作业影响区、对比区以及作业前、后各类云降水宏微观特征量的变化率,开展基于物理检验的作业效果直观对比检验业务。

国家级持续完善作业效果直观对比物理检验技术方法,进行典型过程的作业效果检验。省、市两级主要依靠雷达和地面观测开展人工增雨雪及防雹作业过程效果直观对比物理检验分析业务,编制上报年度检验报告。

2. 作业效果定量统计检验

加强作业效果检验统计方法研究和业务化推广应用,结合各地作业特点,发展基于地面降雨资料和雷达资料的定量统计作业效果检验方法与技术系统。建立作业效果定量统计检验业务,开展针对作业过程、作业季节和年度的人工增雨雪(飞机、地面)、人工防雹效果检验工作。

国家级负责组织技术方法、规范编制和技术系统研发与推广应用,汇总审核各省上报的年度作业效果评估报告,编制国家年度作业效果评估报告。

省级按照推广的技术方法和要求,开展人工增雨雪和防雹作业效果定量统计检验业务,编制作业过程、作业季节和年度效果检验报告并及时上报。

有条件的市级或县级,可在省级指导下,根据实际情况开展作业效果统计检验工作。

3. 开展面向用户的综合效益评估业务

联合农业、林业、水文、环保、民政等相关部门,及时收集飞机和地面作业信息、云降水监测信息以及水文、粮食、环境和生态等相关信息,发展科学合理的作业效果综合评估技术方法,进行作业效益的综合评估,定时、定期编制上报相关服务材料,为各级政府和上级业务管理部门提供决策支持。

国家、省级及时收集辖区内作业信息和观测实况,编制针对重大作业过程和作业季、年度的作业效果综合评估报告,并按规定上报当地政府和业务主管部门。市县级可根据需要在省级指导下开展此项工作。

(六)装备保障与安全管理能力建设

1.健全业务规范和标准

加快人工影响天气装备功能规格、安全储运规范和作业操作规程、标准的制定、修订与推广应用。重点编制催化剂检测技术标准、机载探测设备与播撒设备功能规格和标准、飞机探测与作业技术规范等标准。按照《人工影响天气管理条例》和国家有关武器装备、爆炸物品管理的法律、法规,建立健全人工影响天气装备和作业站点安全管理的各种规章制度、业务规范。

国家级主要组织制定全国性业务技术规范,承担相关国家和行业标准的制修订工作。省级主要根据地方需要编制省内业务技术规范,承担有关标准的制修订工作,负责本区域业务规范和标准的推广应用工作。

2.加强专用装备质量管理

加快建立人工影响天气专用技术装备业务许可制度,对相关设备供应商的资质进行审核,明确专用技术装备性能要求、技术支持、维护维修等标准,建立装备生产许可、准入和定期检测制度。

国家级编制和修订专用技术装备管理办法,组织完成技术审核、业务考核和业务试用,提出对在用设备弹药缺陷产品召回意见。

省、市、县各级人工影响天气机构按照国家级部署,按照相关标准和管理制度,承担专用技术装备日常管理工作,及时将缺陷产品数据逐级上报。

3.加强业务安全监督检查

国家和省、市级要认真执行作业装备和作业站点年检制度。国家级定期组织开展全国人工影响天气业务安全检查,省级每年组织省内人工影响天气业务安全检查和装备年检。加强空域申请、弹药储运、转场交通、现场作业等重点环节的监督管理,积极推进物联网监控技术的业务应用,逐步实现作业装备购销、运输、储存的全程安全监管,保障作业装备的安全。

4. 加快新型装备和催化剂推广应用

加快推进催化能力强、安全性能好、自动化程度高的新型作业装备列装。加强成核率高、温度域广的冷云催化剂新配方的鉴定与业务推广,进一步推动暖云催化剂改进和业务试用。联合相关单位,共同推进云雷达、探空火箭等新型人工影响天气探测装备业务应用,加快国产机载云粒子探测设备的考核定型。

(七)科技支撑能力建设

紧密围绕人工影响天气业务存在的关键科技问题和迫切需求,瞄准中国气象局四项研究计划提出的科技研发任务,充分利用国家级重点实验室和省部、局校等共建的科技研发平台以及现代科技发展成果,建设人工影响天气科技创新团队,积极推进重大科研项目的实施,通过基础研究和重大科学试验,强化人工影响天气机理、效果评估及适用技术研究,推进科技成果的转化应用,提升人工影响天气业务的科技含量。

1. 开展云降水机理研究,发展人工影响天气数值模式

选择典型地区,充分利用现代大气水和云观测及数值模式手段,研究建立大气水循环过程和不同降水效率形成的机理,研究云水转化理论和概念模型及关键科学指标,揭示特定地区大气水循环演变特征规律。优化云微物理过程,发展含有详细云物理过程的高时空分辨率中(小)尺度数值模式,研究改进云降水过程的数值模拟方法与同化技术,发展具有不同催化机制的人工影响天气数值模拟技术,加强数值模式产品的检验和解释应用。

国家级重点开展具有详细云物理过程的高时空分辨率中(小)尺度云物理模式研发,建立基于不同动力框架、能满足不同类型降水云系和复杂地形下人工增雨雪、防雹需求的数值模拟预报业务系统。省级根据地方作业特点,开展模式产品释用和验证工作,有条件的省级可配合国家级开展有关模式的改进与业务试用。

2. 开展探测资料反演融合研究,提高作业条件监测分析水平

围绕云降水形成发展关键过程,利用卫星、雷达、飞机、探空、GPS/MET、微波辐射计和风廓线等多种资料,研究用于人工影响天气作业条件监测的云结构及云水各种参量的反演算法和多源资料融合技术,优化和改进云降水精细分析产品。以卫星、雷达监测指挥为核心,建立并完善作业云系宏微观作业条件指标,提高对典型云系增雨雪、防雹作业条件监测和识别水平。

国家级主要联合相关业务科研机构,牵头组织具有科学设计综合观测试验,研究新型资料的云分析反演技术与算法,开发作业条件和效果监测识别新产品。

省级主要根据各地云系特点,开展云分析产品释用,在国家级指导下,优化并改进资料反演算法和融合技术,建立完善作业条件指标,配合国家级开展综合观测试验。

3. 加强关键装备和实用作业技术研发,提高作业能力

大力发展国产化的地面和机载云物理专项探测仪器设备,发展适合我国各类冷暖云催化的催化技术装备。国家级主要联合相关企业开展新型机载作业装备研发与业务推广应用,联合相关科研机构开展地面和机载云物理专项探测仪器研发与业务推广应用。省级主要根据各地特点和优势,与相关机构合作开展地面增雨雪、防雹作业装备研发,配合国家级开展新装备、新技术业务试用工作。

国家级主要在北京周边和部分区域中心所在地,建设先进的国家云雾实验平台,完善各类室内实验软硬件环境,建立冷云室、膨胀云室、高速风洞、气溶胶室,配备相应的室内综合监测设备,开展针对各种云降水基本物理过程规律、自然与人工催化的成冰核化和凝结核化过程规律的云雾实验专项研究。利用功能先进的云雾实验平台,科学检测并研究各类催化剂的成核性能。联合有关科研院所和高校,开展新型高效催化剂的研制,研制适合我国应用的高效安全的成冰催化剂和暖云催化剂。

省级主要开展新型催化剂的业务试用工作。

4. 开展大型科学试验,完善作业效果检验技术

在全国观测条件比较好且增雨雪、防雹作业能力强的地区选择若干外场科学试验区,利用目前先进的观测手段(如飞机、雷达、卫星等),结合数值模拟技术,按随机化作业要求,针对不同云系选择不同的作业手段(飞机、火箭、高炮及地面燃烧炉等),开展长期随机化播撒作业,积累科学试验数据,获取随机化播云作业定量统计效果和物理证据,优化作业指标。针对不同云系获取播撒时间、位置及剂量的优化作业方法,建立人工增雨雪、防雹作业"适当时机,适当部位和适当剂量"的定量化科学指标,揭示不同云系云中水分转化及降水形成机理。

国家级牵头组织,负责试验的科学设计、技术指导和试验数据的统计分析,发展技术方法;依托建立的国家级增雨、防雹试验示范基地和效果检验示范区落实试验方案,组织调配探测和作业设备,组织开展试验。

省级负责试验的具体实施,收集整理相关数据,在国家级指导下,开展分析评估工作。

5. 加强科普宣传,科学回应社会关切

全面规划和统筹推进人工影响天气科普宣传工作。立足人工影响天气的基础性和公益性特点,把握科普宣传的科学性和系统性。在强化人工影响天气基本原理和方法等科学属性的同时,客观看待和分析人工影响天气基础设施和科技能力方面仍然存在的不足。及时回应社会关切,科学解疑释惑,正确引导舆论。

健全完善常态化的人工影响天气科普宣传组织工作体系。制订专题科普宣传年度工作计划。围绕部门合作、系统协同,统筹协调社会媒体和部门资源,发挥两方面积极性和优势,加大科普宣传力度,提高全社会对人工影响天气科学的认知。

五、保障措施

（一）健全各级人工影响天气业务机构

1. 加快国家级业务机构建设

加快国家级人工影响天气业务机构建设，努力建成科研与业务相结合、指挥指导有力、业务运转顺畅的国家级人工影响天气业务中心，充分发挥全国人工影响天气业务发展、区域管理、作业指挥实施、科技开发以及装备研发保障等作用。

加快国家级分中心——东北区域人工影响天气中心示范建设，逐步推进西北、华北、中部、西南、东南等区域中心建设，主要承担跨省区联合作业组织协调指挥、国家高性能飞机和示范基地管理、区域业务指导等任务。

2. 完善省级业务机构建设

常态化开展人工影响天气业务的省级应单独设立人工影响天气业务机构，并核定相应人员编制。主要承担本省人工影响天气业务指导及飞机作业实施、空中云水资源监测、作业效果评估、空域协调、装备安全管理等任务，配合开展跨省联合作业。

3. 健全基层人工影响天气业务机构

常年持续开展人工影响天气作业的市应单独设立市级人工影响天气业务机构，短期季节性开展人工影响天气作业的市可统一由市气象台承担人工影响天气业务。主要负责组织本市高炮、火箭（或飞机）作业，开展效果评估；承担上级委托的作业人员培训、考核，负责作业装备安全管理、作业信息收集、上报和信息服务等。

统筹推进县级人工影响天气机构建设，推动地方政府按需设立独立或与气象防灾减灾机构合署办公的人工影响天气地方机构并核定编制。主要负责组织实施地面人工增雨雪、防雹作业，作业信息、灾情信息收集上报等。

（二）加强队伍建设

1. 合理设置业务岗位

按照科学、高效、规范的原则,分级、分类设置人工影响天气岗位。国家级(包括分中心)和省级设置人工影响天气基本业务岗、科技开发岗和业务保障岗,并设置首席指挥岗和首席服务岗。市级、县级根据业务需要,合理设置人工影响天气业务岗位。规范乡村高炮、火箭人工影响天气作业岗位。

2.加强人才引进和技术培训

根据人工影响天气业务发展对综合探测分析、云物理数值模式预报和技术产品研发等人员的不同要求,加大引进高素质人才。创新和完善人工影响天气高层次人才引进、柔性流动和优秀毕业生引进机制。与高校密切合作,促进人工影响天气相关学科建设,联合建立教学实习基地。根据人工影响天气高层次、骨干人才和队伍建设需要,建设必要的人工影响天气特色培训基地。加强国家级和省级人工影响天气业务培训师资队伍建设,实现指挥和作业人员资格、操作技能培训常态化。针对不同岗位和人员结构,制订业务培训中长期计划和年度计划,制订人工影响天气各级各类业务岗位培训计划、培训要求,编写系列教材、课件、题库,通过集中面授和远程培训等多种方式提高从业人员的整体素质。

3.完善和创新人才工作机制

组建若干由国家级(包括分中心)、省级专家组成的、有专业特色的人工影响天气创新团队,培养专家型、复合型人才队伍。在国家级、省级人工影响天气业务单位推进建立首席技术岗位等人才激励制度,充分发挥国家级和省级人工影响天气业务安全检查员队伍的作用。建立特殊人才津贴制度和优秀业务人员转岗机制,鼓励优秀人才从事人工影响天气业务。坚持分类管理的原则,改进人才评价办法,逐步完善重实绩、重贡献的人才激励机制。

4.分类规范基层从业人员待遇

推动市、县、乡镇地方政府制定相关政策,充分发挥地方政府在保障基层人工影响天气地方编制人员待遇方面的作用,地方管理和气象管理相结合,实现多渠道管理和落实人员编制,完善乡村人工影响天气作业人员的职业和待遇,稳定基层作业队伍。

(三)完善制度规范

1.制定完善标准体系

发挥全国人工影响天气标准化技术委员会职能,加快制修订人工影响天气条件监测、人工增雨雪和防雹作业、效果检验评估、催化剂检测、安全防控、信息管理等方面的标准,建立完善人工影响天气标准体系。

2.强化业务考核制度

建立分级人工影响天气工作考核体系和分类奖惩机制。分别制定针对单位(机构)和工作人员的年度业务考核任务和标准,包括取得的作业效果、社会经济效益以及业务值班数量和质量、技术开发、技术指导产品、决策服务材料、专项业务任务、重大服务效益等。

3.完善作业资质审查制度

完善作业单位资质审查制度,严格作业单位申请条件、申报评审程序和监督管理。建立人工影响天气业务准入制度,明确国家、省、市、县各级人工影响天气机构以及企业、社会团体等作业组织的业务范围。建立完善作业单位资质的分级分类制度和管理办法,规范不同资质作业单位在作业地区和飞机、地面增雨雪、防雹等作业领域的权限,以及相应的申请、评定、年检和管理程序。组织作业单位对作业人员进行分类管理,包括作业指挥人员、高炮(火箭)操作人员、飞机作业人员、作业设备年审检修人员、培训师资等,强化作业人员培训、考核工作,确保作业人员业务技术素质。

(四)建立稳定增长的投入保障机制

1.建立稳定的公共财政投入制度

积极争取公共财政对人工影响天气工作的支持,加大对人工影响天气监测平台、作业指挥平台、通信平台、标准化作业站点及基础设施建设等方面的投入力度。

2.建立多元化经费投入机制

拓宽经费来源渠道,建立主要受益行业的资金投入机制,鼓励社会资金投入人工影响天气事业。积极通过科技部门、自然科学基金等经费渠道,支持人工影响天气理论研究和技术创新。

气象科技创新体系建设指导意见
（2014—2020年）

（气发〔2014〕99号）
2014年11月4日

为深入贯彻落实党的十八大精神，面向国家发展需求，面向国际科技前沿，面向气象现代化要求，大力实施气象科技创新驱动发展战略，制定本指导意见。

一、面向气象现代化，加快建设气象科技创新体系

充分认识科技创新对全面推进气象现代化的重要性。科技创新是提高气象业务服务能力和水平的第一生产力。《气象科技创新体系建设实施方案（2009—2012年）》实施以来，科技创新驱动现代气象业务发展成效显著。但必须看到，我国气象科技自主创新和支撑能力仍然不强，业务重大核心科技水平与国际先进水平差距依然明显。当前，气象事业发展正处在全面推进现代化的关键时期，处于全面深化改革的攻坚时期。科技实力决定着业务现代化的水平，检验着深化气象改革的成效。因此，必须坚持把科技发展摆在气象事业发展全局中的核心位置，坚持把科技创新作为推进现代气象业务发展的根本动力，坚持把科技创新工作贯穿到气象现代化建设的全进程，深化气象科技体制改革，加快推进气象科技创新体系建设。

明确气象科技创新体系建设的主要思路。围绕全面推进气象现代化的科技保障,实施国家气象科技创新工程,集中攻克气象现代化建设中的核心关键科技瓶颈问题;优化科技资源配置,增强成果转化能力,提升气象现代化发展效率;深化开放合作,汇聚各方力量,实施协同集中攻关;创新科技机制,完善管理方式,组建攻关团队,健全评价体系,激发创新活力,努力壮大气象现代化建设的人才队伍。力争到2020年,重大核心技术与国际先进水平差距明显缩小,气象科技基础条件建设布局更为合理,资源配置更为高效,科技成果转化机制进一步完善,科技领军人才整体素质和创新能力大幅提升,建成适应气象现代化发展需求、支撑有力的气象科技创新体系。

二、围绕重大核心业务技术,实施国家气象科技创新工程

实施国家气象科技创新工程突破重大核心技术。围绕全球高分辨率资料同化与数值天气模式、气象资料质量控制及多源数据融合与再分析、次季节至季节气候预测和气候系统模式等三大核心技术突破,部署重大攻关研发任务,集中资源,凝聚力量,实施协同集中攻关,缩小与发达国家的差距。

有序部署落实四项研究计划重点任务。围绕四项研究计划重点任务组织研发,着力在台风、暴雨、强对流等高影响天气监测预警预报、中期延伸期预报、极端天气气候事件监测预测等关键领域,取得显著进展;在气候变化影响、农业气象灾害防御、人工影响天气、气候资源开发利用、环境气象监测预报、空间天气监测预警等重点领域,形成一批集成度高、带动性强的重大技术系统;在与新一代气象卫星和天气雷达、综合气象观测自动化、气象信息采集加工处理等相关的前沿领域,取得关键技术突破;推进全国共性业务平台的技术革新换代,强化气象灾害风险评估和气候可行性论证技术的升级,重视气象技术标准的研究和推广应用。围绕气象业务现代发展需求,滚动修订四项研究计划任务。

推进机理研究及大型野外科学试验。组织实施第三次青藏高原大气科学综合观测、干旱气象、南海季风强降水与登陆台风外场综合观测等大型科学试验；鼓励针对区域共性关键科技问题开展科学试验。深入了解台风、暴雨、强对流、洪涝、干旱等我国重大气象灾害的发生发展规律，完善我国典型区域物理过程参数化方案，提高天气气候模式对中国区域的预报预测能力。

加强气象科技基础条件平台建设。结合综合气象观测布局，在对我国天气气候和生态环境有重要影响的关键区和典型区，按专业领域分类建设野外气象科学试验基地，强化开放共享，注重效益发挥，为科技创新服务，为业务发展服务。加强现有国家及部门重点实验室和工程技术研究中心能力建设，进一步完善布局，在一些重要方向和特色领域新增若干部门重点实验室或工程技术研究中心。推进高性能计算资源、人工影响天气试验等科研基础支撑平台建设。推进气象科技信息与情报文献共享平台建设，实现共享服务。为科技研发提供坚实的支撑条件保障。

三、优化科技资源配置，集中解决气象业务核心科技问题

改革气象科技资源配置方式。围绕国家气象科技创新工程确定的三大攻关任务，设立气象现代化重大核心攻关任务专项经费，集中资源持续稳定支持。针对业务共性关键技术、重大技术系统及业务支撑平台研发等四项研究计划重点任务，强化业务需求和应用导向，建立定向择优和竞争择优相结合的任务落实机制。完善项目储备机制，对于科研业务双向对接、业务发展迫切需要、关键技术创新跟进、稳定团队长期坚持的重点研发任务，及时论证纳入项目储备库优先支持。用好中央财政科技资源，鼓励科技服务和相关企业反哺科技创新，探索多元经费筹措机制，集中各类科技资源着力解决气象业务核心科技问题。

改进科技研发组织管理方式。推行重大攻关任务法人责任制，三大攻关任务牵头组织单位和重要方向主持单位，对任务目标完成及总体实施效果负责，其法人是第一责任人。改变课题主持

人负责制管理方式,强化科技研发任务承担单位主体责任,建立行政和技术两条线的管理体系,单位主要负责人负行政管理总责,项目负责人负项目技术总责。完善项目财务管理制度,做好科技经费预算、执行、风险防控、验收审计等过程的管理和监督,确保按时保质保量完成研发任务。加强项目全程管理,充分发挥业务职能管理部门在立项、结题等过程中的重要作用。完善科技管理信息系统,提高科技管理的科学化水平和效率。

加强科技人才队伍和创新团队建设。围绕三大攻关任务,组建国家级创新团队。充分用好部门科技领军人才、青年英才和各级科研业务单位优秀人才,切实发挥国家"千人计划"、"百千万人才工程"、中国气象局特聘专家等高层次人才作用,广泛吸引凝聚部门内外、海内外的优势科技力量,形成攻关合力。围绕四项研究计划重点任务,以项目为纽带培育构建科研业务紧密结合、产学研用有机衔接、老中青合理配置、传帮带作用凸显的科技创新团队,加强对各类各层次科技人才的锻炼、培养和使用,造就一批高水平的气象科技领军人才和科研技术骨干。鼓励各创新主体围绕业务发展需求,依据自身优势构建各具特色的创新团队。

增强国家级业务单位解决气象现代化重大共性技术的能力。国家级业务单位要强化面向业务现代化的科技创新工作,积极凝练制约气象业务发展的核心、重大、关键、共性科技问题,围绕三大攻关任务和四项研究计划的落实,在增强自身研发力量的同时,充分吸引国内外优势力量,组建创新团队联合攻关,着力实现技术突破。加强技术集成,开发重大业务系统和平台,形成具有广泛指导和推广示范作用的实用技术成果,在主要业务领域建设成果转化中试基地,重视成果中试转化和应用推广,为全部门业务现代化提供共性技术支持。建立健全与科研院所的定常交流和任务对接机制,加强与相关高校的合作共赢。

强化省级业务单位技术开发和成果转化应用。省级业务单位要积极参与国家和区域核心共性技术攻关。围绕制约本省气象业务发展的关键技术问题组织科技研发,引进核心关键技术成果进行本地化转化应用。加强对地(市)县级气象业务单位的技术辐射和指导。

强化国家级科研机构突破核心技术的自主创新能力。国家级科研机构要将实施国家气象科技创新工程作为重要发展机遇,进一步调整、优化学科布局,形成精干高效稳定的创新团队,集中力量攻克核心关键技术,不断提升自主创新能力。面向国际科技前沿,开展前瞻性技术研究,为现代气象业务发展提供科技储备。拓展合作视野,健全与国家级业务单位定常合作交流机制,加强与部门内外的科研机构、高等院校的互利合作。提高科技管理水平,进一步完善现代科研院所制度。

深化中国气象科学研究院科技体制机制改革。中国气象科学研究院要以实施国家气象科技创新工程为契机,将主要研发力量向核心攻关任务的研究方向调整,重点在数值模式中复杂地形处理和物理过程参数化、气象资料融合与东亚区域再分析、气候预测理论与方法、灾害性天气预报理论与方法、环境气象等核心技术领域开展科技攻关。牵头组织第三次青藏高原大气科学试验、南海季风强降水等大型科学试验,努力掌握天气气候演变规律和致灾机理;积极探索和尝试高分辨率天气-气候一体化模式发展。联合各专业气象研究所,制定统一科技发展规划,在数值预报模式物理过程参数化等共性核心技术上共同组建团队,实施联合攻关,并统筹推进野外科学试验基地等科研基础平台建设。注重开放合作,强化技术储备和战略研究,出成果、出人才、出思想。在深化科技体制改革、建设新型科研机构、科研业务协同创新等方面积极探索。

围绕核心攻关任务优化中国气象局专业气象研究所学科布局。中国气象局专业气象研究所要在已有优势领域的基础上,围绕气象业务发展核心技术,进一步凝练研究方向,重点在区域高分辨率数值预报模式、资料分析和同化技术、空气质量模式以及区域灾害性天气气候机理等核心关键领域开展攻关,牵头并积极参与相关大型野外科学试验的组织工作。完善管理机制,创新合作方式,壮大研发队伍,做强优势领域,强化区域合作,带动省所发展。充分发挥特色研究领域国家级示范作用和区域科技创新骨干带头作用。

发挥重点实验室和工程技术研究中心创新平台作用。要针对业务发展需求,围绕核心任务和制约气象现代化发展的关键科技问题,强化开放合作,汇聚和培养优秀科技人才,组建创新团队,组织科技攻关。加强规范管理,实现实体化运行,发挥学术委员会作用,组织学术年会,促进学术交流和成果转化。

推进省级科研所特色领域发展。要围绕业务发展需求,加强特色领域应用研究、技术开发和科技成果转化应用及基础条件建设,逐步形成特色鲜明的创新团队。加强与国家级业务科研机构的协作,积极承担成果的本地化试验研究与转化应用工作。

四、深化开放合作,进一步汇聚各方面科技力量

汇聚部门内外力量形成攻关合力。从战略高度扩大开放合作,充分发挥集中力量办大事的制度优势,围绕核心技术突破,加强与中国科学院等国家战略科技力量的深度合作,强化与清华大学、南京大学、南京信息工程大学等相关高校在优势学科领域的广泛合作,进一步完善互利共赢、灵活务实的战略合作伙伴关系,建立产学研用紧密结合的协同创新机制。积极与合作高校、科研单位、企业优势科研力量建立合作研发平台,提供成果中试平台,搭建良好合作环境。在大气科学相关高校和科研机构相对集中、优势明显地区,共建中国气象局合作研发中心。支持大气科学学科建设,从源头上扶持和培养高素质科研业务人才。鼓励企业与气象相关机构在气象观测仪器、专业气象和信息服务等领域建立产

业技术创新战略联盟。充分发挥科学技术委员会、发展研究中心、文献情报机构以及创新团队的战略咨询作用。

吸引海外优势智力资源合作攻关。把握重大核心技术国际发展趋势,创新国际合作交流方式,引导海外高层次智力资源,开展以我为主、高起点上的合作再创新。鼓励采取多种方式吸引国外高水平科学家承担或参与核心任务攻关。鼓励有条件的单位与国外相关机构建设联合实验室或工程技术研究中心。争取国际科学计划对三大攻关任务的支持,在相关国际双边、多边协议中将核心技术联合研发作为重要内容。支持攻关团队技术骨干出国访问、交流和培训。

加强区域科技协同创新。各区域要联合组织高水平研发骨干人才参与国家重大核心技术攻关。凝聚区域科技力量,聚焦区域共性难题,整合区域科技资源,设立创新发展基金,组建联合创新团队,加强成果引进推广,提升区域创新体系整体效能。适度加大对区域共性技术和各具特色的科技难点问题攻关支持力度。各区域和各省分别围绕区域重大共性科技问题和各省特色领域组建创新团队。

五、创新科技机制,促进科技成果转化

推进科技成果转化应用。国家级业务单位要在主要业务领域建设国家级科技成果转化中试基地(平台),组建由业务、科研人员共同构成的成果中试团队,对成果进行系统化、配套化和工程化改进,对成果转化应用情况进行反馈。发挥中试基地(平台)在引领研发任务、引导资源配置和成果评价中的重要作用,并对中试基地给予稳定支持。探索建立重要技术报告认定制度,制定科研成果业务准入办法。搭建科技成果管理、信息发布和推广交流平台,加强核心共性技术成果培训。注重知识产权保护和成果推广应用,推动科技成果向技术标准和技术规范的深度延伸。

健全气象科技评价机制。对科研机构的评价以解决核心技术的能力、科技成果实际使用情况和对业务发展实际贡献为重点,注重发挥业务用户单位、成果中试基地的评价作用;对业务单位的科技评价以建立核心任务协同攻关机制、实现成果转化和共性技术推广为重点。对科技人员评价要加大解决业务核心技术实际贡献等评价指标的比重,发挥创新团队首席专家的评价作用。对科技成果进行分类评价,应用研究和技术开发转化类成果评价以成果的突破性和带动性、业务转化应用前景及效益等为重点;基础性研究类成果评价以成果的科学价值、国内外学术影响力以及对业务可持续发展的储备性为重点。积极探索并加快实施第三方气象科技评价与国际同行专家评价,将评价结果作为科技资源配置、绩效考核等的重要依据。

完善有利于激发创新活力的激励制度。设立重大核心攻关专项激励经费,对核心攻关骨干成员给予年度绩效津贴,对任务牵头单位和创新团队给予目标考核奖励。优先推荐气象业务现代化重大成果申报国家科技奖励。充分发挥气象科技成果转化奖的引导作用以及中国气象学会相关奖项的积极作用。各省(区、市)气象部门应结合当地实际情况,建立和完善相应的科技奖励和激励制度。

气象资料业务人员上岗资格管理办法(试行)

(气发〔2014〕101号)
2014年11月5日

第一章 总 则

第一条 为加强气象资料业务岗位人才队伍建设,进一步规范全国气象资料业务人员管理,根据《中共中国气象局党组关于全面深化气象改革的意见》(中气党发〔2014〕28号)、《中国气象局关于加强气象人才体系建设的意见》(气发〔2009〕25号)等要求,制定本办法。

第二条 中国气象局实行气象资料业务人员持证上岗制度,持有气象资料业务人员资格证书的人员方可从事气象资料业务工作。

第三条 本办法所指的气象资料业务人员,是指在各省(区、市)气象局、中国气象局有关直属单位从事气象资料收集交换、加工处理、存储归档、共享服务等业务工作的人员。

第四条 气象资料业务人员持证上岗工作,由中国气象局人事司负责,中国气象局预报与网络司、中国气象局气象干部培训学院和各省(区、市)气象局等有关单位共同参与完成。

第五条　气象资料业务人员上岗资格的管理包括上岗资格申请、审核、培训、考试、证书发放等。

第二章　气象资料业务人员上岗资格的获取

第六条　申请气象资料业务上岗资格的人员一般应具备大气科学类相关专业、档案学以及地理信息科学等本科及以上学历,其中非大气科学类专业本科及以上学历毕业生须参加中国气象局统一组织的气象基础知识培训并考试合格。

第七条　各省(区、市)气象局、中国气象局有关直属单位人事主管部门会同气象资料业务主管部门根据本单位申请,每年提出上岗资格申请人员名单,经本单位审核后于10月底前报送中国气象局人事司。

第八条　从事气象资料业务工作的人员须参加中国气象局统一组织的气象资料业务人员上岗资格培训和考试,通过考试者,由中国气象局人事司颁发气象资料业务人员资格证书。

第三章　气象资料业务人员上岗资格培训和考试的组织实施

第九条　气象资料业务人员上岗资格考试采取统一命题、集中组织的方式进行。

第十条　中国气象局预报与网络司负责制定气象资料业务人员上岗资格考试通过标准,组织审定考试大纲和试题。

第十一条　中国气象局气象干部培训学院负责编制气象资料业务人员上岗资格考试大纲,建立试题库,编写系列培训教材,统筹安排气象资料业务人员上岗资格培训和考试工作。

第十二条 各省(区、市)气象局、中国气象局有关直属单位按照中国气象局的统一要求,负责组织本单位气象资料业务人员参加上岗资格培训和考试。

第四章 气象资料业务人员上岗资格的管理

第十三条 各省(区、市)气象局、中国气象局有关直属单位对本单位取得气象资料业务人员资格证书的人员进行登记,加强管理。

第十四条 中断气象资料业务工作三年及以上的人员,其气象资料业务人员资格证书作废。若再次从事气象资料业务工作,必须重新参加气象资料业务人员上岗资格考试,取得新的上岗资格后,方可从事气象资料业务工作。

第五章 附 则

第十五条 本办法由中国气象局人事司负责解释。
第十六条 本办法自印发之日起实施。

人工影响天气专用技术装备管理办法(试行)

(气发〔2014〕106号)
2014年11月17日

第一章 总 则

第一条 为进一步加强人工影响天气专用技术装备管理,规范人工影响天气专用技术装备的技术要求、研制、定型、许可、使用、运行保障、质量监督和报废等工作,保证人工影响天气业务所需专用技术装备的性能和质量,不断提高专用技术装备的管理水平,根据《中华人民共和国气象法》、《人工影响天气管理条例》和《气象专用技术装备使用许可管理办法》等有关法律法规和规章,结合人工影响天气专用技术装备管理工作的实际,制定本办法。

第二条 人工影响天气专用技术装备是指专门用于人工影响天气业务的作业装备、观测装备和储运装备等(具体范围参见附录"人工影响天气用专用技术装备管理目录")。

第二条 人工影响天气专用技术装备管理以质量管理为核心,严格规范装备规划、研制、生产、验收、列装、使用管理程序,实现管理规范、质量可靠、技术先进、使用安全。

第四条 中国气象局人工影响天气业务主管机构(以下简称业务主管机构)负责全国人工影响天气专用技术装备的归口管理,

中国气象局人工影响天气相关业务单位(以下简称国家级业务单位)负责人工影响天气专用技术装备定型受理、技术审查以及实施装备许可的质量检测等技术支撑工作。各省(区、市)气象局负责本行政区域人工影响天气专用技术装备管理。

第二章　装备规划

第五条　业务主管机构根据人工影响天气业务发展需求和人工影响天气专用技术装备发展趋势,组织制定人工影响天气专用技术装备的中长期发展规划,引导研制、生产单位开展技术储备,保证人工影响天气专用技术装备可持续发展。

第六条　人工影响天气专用技术装备发展规划中应提出人工影响天气专用技术装备发展目标和重点任务,明确人工影响天气专用技术装备总体性能和技术体制,并根据人工影响天气业务发展需求适时修订。

第七条　人工影响天气专用技术装备发展规划应广泛征求意见,通过专家论证后,报中国气象局审批和公开发布。

第三章　产品技术要求

第八条　对于列入人工影响天气专用技术装备发展规划的技术装备和研制单位根据市场需求提出的新技术装备,国家级业务单位负责组织编写相应的功能规格需求书,明确具体功能、规格和技术要求,并根据需要提出国家和行业标准项目计划建议,按照主管部门批准的标准项目计划,适时组织制定相应产品的国家或行业标准。

第九条　全国人工影响天气标准化技术组织(标准化技术委员会、分技术委员会和工作组等)负责人工影响天气专用技术装备标准的技术归口工作,组织制订人工影响天气专用技术装备标准体系表,提出制订、修订标准的规划和年度计划,并根据主管部门批准的标准计划,组织标准的起草、技术审查和复审工作。

第十条 人工影响天气专用技术装备的设计、研制、定型、验收,应满足人工影响天气专用技术装备产品标准或功能规格需求书的要求。

第四章 装备研发

第十一条 研制单位应根据人工影响天气专用技术装备规划和实际需求,向业务主管机构申报立项研发,企业自主立项研发人工影响天气装备的,立项后需向业务主管机构备案。

第五章 装备定型

第十二条 人工影响天气专用技术装备应通过装备定型,确认其各项功能和性能指标达到该产品标准或功能规格需求书的要求,并确认相应的研制生产单位是否具备产品研制、生产、标准化管理、质量保证和售后服务条件,确定装备产品的主要配置。

第十三条 国家级业务单位受理人工影响天气专用技术装备定型申请,并按照有关规定组织测试、考核和技术审查,提出装备产品定型报告,报请业务主管机构核准。

第十四条 对有特殊要求的人工影响天气装备,国家级业务单位联合有关行业技术部门或主管机构,对该类产品进行产品定型。

第十五条 人工影响天气业务亟需的,且未纳入中国气象局统一考核的探测设备,可向国家级业务单位提出申请进行装备定型。

第六章　装备许可

第十六条　人工影响天气专用技术装备通过定型后,生产单位可向国家级业务单位提出使用许可申请。

第十七条　业务主管机构受理许可申请,国家级业务单位根据《人工影响天气专用技术装备使用许可实施细则》(另行颁布)组织开展业务试用,并组织对装备产品进行质量检验和实地核查,向业务主管机构提交许可使用审核报告。

第十八条　业务主管机构办理和核准许可,颁发人工影响天气专用技术装备使用许可证,并向社会公告。

第十九条　境外生产的人工影响天气专用技术装备符合产品标准并通过质量检测测试的,境外生产企业或其授权的国内代理应申请人工影响天气专用技术装备使用许可。

第七章　装备采购

第二十条　人工影响天气业务中不得购置使用未经使用许可或者被注销使用许可后生产的人工影响天气专用技术装备。

第二十一条　人工影响天气专用技术装备应按照政府采购有关规定执行采购。

第八章　装备使用

第二十二条　人工影响天气专用技术装备投入业务使用后,应核定运行维持经费并列入财政年度预算,建立日常维护检修制度和业务运行规定。

第二十三条　业务使用的人工影响天气观测装备须遵照有关

检定规程或标校方法,定期开展检定、标校。

第二十四条　人工影响天气作业装备由各省(区、市)气象部门组织年检,年检不合格的,应当立即进行检修,经检修仍达不到规定的技术标准和要求的,禁止使用。

第二十五条　人工影响天气专用技术装备应采用现代信息技术,进行动态管理和寿命周期全程管理;运输、存储燃爆类作业装备,应当遵守国家有关武器装备、爆炸物品管理的法律、法规和规定。

第二十六条　各省(区、市)气象部门负责安排和监督本区域的人工影响天气专用技术装备的运输、存储工作。

第九章　质量监督

第二十七条　国家级业务单位负责人工影响专用技术装备的质量管理工作,对投入业务使用的人工影响天气专用技术装备应建立质量监督体系,确保装备质量。

第二十八条　对于投入市场使用中存在重大质量问题的同批次产品,国家级业务单位应当及时通知停止使用,责成生产企业召回,并报业务主管机构。

第二十九条　各省(区、市)气象部门对本地人工影响天气专用技术装备的购置和使用情况进行定期检查,并将检查情况上报上级主管部门。

第十章　装备报废

第三十条　根据人工影响天气专用技术装备使用寿命和技术性能情况,有计划地对人工影响天气专用技术装备进行更新。符合下述条件之一的人工影响天气专用技术装备应当申请报废:

（一）装备实际使用总时间已达到或超过规定的有效寿命期的；

（二）装备性能已达不到产品技术标准，经检定修理后仍然不能达到要求的；

（三）装备损坏严重，无法修复，或修理费用昂贵，没有修理价值的。

第三十一条　符合报废规定的装备，要按照国家和气象部门国有资产管理的相关规定进行处置。

第十一章　附　则

第三十二条　业务主管机构可指导行业自律组织开展装备定型、业务试用考核、质量监督等工作。

第三十三条　本办法由业务主管机构负责解释。

第三十四条　本办法自公布之日起施行。

附件：人工影响天气专用技术装备管理目录（略）

气象部门贯彻落实
国务院加强审计工作的实施意见

(气发〔2014〕112号)
2014年12月3日

为进一步加强气象部门审计工作,深入贯彻落实《国务院关于加强审计工作的意见》精神,我局在总结经验、分析问题的基础上,结合气象部门实际情况,特制定本实施意见。

一、总体要求

(一)指导思想

坚持以邓小平理论、"三个代表"重要思想、科学发展观为指导,深入贯彻落实党的十八大和十八届二中、三中、四中全会精神,依法履行审计职责,加大审计力度,创新审计方式,提高审计效益,对各项资金、国有资产、领导干部经济责任履行情况进行审计,实现审计监督全覆盖,促进气象事业健康发展。

(二)基本原则

——围绕中心,服务大局。紧紧围绕中国气象局党组的中心工作,服务全面深化气象改革和气象现代化建设,为气象事业更快更好发展提供有力支持。

——风险导向,完善机制。查找存在的主要问题和重大违法违纪案件线索,维护财经法纪,促进廉政建设;发现经济活动中的突出矛盾和风险隐患,维护部门经济安全;总结经济活动中好的做法、经验,注重从体制机制制度层面分析原因和提出建议,促进深化改革和创新体制机制。

——依法审计,秉公用权。依法履行法律法规赋予的职责,坚持原则,严格遵守审计工作纪律和各项廉政、保密规定,注意工作方法,切实做到依法审计、文明审计、廉洁审计。对获取的资料要严格保密。

二、各单位在加强审计工作中的主要任务

(一)推动履职尽责

要深化领导干部经济责任审计,充分发挥经济责任审计在领导干部监督机制中的重要作用,对主要领导干部做到离任必审;对任期较长的主要领导干部加强任中经济责任审计。着力检查领导干部守法守纪守规尽责情况,促进各级领导干部主动作为、有效作为,切实履职尽责。依法依纪反映不作为、慢作为、乱作为问题,促进健全责任追究和问责机制。

(二)依法接受审计监督

凡是涉及管理、分配、使用各项资金、国有资产的单位、个人,都要自觉接受审计、配合审计,不得设置障碍。有关单位要依法、及时、全面提供审计所需的财务会计、业务和管理等资料,按规定向审计机关和内部审计机构提供资料和授予计算机信息系统查询权限。对拒不接受审计监督的单位,阻挠、干扰和不配合审计工作,或威胁、恐吓、报复审计人员的,要依法依纪查处。

(三)提供完整准确真实的审计资料

各单位应根据审计工作需要,依法向审计机关和内部审计机构提供与本单位履行职责相关的审计资料、电子数据信息和必要的技术文档;在确保数据信息安全的前提下,设立内部审计账务系统实时查询端口,协助审计机关和内部审计机构开展联网审计。在现场审计阶段,被审计单位要为审计机关和内部审计机构进行数据分析提供必要的工作环境。

（四）积极协助审计工作

审计机关和内部审计机构需要协助时,有关单位要积极予以协助和支持,并对有关审计情况严格保密。要建立健全审计与纪检监察、人事、计财等有关主管机构的工作协调机制,对内部审计机构移送的违法违纪问题线索,有关机构要认真查处,及时向内部审计机构反馈查处结果。

（五）健全整改责任制

被审计单位的主要负责人作为整改第一责任人,要切实抓好审计发现问题的整改工作,对重大问题要亲自管、亲自抓。对审计发现的问题和提出的审计建议,被审计单位要及时整改和认真研究,将整改工作纳入督查督办事项,整改结果要书面告知审计机关和内部审计机构,并在适当范围公告。

（六）严肃整改问责

各单位要把审计结果及其整改情况作为考核、奖惩的重要依据。对审计发现的重大问题,要依法依纪作出处理,严肃追究有关人员责任。对审计反映的典型性、普遍性、倾向性问题,要及时研究,完善制度规定。对整改不到位的,上级主管单位领导要与被审计单位主要负责人进行约谈,对整改不力、屡审屡犯的,要严格追责问责。

（七）健全审计工作领导机制

各单位主要负责人要支持内部审计机构的工作,定期听取审计工作汇报,及时研究解决审计工作中遇到的突出问题,把审计结果作为相关决策的重要依据。要加强审计、计财和纪检监察机构间的沟通交流,充分利用已有的检查结果等信息,避免重复检查。

（八）保证履行审计职责必需的力量和经费

根据发展改革的需要和审计任务量的实际情况,合理配置专兼职审计力量。按照科学核算、确保必需的原则,在年度部门预算中切实保障内部审计机构履行职责所需经费,充分发挥内部审计作用。

三、各级内部审计机构在加强审计工作中的主要任务

(一)促进各项资金安全高效使用

要看好各项资金,严防贪污、浪费等违法违规行为,确保资金安全。把绩效理念贯穿审计工作始终,加强重大项目的审计监督。加强财务收支审计,采取多种方式开展市县级财务交叉审计。围绕"中央八项规定"精神和国务院"约法三章"要求,加强"三公"经费、会议费使用和楼堂馆所建设等方面审计,促进厉行节约和规范管理。

(二)加强审计结果的跟踪检查

要按照《气象部门审计结果整改情况跟踪检查办法》,落实整改检查跟踪机制。对在审计过程中发现的问题,督促被审计单位尽快整改,对未整改和整改不到位的问题不放过,未建立长效机制的不放过,将审计成果和建议落到实处。内部审计机构要跟踪审计移送事项的查处结果。

(三)强化审计队伍建设

要选调政治素质过硬和业务技能精通的人员充实到审计队伍中来,要着力提高审计队伍的专业化水平,鼓励审计人员积极取得审计专业技术资格,加强培训,努力建设一支具有较高政治素质和业务素质、作风过硬的审计队伍。

(四)保证审计工作质量,推动审计方式创新

要加强审计工作的统筹协调,优化审计资源配置,做好经济责任审计、财务收支审计和专项审计工作。以规范化流程促进审计工作质量提高。对于重大建设项目和重点专项资金可以开展全过程跟踪审计。根据审计项目(除经济责任审计项目外)的实施需要,向社会购买审计服务。保质保量做好年度审计工作总结及年度统计报表工作,做好审计资料的立卷归档。

(五)加快推进审计信息化

积极探索建立审计管理信息系统和业务平台,提高运用信息化技术查核问题、评价判断、分析问题的能力,提升审计工作能力、质量和效率。

气象部门科研经费监督管理办法

(气发〔2014〕113号)
2014年12月5日

第一章 总 则

第一条 为落实《国务院关于改进加强中央财政科研项目和资金管理的若干意见》(国发〔2014〕11号)文件精神,加强气象部门科研经费管理,健全部门内部监管制度体系,提高资金使用效益,促进科技创新驱动现代气象业务发展,依据国家有关财务管理制度和科研项目(课题)经费管理办法,制定本办法。

第二条 科研经费监督是指气象部门对所管理或协助有关主管部门管理的各类国家科技计划(专项、基金)项目(课题)和自主设立科研项目(课题)(以下统称科研项目)的经费使用情况组织开展监督检查,并对违规违纪行为追究责任的工作。

第三条 实施科研经费监督旨在规范科研经费管理和使用行为,帮助单位建立健全内部制度,加强廉政风险防控,实现关口前移、预防为主,为扎实推进科技创新驱动现代气象业务发展提供更好的保障服务。

第四条 科研经费监督的执行主体是中国气象局、直属单位、各省(区、市)气象局(以下简称监督主体)。科研经费监督的主要对象(以下简称监督对象)是气象部门管理或协助相关部门管理的科研项目的承担单位及其合作单位(以下简称承担单位)、项目负责人和项目组成员。

第五条　监督主体按照分级管理原则,在科技部、财政部、审计署、国家自然基金委等相关部门指导下,根据各类科研项目经费管理办法规定,建立职责明确、措施有力、程序规范的监督管理机制,依法、客观、公正、透明地组织开展科研经费监督工作。

第六条　中国气象局计划财务司(以下简称计财司)会同科技与气候变化司(以下简称科技司)、审计室归口协调管理气象部门科研经费监督工作。

第二章　监督职责与义务

第七条　计财司负责气象部门科研经费监督管理工作的总体协调,负责科研经费预算、使用和监督管理的政策指导,会同科技司、业务职能司(以下简称业务司)、审计室组织制订阶段性专项监督计划,部署开展专项监督或巡视检查工作,组织开展中国气象局管理科研项目的财务验收。

第八条　科技司和业务司负责与其管理的项目经费使用相关的科研任务审查与技术咨询,按规定向社会公开科研立项、验收和资金安排等信息,协助国家有关部门做好科研经费专项巡视检查工作。

第九条　审计室和纪检监察机构分别负责科研经费审计与监督检查政策指导,组织制度化的科研经费专项审计和查处重大科研经费使用违规违纪行为。

第十条　各省(区、市)气象局、各直属单位负责对所属单位(属地单位)承担或自身管理的科研项目的预算申报、预算执行、经费使用和管理情况进行全面的年度监督、检查和指导,按要求协助做好各类科研经费专项监督或巡视检查工作。充分发挥同级财务、审计和纪检监察职能管理部门的作用,加强对科研项目预算执行和决算情况审计及财务验收,督促落实风险防控措施,开展违规行为调查。

第十一条 承担单位是科研经费管理使用的第一责任主体,应当建立健全财务和科研管理相结合的内部控制制度,以及常态化的自查自纠、责任倒查等监督制约机制,规范科研经费预算编制和使用的日常管理,在相关科研项目和经费管理办法授权的职责范围内及时审批项目预算调整事项,做好科研经费使用的日常监管。

第十二条 承担单位财务部门应加强对经费使用的财务审核和会计核算,保障经费规范、合理和有效使用,自觉接受上级主管部门或其委托的组织和单位的监督和巡视检查工作,按要求及时提供项目预算、决算及相关财务报告,并对报告信息真实性、准确性和完整性负责。

第十三条 项目负责人和项目组成员应当按相关科研经费管理办法规定和项目申报要求,科学合理、实事求是地编制项目预算,并严格按立项批复预算规模、科目及相关标准使用经费,不得违规使用和调整经费。

第三章 监督内容和方法

第十四条 科研经费监督贯穿科研经费管理的全过程,必须突出重点、务求实效。监督的主要内容是:

(一)财务管理制度建设及执行情况。包括对国家财经法规及相关科研经费(如间接费用、管理费用、结余经费等)管理制度、规定的贯彻落实情况,针对本单位财务工作特点制定细化的内部财务管理制度、风险防控措施落实情况,以及单位内部监督和责任倒查制度建设与执行情况等。

(二)科研经费会计核算情况。包括单独核算情况,会计科目设置规范性,核算内容和财务报告信息的真实、准确和完整性,经费开支审批程序和手续的完备性,以及相关财务档案资料保存管理情况等。

(三)预算计划与执行情况。包括按照财政国库管理制度相关规定,结合项目实施和资金使用需求,合理制订预算执行计划,按照规定支出范围和标准执行预算情况,配套资金及时足额到位情况,拨付合作单位预算资金规范性及监管情况,以及预算调整的必要性和程序规范性情况等。

(四)经费支出使用情况。包括有无超预算、超范围、超标准支出,以及挤占、挪用、转移、自行分解、擅自调整外拨或转拨科研经费等问题。有无利用虚假票据套取资金,编造虚假合同、虚构人员名单等方式虚报冒领劳务费和专家咨询费,虚构测试化验加工费,提高测试化验支出标准等方式违规开支测试化验加工费,随意调账变动支出、随意修改记账凭证、以表代账应付财务审计和检查等行为。

(五)经费支出管理情况。包括对科研经费开支的会议费、差旅费、小额材料费和测试化验加工费等,事业单位及其项目负责人是否按规定实行"公务卡"结算,企业单位及其项目负责人是否采用非现金方式结算,对设备费、大宗材料费和测试化验加工费、劳务费、专家咨询费等支出,是否尽可能通过银行转账方式结算;对实行间接费用管理的项目,承担单位建立的内部管理办法,是否体现一线科研人员实际贡献公开公平安排绩效支出,体现科研人员价值、充分发挥绩效支出的激励作用;是否存在核定间接费用以外再以任何名义重复提取、列支相关费用行为。

(六)固定资产购置、使用和管理情况。包括批复购置设备预算的执行情况,设备采购与政策规定的相符性及程序规范性,购置设备的开放共享情况,购置设备纳入单位固定资产管理情况等。

(七)决算和财务验收制度执行情况。包括决算和结题财务报告编报情况,及时清理账目、确定项目支出情况,结余经费的认定和依据相关规定使用或上缴情况,以及有无拖延财务结账、长期挂账报销费用等问题。

(八)内部监督和审计执行情况。包括监督工作的组织及进展情况,审计情况,内部监督和审计中发现问题的查处、跟踪督导、记录、整改、重大事项上报情况等。

第十五条 建立和完善科研经费监督管理运行机制。根据需要,综合利用财务报告、巡视检查、专项审计、财务验收、绩效评价、多方监督、受理举报等多种方法,通过日常监督、专项监督和社会监督相结合的方式,对科研经费实施监督。

(一)财务报告。承担单位按照相关制度的规定和要求,定期或不定期地向上级财务主管部门报告项目预算执行情况和重大财务事项。上级财务主管部门对财务报告进行合规性审查。

(二)巡视检查。监督主体的财务部门会同科技、业务、审计职能部门,定期派出由财务、审计、科技专家与管理人员组成的巡视组,针对不同科研项目管理特点,对科研经费数额较大的单位进行制度化的巡视检查或抽查。通过听取汇报、召开座谈会、资料查验等多种方式,全面检查承担单位及项目负责人在贯彻国家科研经费管理制度、建立内部管理机制、执行科研经费预算等方面的情况。

(三)专项审计。监督主体的审计职能部门按照相关管理规定和分级管理原则,对科研经费使用的合法性、合规性和合理性,以及财务收支信息的真实性和完整性等,制度化地组织专项审计和评价。

(四)财务验收。监督主体的财务部门按照相关管理规定,在科研项目验收期间,对项目预算执行情况、经费使用情况和财务决算报告等进行验收审核与评价。财务验收是项目验收的重要组成部分,未通过财务验收的不予通过项目验收。

(五)绩效评价。监督主体的财务部门会同科技、业务、审计职能部门,采用一定的考核方法、量化指标及评价标准,组织对科研经费执行过程及其产出结果进行综合性考核与评价。具体组织实施办法按照国家有关科研项目绩效考评管理办法和中国气象局的有关规定执行。绩效评价的结果将作为单位和个人今后申请立项及预算的重要参考依据。

(六)多方监督。除涉密及法律法规另有规定外,监督主体按规定向社会公开科研立项信息、验收结果和资金安排等,接受社会监督;承担单位在单位内部公开项目立项、主要研究人员、资金使用、科研成果等信息,接受内部监督;相关部门和单位按照财政国库管理制度相关规定,结合项目实施和资金使用进度,及时合规办理资金支付情况,接受承担单位和项目负责人的监督。

(七)受理举报。监督主体的财务、科技、审计等职能部门根据各自职责处理相关信访举报。涉嫌违规违纪的检举控告移交纪检监察机构,按照有关规定予以查处。

第四章 组织实施

第十六条 科研经费监督工作可以采用监督主体直接组织检查组,委托承担单位的上级主管部门或有资质的会计师事务所(以下统称受委托单位)等方式进行。

第十七条 委托开展的科研经费监督工作,需要履行规范的委托程序和手续。受委托单位在具体的监督工作实施中,承担委托人赋予的监督责任。

第十八条 科研经费监督工作按照以下程序组织实施:

（一）制订监督计划。监督主体根据科研经费管理工作需要，制订阶段性（中国气象局）或年度（直属单位或省局）监督计划，确定监督重点和内容，部署开展监督工作。

（二）通知被检查单位。监督主体根据监督计划，遴选确定开展监督检查的单位和项目，提前书面通知被检查单位。

（三）被检查单位上报自查资料。被检查单位根据监督检查工作的通知要求准备相关资料并上报。一般包括自查报告、项目任务书、项目预算书、购置资产清单、相关账簿、会计凭证以及需要填报的财务报表、项目结余经费使用计划等资料。检查组或受委托单位对上报资料按相关要求进行审查。

（四）现场检查。检查组或受委托单位根据需要通知被检查单位进行现场检查，调查了解单位的规章制度建立情况和经费使用、管理及监督情况，收集、检查有关资料和会计凭证，并就检查结果与被检查单位进行沟通和交流，对不规范问题给予纠正指导。

（五）形成监督检查报告。检查组或受委托单位对调查中取得的素材和资料进行归类、汇总和分析确认，结合现场检查情况，按要求形成监督检查报告。

（六）监督检查问题处理。监督主体针对监督检查中发现的问题，按照相关制度规定，下达监督检查整改意见书。被检查单位应在规定时限内完成整改，并将执行结果书面上报监督主体。对监督检查意见书中认定问题有异议的，可以申请重新核查确认。

第十九条 充分发挥专家和会计师事务所等中介机构对监督工作的咨询作用。专家和中介机构在现场检查过程中，有责任就科研经费管理政策法规向被检查单位进行解释说明。在选择专家和会计师事务所的过程中，应坚持以下原则和要求：

（一）对专家的选择应坚持客观、公正和回避的原则。紧密围绕项目所属领域和自身特点选择专家，根据监督工作需要，检查专家可包括财务、技术、经济以及国际合作专家等。专家应了解被检查项目的基本情况,在检查过程中能够客观、公正地发表意见,并对通过检查获得的项目技术和财务情况保守秘密。

(二)对会计师事务所的选择应坚持公开、竞争和择优遴选的原则。会计师事务所应当秉持第三方的独立原则开展审计工作,审计人员应熟悉国家财经法规和科研经费管理各项规定,客观、公正地发表审计意见。

第二十条 建立健全科研经费监督管理信息数据库,全面记录科研经费监督计划、组织实施情况、监督检查结果以及整改落实情况等。

第五章 处罚措施

第二十一条 建立科研信用"黑名单"制度。监督主体对监督检查中发现的违规违纪行为,根据情节轻重予以严肃处理,对相关单位和当事人进行信用评价和记录。将严重不良信用记录者记入"黑名单",阶段性或永久性取消其申请科研经费或参与监督管理的资格,按规定实现信用评价信息共享。

第二十二条 承担单位在科研经费内部管理制度和会计核算方面有下述行为之一的,将视情节轻重按规定采取限期整改、停拨经费、通报批评、不通过财务验收直至取消项目承担者一定期限内项目申报资格等措施。

(一)科研经费不按项目核算的。

(二)科研经费内部管理制度不健全,财务管理和会计基础性工作薄弱的。

(三)固定资产管理不规范,购置的固定资产不及时入账,形成账外资产的。

(四)不按要求及时编报决算,或脱离财务部门编报决算,造成报表数据不准确、账表不一致的。

(五)其他违反财经制度的行为。

第二十三条 承担单位、项目负责人及项目组成员在监督检查中被发现在预算申报过程中有下述行为之一的,将视情节轻重停拨经费、通报批评、不通过财务验收、终止项目、追回已拨经费直至一定时限内取消项目申报资格、记入"黑名单"等处罚。

(一)编报虚假预算,套取国家财政资金的。

(二)提供虚假财务会计资料的。

(三)提供虚假配套资金承诺的。

(四)采用不正当手段影响预算评审评估结果的。

(五)存在一题多报、重复资助等问题的。

(六)其他违反财经制度的行为。

第二十四条 承担单位、项目负责人及项目组成员在预算执行方面有下述行为之一的,将视情节轻重限期整改、停拨经费、通报批评、不通过财务验收、终止项目、追回已拨经费直至一定时限内取消项目申报资格。

(一)不严格执行预算,存在超预算、超范围、超标准支出行为的。

(二)截留、挤占、挪用经费的。

(三)违反规定开支人员费,乱发津贴、补贴,超额提取管理费的。

(四)未按规定自行调整预算的。

(五)违反规定转拨、转移或变相转移经费的。

(六)已承诺的配套资金不及时足额到位的。

(七)其他违反财经制度的行为。

第二十五条 承担单位、项目负责人及项目组成员在结题验收方面有下述行为之一的,将视情节轻重限期整改、通报批评、不通过财务验收直至一定时限内取消其项目申报资格。

(一)少报、漏报、隐匿不报结余资金的,以及结余资金不按规定及时上缴的。

(二)单位财务不及时结账、长期挂账报销费用的。

(三)不配合监督检查工作,以及采取不正当手段,影响监督检查人员客观发表意见的。

(四)其他违反财经制度的行为。

第二十六条 承担单位、项目负责人及项目组成员发生其他违反科研经费管理规定问题触犯财经纪律的,移交纪检监察机构查处;涉嫌犯罪的,移送司法机关依法追究刑事责任。

第六章 附 则

第二十七条 本办法由中国气象局计财司和科技司负责解释。

第二十八条 本办法自发布之日起执行。

第二十九条 其他来源的科研经费监督工作可由相关监督主体参照本办法执行。

中国气象局督查督办工作管理办法

(气发〔2014〕115号)
2014年12月8日

第一章 总 则

第一条 为严肃政务纪律,确保政令畅通,改进工作作风,提高办事效率,切实做好中国气象局督查督办工作,制定本办法。

第二条 中国气象局督查督办工作应围绕党中央、国务院,以及中国气象局党组重大决策和重要工作部署的贯彻落实,坚持统筹协调、分级负责、协同配合、动态管理、创新方式、讲求实效的原则开展。

第三条 本办法适用于中国气象局对各省(区、市)气象局、中国气象局直属单位及中国气象局内设机构(以下简称承办单位)的督查督办工作。

第二章 工作体系

第四条 中国气象局督查督办实行中国气象局统一领导、办公室综合协调、督促检查机构组织实施、局内设机构协同配合的工作体系。

（一）办公室负责制定中国气象局督查督办的相关制度和工作计划；负责组织协调全局综合性重大事项的督查督办。

（二）督促检查机构负责督促检查工作计划的组织实施，负责总结报告中国气象局督查督办事项的完成情况。

（三）局内设机构负责完成中国气象局交办的专项督查督办工作的办理，按要求及时反馈完成情况。

第五条　承办单位按要求办理中国气象局交办的督查督办事项，及时向中国气象局反馈完成情况。承办单位主要负责人是督查督办工作的第一责任人。各省（区、市）气象局同时负责督查地方党委、政府决策部署在本单位贯彻落实的情况；负责对下级气象部门的督查督办工作进行指导。

第六条　中国气象局督促检查工作要加强与党组督促检查工作的衔接和配合，充分发挥监察机构行政监察和审计机构专项审计的监督作用，整合各方资源，形成工作合力。

第三章　内容、形式和程序

第七条　督查督办主要内容

（一）党中央、国务院重要会议作出的决策、重要文件提出的要求、领导同志重要批示和交办事项、领导同志的重要讲话精神、统一部署的重大专题活动中需要办理的有关事项。

（二）法律法规和规范性文件中涉及需要贯彻落实的工作职责与事项。

（三）中国气象局重大工作部署、决定事项及局领导的重要批示和交办事项。

（四）全国性重要气象会议、中国气象局党组会议、局长办公会议决定的工作部署和专题协调会议议定的重大事项。

（五）需要及时办理和答复的下级请示事项。

（六）其他需要督查督办的事项。

第八条　督查督办主要形式

（一）常态督查。对常规性督查督办事项，通过督办管理系统、组织专题工作会议等途径，督促承办单位按时办理。紧急事项要及时催办，并随时向局领导报告完成情况。

（二）专项督查。对重大决策和重要工作部署进行分解立项、细化任务、提出办理要求，督促检查落实情况。

（三）现场督查。对一些进展缓慢、落实不力的事项，要深入现场，组织开展面对面的督促检查。

（四）督查调研。对一些关系全局、影响重大或热点难点的事项，要进行深入全面的调查了解，分析原因，提出建议，主动为局领导提供有参考价值和指导意义的督查调研报告。

第九条　督查督办工作程序

（一）立项。督促检查机构对纳入督办的事项提出办理要求、办理时限、承办单位（包括主办单位和协办单位）等。涉及两个以上承办单位的，应确定主办单位。

（二）交办。督促检查机构对立项的督查督办事项应通过中国气象局督办管理系统或以书面等方式向承办单位发出；特殊情况下也可以通过电话、行文、面谈或召开会议等方式向承办单位交办。

（三）跟踪。督促检查机构对重大决策部署和办理时限较长的事项，建立督促检查工作台账，进行动态跟踪督查与提醒，掌握全过程的进展情况并提醒承办单位按时办理。

（四）反馈。承办单位应按督促检查机构要求反馈督查督办事项完成情况；同一事项涉及两个以上承办单位的，由主办单位反馈完成情况。不能如期完成的应及时向督促检查机构书面说明原因。

（五）复核。对重大决策部署落实情况,选择关注度高、影响面大的事项进行实地调查复核。对重点督查事项视情况开展再督查,切实增强督查实效。

（六）报告。督促检查机构应及时汇总督查督办事项完成情况,并向中国气象局报告,分析存在问题,提出供领导决策参考的意见和建议。

（七）通报。督促检查机构应适时通报督查督办事项的办理情况。

（八）归档。督促检查机构应对督查督办事项进行登记,并按档案管理规定搜集整理督查督办事项的全部材料,及时立卷归档。

第四章　工作要求

第十条　督促检查工作要贯穿于气象工作的全过程,研究决策时提出督促检查要求,部署工作时明确督促检查事项,决策实施后检查落实情况,保证件件有落实、事事有回音。

第十一条　各单位要明确督促检查职责的机构,建立健全督查督办工作机制,配备得力人员专门负责督查督办工作,保障督促检查工作的必要经费,建立完善督促检查信息化系统。

第十二条　将督促检查工作理论和实际纳入培训课程,建立施行督查干部定期培训制度,提高其综合协调、把握政策、调查研究、决策参谋等能力。逐步建立督查专员制度。

第十三条　督查督办的事项需在规定时限内办结,遇特殊情况不能按时办结的,应及时申请延期,并按新批准的时限抓紧办结。

第十四条　承办单位反馈办理情况的材料应全面、真实、准确;同一事项涉及两个以上承办单位的,协办单位应主动协同配合主办单位办理落实。

第五章　考核与奖惩

第十五条　中国气象局对承办单位的督查督办工作进行考核,考核内容包括:督查督办制度建设、人员配备、经费保障情况,督查督办事项办理质量、办理时效等。

第十六条　中国气象局将督查督办工作纳入年度目标考核,对成绩突出的单位给予表彰奖励。

第十七条　对督查督办工作不力,玩忽职守,贻误工作,造成重大损失或影响的单位,按照有关规定进行责任追究。

第六章　附　　则

第十八条　本办法自发布之日起施行。

第十九条　各省(区、市)气象局、中国气象局直属单位、中国气象局内设机构参照本办法制定具体的实施细则。

第二十条　本办法由中国气象局办公室负责解释。

地方性法规和地方政府规章

河北省防雷减灾管理办法

(2007年9月30日河北省人民政府令〔2007〕第11号公布,根据2014年1月16日河北省人民政府令〔2014〕第2号修正)

第一章 总 则

第一条 为加强防雷减灾工作,保障公共安全和公民生命财产安全,促进经济社会发展,根据《中华人民共和国气象法》、《河北省实施〈中华人民共和国气象法〉办法》及有关法律、法规,结合本省实际,制定本办法。

第二条 在本省行政区域内从事防雷减灾活动,必须遵守本办法。

第三条 本办法所称防雷减灾,是指防御和减轻雷电灾害的活动,包括雷电灾害的研究、监测、预警、防护以及雷电灾害风险评估及调查、鉴定等。

第四条 防雷减灾工作,应当遵循预防为主、防治结合的方针,坚持统筹规划、综合防治、分级管理的原则。

第五条 县级以上人民政府应当加强对防雷减灾工作的领导,将防雷减灾工作纳入本级国民经济和社会发展规划以及安全生产监督管理的工作范围,所需经费依法列入本级财政预算。

第六条 县级以上人民政府气象主管机构在上级气象主管机

构和本级人民政府的领导下,负责本行政区域内防雷减灾工作的组织管理。

县级以上人民政府其他有关部门应当按各自职责做好防雷减灾工作。

第七条 县级以上人民政府气象主管机构及有关部门应当在基层社区、林区、厂矿、乡村、学校等单位,开展防雷减灾法律法规、科普知识的宣传、教育活动,提高全社会的防雷减灾意识和自救互救能力。

第八条 县级以上人民政府应当对在防雷减灾工作中做出突出贡献的单位和个人,给予表彰和奖励。

第二章 雷电灾害监测与预警

第九条 省人民政府气象主管机构应当按合理布局、信息共享、有效利用的原则,组建全省雷电监测网,组织开展雷电监测。

第十条 县级以上人民政府气象主管机构应当加强雷电天气预警系统建设,提高雷电灾害预警和防雷减灾服务能力。

第十一条 县级以上人民政府气象主管机构所属气象台站应当加强对雷电天气的监测,及时作出预报、警报,提高服务水平。

第十二条 雷电天气预报、警报,由县级以上人民政府气象主管机构所属的气象台站按职责通过当地主要媒体向社会发布,并根据天气变化情况及时补充或者订正。其他任何组织或者个人不得向社会发布雷电天气预报、警报。

第十三条 广播、电视、报纸、电信、信息网络等媒体收到气象主管机构所属的气象台站要求播发的雷电天气预报、警报信息后,应当及时向公众传播,对重大雷电天气的补充、订正预报、预警,有关媒体应当及时增播或者插播。

第十四条 县级以上人民政府气象主管机构应当组织有关部

门加强对雷电和雷电灾害的发生机理等基础理论和防御技术等应用理论的研究,并加强对防雷减灾技术和雷电监测、预警系统的研究和开发。

第三章　防雷装置安装与检测

第十五条　下列建(构)筑物、场所或者设施必须安装防雷装置:

(一)建筑物防雷设计规范规定的一、二、三类防雷建(构)筑物;

(二)石油、化工等易燃易爆物品的生产或者储存场所;

(三)电力生产设施和输配电系统;

(四)航空、通信设施、广播电视系统、计算机信息系统;

(五)国家战略物资储备及其他重要物资的仓储场所,尚存地上建筑的各级文物保护单位;

(六)学校、宾馆、大型娱乐场所等人口聚集场所;

(七)法律、法规和规章及国家和本省技术规范规定应当安装防雷装置的其他场所和设施。

第十六条　必须安装防雷装置的新建、扩建、改建的建(构)筑物、场所和设施,建设单位应当将防雷装置的建设纳入计划,与主体工程或者整体项目同时设计、同时施工、同时投入使用。

现有必须安装防雷装置的建(构)筑物、场所或者设施,尚未安装防雷装置的,应当按照省人民政府气象主管机构规定的期限安装防雷装置。

第十七条　必须安装防雷装置的建(构)筑物、场所或者设施安装的防雷装置,应当符合国务院气象主管机构规定的使用要求。

第十八条　必须安装防雷装置的建(构)筑物、场所或者设施,建设单位应当将防雷装置设计方案和相关材料报送当地气象主管机构审核。气象主管机构应当自受理申请之日起 20 个工作日内作出审核决定。经审核合格的,由负责审核的气象主管机构出具《防雷装置设计核准意见书》;经审核不合格的,出具《防雷装置设计修改意见书》。未经审核或者审核不合格的设计方案,建设单位不得开工建设。建设单位变更或者修改防雷设计方案的,应当按原程序报送审核。

第十九条 必须安装防雷装置的建(构)筑物、场所或者设施,建设单位应当按照审核同意的设计方案进行施工,并选择具有相应防雷检测资质的机构按施工进度进行分阶段检测。检测报告作为竣工验收的技术依据。

第二十条 必须安装的防雷装置竣工后,建设单位应当向当地气象主管机构申请竣工验收。气象主管机构应当在受理申请之日起 5 个工作日内验收并作出竣工验收决定。验收合格的,出具《防雷装置验收意见书》;验收不合格的,出具《防雷装置整改意见书》。整改完成后,按原程序进行验收。未取得《防雷装置验收意见书》的,防雷装置不得投入使用。

第二十一条 县级以上人民政府气象主管机构应当会同安全生产监督管理部门对防雷装置检测工作实施监督管理,并组织对防雷装置检测情况进行抽查。

第二十二条 防雷装置的检测由依法设立的防雷装置检测机构承担。

省人民政府气象主管机构应当依法对防雷装置检测机构进行资质认定,并向社会公布。

防雷装置检测机构应当建立健全完善的检测制度,严格执行国家有关标准和规范,保证检测报告的真实性、科学性、公正性。

第二十三条 防雷装置建设或者施工单位使用的防雷产品应当符合国家质量标准,具有产品合格证书和使用说明书,并接受省人民政府气象主管机构的监督检查。

第二十四条　对社会提供公正数据的防雷产品质量检验机构,应当按照国家有关规定通过计量认证或者获得资格认可。

第二十五条　投入使用后的防雷装置实行定期安全检测制度。防雷装置每年检测一次,其中易燃、易爆物品和化学危险物品的生产、储存设施和场所的防雷装置每半年检测一次。

第二十六条　防雷装置检测机构对防雷装置检测后,应当出具检测报告,并对检测结果负责。检测项目全部合格后,发给合格证,检测不合格的,提出整改意见,并进行复检。

第二十七条　拥有防雷装置所有权或者使用权的单位应当做好防雷装置的日常维护工作,对发现的问题,应当及时进行维修或者报告防雷装置检测机构进行处理,并接受所在地气象主管机构、安全生产监督管理和公安消防部门的监督检查。

第二十八条　专门从事防雷工程专业设计、施工的单位,必须具备相应的资质条件,依照国家规定的资质认定权限取得省级以上气象主管机构颁发的资质证书,并在资质等级范围内按照国家有关标准和规范进行防雷工程专业设计或者施工。

第二十九条　外省、自治区、直辖市具有防雷工程专业设计、施工资质的单位,到本省行政区域内从事防雷工程设计或者安装活动的,应当向当地气象主管机构备案。

第四章　雷电灾害应急

第三十条　县级以上人民政府应当建立健全防雷减灾指挥协调机制,编制本行政区域的雷电灾害应急预案。

第三十一条　必须安装防雷装置的建(构)筑物、场所或者设施的使用单位应当制定雷电灾害应急抢救方案,建立应急抢救组织或者指定兼职的应急抢救人员,落实应急抢救责任。

雷电灾害应急抢救方案应当报当地安全生产监督管理部门和

气象主管机构备案。

第三十二条 遭受雷电灾害的单位和个人,应当及时向当地人民政府和所在地气象主管机构报告雷电灾情,并协助做好雷电灾害的调查和鉴定工作。

第三十三条 雷电灾害发生后,有关单位应当迅速启动应急抢救方案,防止灾情扩大,并按有关规定如实上报雷电灾害情况,不得隐瞒不报、谎报或者拖延不报,不得破坏事故现场。

第三十四条 当地人民政府接到雷电灾情报告后,应当根据灾情程度组织有关部门迅速启动雷电灾害应急预案。

第三十五条 县级以上人民政府气象主管机构接到雷电灾情报告后,应当立即指派二名以上防雷专业技术人员赶赴现场进行调查,并在3日内作出雷电灾害鉴定报告。雷电灾害的调查、鉴定情况应当及时向同级人民政府和上一级气象主管机构报告。

任何单位和个人不得干扰、阻挠对雷电灾害的依法调查处理。

第三十六条 各有关部门应当按照雷电灾害应急预案的规定,相互协调配合,迅速做好雷电灾害应急处理和善后工作。

第三十七条 县级以上人民政府气象主管机构应当及时统计分析本行政区域内发生雷电灾害的情况,并向社会公布。

第三十八条 建设单位应当组织对本行政区域内的大型工程、重点工程、爆炸危险环境等建设项目进行雷击风险评估,以确保公共安全。

第五章 法律责任

第三十九条 县级以上人民政府及气象主管机构和有关部门有下列行为之一的,对直接负责的主管人员和其他直接责任人员依法给予处分;构成犯罪的,依法追究刑事责任:

(一)对不符合技术标准的防雷装置设计方案出具《防雷装置

设计核准意见书》的;

（二）对不符合要求的防雷装置出具《防雷装置验收意见书》的;

（三）对不符合条件的单位颁发防雷装置检测、防雷工程专业设计、施工资质证书的;

（四）隐瞒不报、谎报或者拖延不报雷电灾害灾情的;

（五）未按雷电灾害应急预案的要求履行职责的;

（六）在雷电灾害防御、应急处理中违反法律、法规和本办法规定,有其他渎职、失职行为的。

第四十条 违反本办法规定,有下列行为之一的,由县级以上人民政府气象主管机构按照权限责令限期改正;逾期不改正的,可以处一千元以上一万元以下的罚款;情节严重的,可以处一万元以上三万元以下的罚款;给他人造成损失的,依法承担赔偿责任:

（一）现有必须安装防雷装置的建（构）筑物、场所或者设施,未按照省人民政府气象主管机构规定的期限安装防雷装置的;

（二）防雷装置设计未经审核或者审核不合格擅自施工以及变更或者修改防雷设计方案未按原审核程序报审的;

（三）防雷装置未经竣工验收或者验收不合格,擅自投入使用的;

（四）未取得防雷装置检测资质承接防雷装置检测业务的;

（五）防雷装置使用单位拒绝实施定期检测,或者经检测不合格又拒绝整改的;

（六）超出其资质等级许可的范围承接防雷装置设计和安装活动的。

第四十一条 违反本办法第二十六条规定,防雷检测机构出具虚假检测报告的,由县级以上人民政府气象主管机构按照权限责令限期改正,可以处一千元以上一万元以下的罚款;情节严重的,可以处一万元以上三万元以下的罚款,由省人民政府气象主管机构撤销其防雷装置检测资质。

第六章 附 则

第四十二条 本办法自 2008 年 1 月 1 日起施行。

河北省人工影响天气管理规定

(2010年12月25日河北省人民政府令〔2010〕第15号公布,根据2014年1月16日河北省人民政府令〔2014〕第2号修正)

第一章 总 则

第一条 为加强对人工影响天气工作的管理,防御和减轻气象灾害,保障人民群众生命财产安全,根据国务院《人工影响天气管理条例》,结合本省实际,制定本规定。

第二条 本规定所称人工影响天气,是指为避免或者减轻气象灾害,合理利用气候资源,在适当条件下通过科技手段对局部大气的物理、化学过程进行人工影响,实现增雨雪、防雹、消雨、消雾、防霜等目的的活动。

第三条 在本省行政区域内从事和管理人工影响天气活动,应当遵守本规定。

第四条 县(市、区)以上气象主管机构在同级人民政府领导下,负责人工影响天气工作的组织实施和指导管理。

发展改革、财政、公安、交通运输、飞行管制、通信等部门和有关军事机关应当按各自职责,做好人工影响天气的相关工作。

第五条 县级以上人民政府应当加强对人工影响天气工作的领导,建立和完善指挥协调、联合作业机制,有组织、有计划地开展人工影响天气工作,提高人工影响天气作业效能。

第六条 各级气象主管机构应当加强人工影响天气科学技术研究和新技术的开发与应用,提高人工影响天气科学技术水平,拓展人工影响天气的应用领域。

第七条 按照有关人民政府批准的人工影响天气工作计划开展的人工影响天气工作属于公益性事业,所需经费列入本级人民政府的财政预算。

其他的人工影响天气活动,其费用由用户承担。

第八条 对在人工影响天气工作中做出突出贡献的单位和个人,县级以上人民政府应当给予表彰和奖励。

第二章　组织实施

第九条 省气象主管机构根据全省防灾减灾、生态环境建设、气候资源开发利用的需要,商同级有关部门编制全省人工影响天气工作规划和计划,报省人民政府批准后实施。

设区的市、县(市、区)气象主管机构根据上级人工影响天气工作规划和计划,结合当地实际,商同级有关部门制定本行政区域人工影响天气工作规划和计划,报本级人民政府批准后实施。

第十条 各级气象主管机构应当建立人工影响天气指挥系统、通信系统和天气监测预警系统。

第十一条 从事人工影响天气作业的单位应当具备下列条件,并向省气象主管机构提出申请:

(一)具有法人资格;

(二)有实施人工影响天气作业所需的符合有关安全规定的基础设施、设备;

(三)有符合规定人数的人员;

(四)有完善的安全管理和设备维护、运输、储存、保管等制度;

(五)有与人工影响天气作业指挥中心和飞行管制部门保持联系的通信工具。

省气象主管机构应当自受理申请之日起 15 个工作日内进行审核,符合条件的,颁发人工影响天气作业单位资格证书。不符合条件的,书面说明理由。

第十二条 人工影响天气作业单位资格证有效期 3 年。有效期满后,需要继续从事人工影响天气活动的单位,应当在有效期届满 30 日前,向省气象主管机构提出延续申请。

第十三条 申请人工影响天气作业资格的单位,也可以向当地气象主管机构提交申请,由当地气象主管机构将申请材料送省气象主管机构。

第十四条 设区的市、县(市、区)气象主管机构应当根据当地的气候特点、地理条件,提出设置高射炮、火箭等人工影响天气地面作业站(点)的意见,报省气象主管机构会同飞行管制部门审核确定。

经确定的作业站(点)不得随意变动。确需变动的,应当按前款规定重新确定。

第十五条 实施人工影响天气作业,应当具备下列条件:
(一)具备适宜作业的天气条件;
(二)经飞行管制部门批准的作业空域和作业时限;
(三)作业设备性能良好,符合使用要求;
(四)作业人员全部到位;
(五)与指挥中心和飞行管制部门通信畅通。

第十六条 人工影响天气作业单位必须在批准的空域和时限内作业。在作业过程中收到停止作业的指令时,必须立即停止作业。

第十七条 作业结束后,人工影响天气作业单位应当按规定时限将作业情况报当地气象主管机构,由气象主管机构报本级人民政府和上级气象主管机构。

第十八条 人工影响天气作业单位应当按国家有关规定建立作业档案,如实记录作业时段、方位、高度、工具、弹药种类及用量、作业空域的批复和作业效果等情况。

第十九条 跨行政区域联合实施人工影响天气作业的,由上一级气象主管机构组织实施。

第二十条 作业地气象台站应当及时无偿提供实施人工影响天气作业所需的气象探测资料、情报和预报,做好人工影响天气作业所需的气象保障工作。

农业、水利、林业、民政、统计等部门应当及时无偿地提供实施人工影响天气作业所需的灾情、水文、火情等资料。

第三章 安全管理

第二十一条 各级人民政府应当依法保护人工影响天气作业环境和专用设施。

各级公安、安全生产监督管理部门应当在各自职责范围内,做好人工影响天气工作的安全监管工作。

第二十二条 各级气象主管机构应当加强人工影响天气作业安全管理工作,建立各项安全责任制度,制定安全事故应急预案。

第二十三条 人工影响天气作业单位应当按作业规范和操作规程进行作业,确保作业安全,并为作业人员办理人身意外伤害保险。

利用高射炮、火箭作业的,应当避开人口稠密区和重要设施。

第二十四条 人工影响天气作业单位应当对需要报废的高射炮、火箭发射装置等作业设备和超过有效期的炮弹、火箭弹登记造册,按有关规定销毁。

第二十五条 在实施人工影响天气作业过程中发生人员伤

亡、财产损失和其他安全事故的,所在地气象主管机构应当及时进行处置,并报当地人民政府和上级气象主管机构,由事故发生地县级以上人民政府依照国家和本省有关规定组织处理。

第二十六条 任何单位和个人不得实施下列行为:
(一)侵占人工影响天气作业场地;
(二)挤占、干扰人工影响天气作业通信频道;
(三)损毁、擅自移动人工影响天气专用设施、设备;
(四)扰乱人工影响天气作业秩序。

第四章 法律责任

第二十七条 各级气象主管机构及其工作人员有下列行为之一的,由所在单位或者上级主管部门责令改正;情节严重的,依法给予处分;构成犯罪的,依法追究刑事责任:
(一)未按规定时间和程序批准人工影响天气作业单位资格的;
(二)未申请空域直接指挥实施作业的;
(三)未按规定报告作业情况的;
(四)有其他玩忽职守、滥用职权、徇私舞弊行为的。

第二十八条 人工影响天气作业单位或者作业人员违反本规定,有下列行为之一的,由县(市、区)以上气象主管机构责令改正:
(一)在未获批准的作业站(点)实施人工影响天气作业的;
(二)未按规定时间报告作业情况的;
(三)未按规定建立作业档案的;
(四)违反本规定组织实施作业,造成安全事故的。

第二十九条 违反第二十六条规定的,由县(市、区)以上气象主管机构责令改正;造成损失的,依法承担赔偿责任;违反《中华人民共和国治安管理处罚法》规定的,由公安机关依法给予治安管理处罚;构成犯罪的,依法追究刑事责任。

第五章 附 则

第三十条 本规定自2011年2月1日起施行。

大同市气象设施和探测环境保护条例

(2014年4月29日大同市第十四届人民代表大会常务委员会第十五次会议通过,2014年5月29日山西省第十二届人民代表大会常务委员会第十次会议批准)

第一条 为了保护气象设施和探测环境,保障气象探测信息的代表性、准确性、比较性和连续性,根据《中华人民共和国气象法》、《气象设施和气象探测环境保护条例》等有关法律、法规,结合本市实际,制定本条例。

第二条 本市行政区域内气象设施和探测环境的保护,适用本条例。

第三条 气象设施和探测环境保护实行分类保护、分级管理的原则。

第四条 市、县(区)人民政府应当加强对气象设施和探测环境保护工作的组织领导,设立联席会议制度,建立工作协调机制,解决气象设施和探测环境保护工作中的重大问题。

市、县(区)人民政府应当将气象设施和探测环境保护工作所需经费纳入本级财政预算。

第五条 市、县(区)气象主管机构负责气象设施和探测环境的保护工作。

发展改革、城乡规划、国土资源、环境保护、无线电管理等有关部门,应当按照各自职责负责气象设施和探测环境保护的有关工作。

第六条　市、县(区)人民政府应当加强对气象设施和探测环境保护的宣传教育,树立全民保护气象设施和探测环境的意识,对在气象设施和探测环境保护工作中做出突出贡献或者举报属实的单位和个人,给予表彰或者奖励。

任何组织和个人都有义务保护气象设施和探测环境,并有权对破坏气象设施和探测环境的行为进行举报。

第七条　气象主管机构应当会同城乡规划、国土资源等有关部门编制气象设施和探测环境保护专项规划,报本级人民政府批准后依法纳入城乡规划和土地利用总体规划,并组织实施。

城乡规划、土地利用总体规划调整涉及气象设施和探测环境保护专项规划的,应当征求气象主管机构的意见。

第八条　市、县(区)人民政府应当按照气象设施建设规划的要求,依法安排气象设施建设用地,保障气象设施建设顺利进行。

第九条　在气象台站的探测环境保护范围内新建、改建、扩建建设项目,市、县(区)人民政府及其发展改革、城乡规划、国土资源等部门在办理相关手续时,应当严格执行城乡规划、土地利用总体规划及气象设施和探测环境保护的相关规定。

第十条　在气象台站探测环境保护范围内新建、改建、扩建的建设工程,应当避免危害气象探测环境;确实无法避免的,建设单位应当向国务院、省气象主管机构和当地人民政府报告,提出相应补救措施,经国务院气象主管机构或者省气象主管机构书面同意后方可办理相关开工手续。未征得上级气象主管机构书面同意或者未落实补救措施的,有关部门不得批准其开工建设。

第十一条　市、县(区)人民政府应当向社会公告气象探测环境的保护标准、保护范围和具体要求,并组织发展改革、城乡规划、国土资源、环境保护、无线电管理等有关部门实施。

气象探测环境的保护标准、保护范围、具体要求等发生变化时,气象主管机构应当及时向本级人民政府报告,由本级人民政府重新向社会公告。

第十二条 禁止实施下列危害气象设施的行为:

(一)侵占、损毁、擅自移动气象设施或者侵占气象设施用地;

(二)在气象设施周边进行危及气象设施安全的爆破、钻探、采石、挖砂、取土等活动;

(三)挤占、干扰依法设立的气象无线电台(站)、频率;

(四)设置影响大型气象专用技术装备使用功能的干扰源;

(五)法律、行政法规和国务院气象主管机构规定的其他危害气象设施的行为。

第十三条 禁止实施下列危害国家基本气象站探测环境的行为:

(一)在观测场周边一千米探测环境保护范围内修建高度超过与观测场距离十分之一的建筑物、构筑物;

(二)在观测场周边五百米范围内设置垃圾场、排污口等干扰源;

(三)在观测场周边二百米范围内修建铁路;

(四)在观测场周边一百米范围内挖筑水塘等;

(五)在观测场周边五十米范围内修建公路、种植高度超过一米的树木和作物等。

第十四条 禁止实施下列危害国家一般气象站探测环境的行为:

(一)在观测场周边八百米探测环境保护范围内修建高度超过与观测场距离八分之一的建筑物、构筑物;

(二)在观测场周边二百米范围内设置垃圾场、排污口等干扰源;

(三)在观测场周边一百米范围内修建铁路;

(四)在观测场周边五十米范围内挖筑水塘等;

(五)在观测场周边三十米范围内修建公路、种植高度超过一米的树木和作物等。

第十五条 区域气象观测站的气象探测环境应当符合国家有关标准,保证场地、仪器的通风和光照条件,避免建在高大建筑群、山凹、陡壁等影响资料地域代表性或对观测资料准确性有干扰的地方。

为森林、湿地、交通、桥梁等特殊需求服务的区域气象观测站应满足其配置的观测要素对探测环境最基本的要求。

第十六条 太阳辐射观测站、农业气象站、气象卫星接收站、自动土壤水分观测站、气象观测塔、雷电监测站、地基 GPS/MET 监测站、沙尘暴监测站和单独设立的气象探测设施的探测环境保护,应当严格执行国家规定的保护范围和要求。

第十七条 市、县(区)人民政府应当将本行政区域内无人值守的气象探测设施纳入公共设施管理和保护范围,禁止在保护范围内实施放牧、焚烧等人为破坏行为。

第十八条 气象主管机构应当在气象设施附近显著位置设立保护标志,标明保护范围和保护要求。任何单位和个人不得损毁或者擅自移动气象探测环境保护标志。

第十九条 对不符合气象探测环境保护要求的现有建筑物、构筑物、干扰源等,气象主管机构应当根据实际情况,提出治理方案,报本级人民政府批准并组织实施。

第二十条 气象设施因不可抗力或者其他原因遭到破坏时,气象主管机构应当立即向上级气象主管机构和本级人民政府报告,市、县(区)人民政府应当组织有关部门及时修复,确保气象设施正常运行。

第二十一条 气象台站的站址应当保持长期稳定。未经依法批准,任何单位或者个人不得擅自迁移气象台站。

因国家重点工程建设或者城乡规划变化,确需迁移气象台站的,建设单位或者当地人民政府应当向省气象主管机构提出申请,由省气象主管机构组织专家对拟迁新址的科学性和合理性进行评估,认定其符合气象设施和探测环境保护要求的,在纳入当地城乡规划后,方可迁移。因国家重点工程建设迁移气象台站的,迁移、建设费用由建设单位承担。因城乡规划变化迁移气象台站的,迁移、建设费用由当地人民政府承担。

气象台站探测环境遭到严重破坏,失去治理和恢复可能,国务院气象主管机构或者省气象主管机构决定同意迁移后,方可迁移。气象台站的迁移用地由当地人民政府解决,迁移、建设费用由当地人民政府承担。当地人民政府可以向破坏探测环境的责任人追偿迁建费用。

第二十二条 气象台站的迁移应按照先建站后迁移的原则进行迁移。

迁移国家基本气象站的,由省气象主管机构签署意见并报送国务院气象主管机构审批;迁移国家一般气象站和区域自动气象站的,由省气象主管机构审批,并报送国务院气象主管机构备案。

新址与旧址之间应当进行至少一年的对比观测,对比观测期间应当做好旧址气象探测环境的保护工作。对比观测完成和新址正式投入使用后,方可改变旧址用途。

第二十三条 市、县(区)人民政府应当组织气象、公安、城乡规划、国土资源、环境保护、无线电管理等有关部门,对本行政区域内气象设施和探测环境保护情况进行联合检查。

气象主管机构应当建立严格的责任制度,加强对气象设施和探测环境保护的日常巡查和监督检查,在巡查中发现应当由其他部门查处的违法行为,应当通报有关部门进行查处,有关部门未及时查处或查处遇阻的,由本级人民政府责成有关部门进行查处。

第二十四条 气象主管机构和发展改革、城乡规划、国土资源、环境保护、无线电管理等有关部门及其工作人员违反本条例规定,有下列行为之一的,由本级人民政府或者上级机关责令改正,通报批评;对直接负责的主管人员和其他直接责任人员,依法给予处分;构成犯罪的,依法追究刑事责任:

(一)擅自迁移气象台站的;

(二)在气象探测环境保护范围内擅自批准设置垃圾场、排污口、无线电台(站)等干扰源以及危害气象探测环境的建设工程;

(三)有其他滥用职权、玩忽职守、徇私舞弊等不履行气象设施和探测环境保护职责行为的。

第二十五条 违反本条例规定,危害气象设施的,由气象主管机构责令其停止违法行为,限期恢复原状或者采取其他补救措施;逾期拒不恢复原状或者不采取其他补救措施的,由气象主管机构依法申请人民法院强制执行,并对违法单位处一万元以上五万元以下罚款,对违法个人处一百元以上一千元以下罚款;造成损害的,依法承担赔偿责任;构成违反治安管理规定的,由公安机关依法给予治安管理处罚。

挤占、干扰依法设立的气象无线电台(站)、频率的,依照无线电管理相关法律法规的规定处罚。

第二十六条 违反本条例规定,危害气象探测环境的,由气象主管机构责令其停止违法行为,限期拆除或者恢复原状,情节严重的,对违法单位处二万元以上五万元以下罚款,对违法个人处五百元以上五千元以下罚款;逾期拒不拆除或者不恢复原状的,由气象主管机构依法申请人民法院强制执行;造成损害的,依法承担赔偿责任。

在气象探测环境保护范围内,违法批准占用土地的,或者非法占用土地新建建筑物或者其他设施的,依照城乡规划、土地管理等相关法律法规的规定处罚。

第二十七条 本条例自 2014 年 8 月 1 日起施行。

长春市人工影响天气管理办法

(2014年9月22日长春市人民政府第21次常务会议通过)

第一章 总 则

第一条 为了加强人工影响天气工作的管理,科学开发利用空中云水资源,防御和减轻气象灾害,根据有关法律、法规和规章的规定,结合本市实际,制定本办法。

第二条 本市行政区域内从事人工影响天气活动,适用本办法。

第三条 本办法所称人工影响天气,是指为防御或者减轻气象灾害,科学开发利用空中云水资源,在适当条件下通过科技手段对局部大气的物理、化学过程进行人工影响,实现增雨雪、防雹、消雨、消雾、防霜等目的的活动。

第四条 人工影响天气工作实行政府领导、部门联动、科学管理、专业操作、注重效益的原则。

第五条 市、县(市)、双阳区人民政府应当加强对人工影响天气工作的领导,建立健全人工影响天气工作的指挥机构和工作机构,保证人工影响天气工作的顺利开展。

第六条 市气象主管机构在上级气象主管机构和本级人民政府的领导下,负责本市人工影响天气工作的组织实施和指导。

县(市)、双阳区气象主管机构在市气象主管机构和本级人民政府的领导下,负责本辖区人工影响天气作业的组织实施工作。

有关部门应当按照职责分工,配合气象主管机构做好人工影响天气工作。

第七条 市、县(市)、双阳区气象主管机构应当会同有关部门编制本行政区域人工影响天气工作发展规划,报本级人民政府批准后纳入同级国民经济和社会发展规划。

市、县(市)、双阳区气象主管机构应当依据本行政区域人工影响天气工作发展规划,制定人工影响天气工作年度计划,报本级人民政府批准后组织实施。

第八条 按照人工影响天气工作计划开展的人工影响天气工作属于公益性事业,所需经费纳入同级财政预算,实行专款专用。

从事人工影响天气作业的单位,在完成人工影响天气工作计划确定的公益性任务的前提下,可以根据用户的需要,依法开展人工影响天气专项服务。

第九条 市、县(市)、双阳区气象主管机构应当在本级人民政府组织下,会同有关部门和单位制定人工影响天气工作突发事件应急预案。

人工影响天气作业发生突发事件时,当地人民政府应当及时组织救援和处置,并向上一级人民政府和气象主管机构报告。

第十条 市、县(市)、双阳区人民政府应当鼓励和支持人工影响天气科学技术的研究,推广使用先进技术。

第二章 作业管理

第十一条 从事人工影响天气作业的单位,应当符合下列条件:

(一)具有法人资格;

(二)具有经过培训考核合格的作业人员,并达到国务院气象主管机构规定的人数；

（三）具有保证安全有效地实施人工影响天气作业的指挥中心、业务技术体系和规章制度；

（四）具备实施人工影响天气作业所必需的作业装备、作业平台、作业通道、作业装备库、弹药周转库、值班室、安全防范监控报警设施、电力通信设施、防雷设施。

人工影响天气作业的发射装置、弹药，应当符合国家气象主管机构要求的技术标准。

第十二条 人工影响天气作业地点应当具备下列条件：

（一）选择在气象灾害多发地带的上风方；

（二）距离居民区方圆五百米以外；

（三）视野开阔，交通、通讯方便。

第十三条 从事人工影响天气作业的单位，应当为作业人员提供必要的工作、生活保障，配备必需的作业保护用品，并为作业人员办理人身意外伤害保险。

从事飞机人工影响天气工作的作业人员，享受国家规定的空地勤待遇。

第十四条 从事人工影响天气的作业人员应当符合下列条件：

（一）经过岗位资格培训并考核合格；

（二）熟悉高射炮、火箭等发射装置的结构、操作规程和安全使用要求，并能够正确使用；

（三）能够按照要求完成高射炮、火箭发射装置的保养、维护工作，排除一般故障。

第十五条 人工影响天气作业站周围环境受法律保护。

任何单位和个人不得在作业站周围五百米以内建设妨碍人工影响天气作业的建筑物和其他设施；不得侵占人工影响天气作业场地，损毁人工影响天气作业设施、设备；不得占用、干扰人工影响天气作业通讯频道。

第十六条 组织实施人工影响天气作业,应当具备下列条件:

(一)符合防灾、减灾的需要;

(二)有适宜的天气条件;

(三)有飞行管制部门批准使用的空域和作业时限;

(四)已提前发布作业公告,并告知当地公安机关;

(五)与飞行管制部门和市气象主管机构保持通讯畅通;

(六)有符合规定的指挥、操作人员;

(七)高射炮、火箭等发射装置技术状态良好;

(八)有完善的事故应急处置和救助预案及相关安全应急措施;

(九)法律、法规和规章规定的其他条件。

第十七条 实施人工影响天气作业,市气象主管机构应当提前向社会发布作业公告。作业公告包括下列内容和事项:

(一)发布作业公告的依据;

(二)开展作业的时段;

(三)作业影响的区域;

(四)作业所用高射炮、火箭等设备;

(五)落地未自毁的故障炮弹、火箭弹及残留物的处理和联系方式等。

第十八条 实施人工影响天气作业,应当按照下列规定,向飞行管制部门提出申请,并按照批准的空域和时限组织实施。作业完成后应当及时向飞行管制部门报告。

(一)利用高射炮、火箭等作业装置实施人工影响天气作业的,由市、县(市)、双阳区气象主管机构提出申请;

(二)需要跨县(市)、双阳区实施人工影响天气作业的,由市气象主管机构提出申请;

(三)利用飞机实施人工影响天气作业的,由省气象主管机构提出申请。

第十九条 空域和作业时限申请未经批准不得实施作业。

经批准的作业地点、时间,任何单位和个人不得擅自变更;特殊情况下需要变更的,应当重新报批。

禁止超出批准空域和时限作业。

作业单位在收到飞行管制部门停止对空射击指令后,应当立即停止作业。

第二十条 实施人工影响天气作业前,市、县(市)、双阳区气象主管机构应将作业站的名称、位置、作业人员名单、联系电话等资料抄送当地公安机关备案。

第二十一条 实施人工影响天气作业,应当按照国务院气象主管机构规定的作业规范和操作规程进行,确保作业安全。

第二十二条 人工影响天气作业结束后,作业单位应当按照规定及时将作业情况、作业效果评估等信息逐级报上一级气象主管机构。

第三章 发射装置和弹药管理

第二十三条 购置人工影响天气作业的高射炮、火箭等发射装置或者弹药由作业地气象主管机构提出申请,经本级人民政府同意,报省气象主管机构统一组织采购。购置的高射炮、火箭等发射装置或者弹药不得用于与人工影响天气作业无关的活动。

任何单位和个人,禁止擅自购买或者转让人工影响天气作业的高射炮、火箭等发射装置或者弹药。

第二十四条 人工影响天气作业使用的高射炮、火箭等发射装置,应当按照有关规定,在每年作业期前进行年检。年检合格的,方可使用。

第二十五条 未经年检、年检不合格、经确认报废的高射炮、火箭等发射装置以及已超过有效期的弹药,不得用于人工影响天气作业活动。

第二十六条　县(市)、双阳区气象主管机构应当建立高射炮、火箭等发射装置档案,报市气象主管机构备案。

第二十七条　运输人工影响天气作业使用的高射炮、火箭等发射装置或者弹药,应当遵守国家有关武器装备、爆炸物品管理法律、法规的规定。

第二十八条　气象主管机构应当对实施人工影响天气作业的车辆统一张贴标志。

实施人工影响天气作业的车辆,公安机关交通管理部门应当按照应急车辆管理办法,提供通行方便。

第二十九条　用于人工影响天气作业的高射炮、火箭等发射装置和炮弹、火箭弹应当按照武器装备、爆炸物品管理的相关规定,分库储存在当地人民武装部专用库房或者公安部门批准的专用库房。

第三十条　需要跨县(市、区)调运高射炮、火箭等发射装置或者弹药的,由县(市、区)气象主管机构依照国家有关武器装备、爆炸物品管理的法律、法规的规定办理手续,并由市气象主管机构统一组织调运。

第三十一条　人工影响天气作业期间,存放在临时弹药库的炮弹不得超过三百发,火箭弹不得超过二十枚。人工影响天气作业期结束后,剩余炮弹应当及时运送至当地人民武装部专用库房或者公安部门批准的专用库房存储。

第三十二条　人工影响天气作业后,作业单位应当对高射炮、火箭等发射装置进行检修、保养,并按照要求油封入库。

第三十三条　用于人工影响天气作业的高射炮、火箭等发射装置,炮弹、火箭弹有下列情形之一的,应当报废:

(一)高射炮、火箭等发射装置经维修仍达不到国家规定的技

术标准和要求的;

(二)弹药变形、过期、失效或者从二米以上高度掉落的;

(三)哑弹。

第三十四条 用于人工影响天气作业的高射炮、火箭等发射装置、弹药需要报废的,由县(市)、双阳区气象主管机构提出申请,经市气象主管机构组织专家鉴定后,报省级气象主管机构按照规定统一处理。属于政府投资购置的,应当按照国有资产管理的有关规定报同级国有资产管理部门备案。

第四章　法律责任

第三十五条 违反本办法第十一条规定的,由市气象主管机构责令改正,给予警告,可以并处十万元以下的罚款;给他人造成损失的,依法承担赔偿责任;构成犯罪的,依法追究刑事责任。

第三十六条 违反本办法规定,有下列行为之一,尚不构成犯罪的,由市气象主管机构责令改正,给予警告;造成损失的,依法承担赔偿责任;构成犯罪的,依法追究刑事责任:

(一)未按照批准的空域和时限实施人工影响天气作业的;

(二)未按照国务院气象主管机构规定的作业规范和操作规程进行作业的;

(三)擅自购买、转让人工影响天气作业的高射炮、火箭等发射装置或者弹药的;

(四)将购置的高射炮、火箭等发射装置或者弹药用于与人工影响天气作业无关的活动的。

第三十七条 违反本办法规定,有下列行为之一的,由市气象主管机构责令改正,可处以五百元以上一千元以下的罚款;造成损失的,依法承担赔偿责任:

(一)使用不合格、报废的高射炮、火箭等发射装置或者超过有

效期的弹药的;

(二)侵占人工影响天气作业场地,损毁人工影响天气作业设施、设备的;

(三)占用、干扰人工影响天气作业通讯频道的。

第三十八条 气象主管机构工作人员违反本办法规定,滥用职权、玩忽职守、徇私舞弊的,由其所在单位或者有关部门给予处分;构成犯罪的,依法追究刑事责任。

第五章 附 则

第三十九条 本办法自 2014 年 11 月 1 日起施行。

龙凤山区域大气本底站气象设施和气象探测环境保护条例

(2014年10月23日黑龙江省第十二届人民代表大会常务委员会第十五次会议通过)

第一条 为了加强龙凤山区域大气本底站(以下简称本底站)气象设施和气象探测环境保护,确保气象探测信息的代表性、准确性、连续性和可比较性,根据《中华人民共和国气象法》、《气象设施和气象探测环境保护条例》,制定本条例。

第二条 本条例所称气象设施,是指气象探测设施、气象信息专用传输设施和气象专用技术装备等。

本条例所称气象探测环境,是指为避开各种干扰,保证气象探测设施准确获得气象探测信息所必需的最小距离构成的环境空间。

本条例所称观测场是指按照技术要求安装气象仪器并进行观测的场地。

第三条 省气象主管机构为本底站行政主管部门,负责本条例的组织实施。本底站负责日常具体管理工作,依法对本底站气象设施和气象探测环境实施保护,对破坏本底站气象设施和气象探测环境的行为给予相应行政处罚。

第四条 本底站所在地的县级人民政府应当加强本底站气象设施和气象探测环境保护工作,支持本底站的建设和管理。

本底站所在地县级人民政府的发展和改革、国土资源、城乡规划、水利、公安、农业、林业、环境保护、旅游、草原等行政主管部门按照各自职责,做好本底站气象设施和气象探测环境保护的有关工作。

第五条　任何单位和个人都有义务保护本底站气象设施和气象探测环境,并有权对破坏气象设施和气象探测环境的行为进行举报。

第六条　本底站所在地的气象主管机构应当会同当地国土资源、城乡规划等部门制定气象设施和气象探测环境保护专项规划,报本级人民政府批准后依法纳入城乡规划。

本底站所在地的气象主管机构制定气象设施和气象探测环境保护专项规划时,应当征求本底站意见。

第七条　本底站所在地的林业、草原等行政主管部门应当加强本底站气象设施及气象探测环境保护范围内植被保护和生态建设。

第八条　本底站站址应当保持长期稳定,任何单位或者个人不得擅自迁移本底站。确需迁移的,按照国家有关规定执行。

第九条　观测场周边水平距离100米范围内,非本底站工作人员不得进入;确需进入的,应当经本底站同意,并服从管理。

观测场周边水平距离1000米范围内,禁止燃放烟花爆竹、点燃篝火或者火把,不得采石、挖沙、取土、钻探、垦荒、放牧以及修建建筑物、构筑物等。

观测场周边水平距离3000米范围内,禁止爆破、烧荒、烧山、焚烧秸秆、烧炭等,不得新建能源企业、工业企业、规模化畜禽养殖场以及生产、生活垃圾堆放填埋场。

本底站应当如实记载保护范围内引起观测记录异常的事件。

第十条　本底站应当建立安全保护制度,并按照相关技术要求,在气象设施及气象探测环境保护范围的显著位置设立保护标志,标明保护要求,设置保护装置。

任何单位和个人不得擅自涂改、移动、破坏、损毁保护标志。

第十一条 本底站应当加强对气象设施和气象探测环境的日常巡查和检查。

本底站可以采取下列措施:

(一)要求被检查单位或者个人提供有关文件、证照、资料;

(二)要求被检查单位或者个人就有关问题作出说明;

(三)进入现场调查、取证。

本底站发现应当由其他行政主管部门查处的违法行为,应当通报有关行政主管部门进行查处。

第十二条 各级行政主管部门及其工作人员违反本条例规定,有下列行为之一的,由本级人民政府责令改正;对直接负责的主管人员和其他直接责任人员视情节给予行政处分:

(一)擅自迁移本底站的;

(二)擅自批准在气象探测环境保护范围修建建筑物、构筑物,新建能源企业、工业企业、规模化畜禽养殖场以及生产、生活垃圾堆放填埋场的;

(三)其他未履行气象设施和气象探测环境保护职责的。

第十三条 违反本条例规定,有下列行为之一的,由本底站责令停止违法行为,对经营性单位处以1万元以上3万元以下罚款,对个人处以100元以上1000元以下罚款:

(一)擅自进入观测场周边水平距离100米范围内的;

(二)在观测场周边水平距离1000米范围内燃放烟花爆竹、点燃篝火或者火把,采石、挖沙、取土、钻探、垦荒、放牧的;

(三)在观测场周边水平距离3000米范围内爆破、烧荒、烧山、焚烧秸秆的;

(四)擅自涂改、移动、破坏、损毁保护标志的。

第十四条 违反本条例规定,在观测场周边水平距离1000米范围内修建建筑物、构筑物,或者在观测场周边水平距离 3000 米范围内新建能源企业、工业企业、规模化畜禽养殖场、生产生活垃圾堆放填埋场以及进行烧炭的,由本底站责令停止违法行为,限期拆除并恢复原状;情节严重的,对经营性单位处以 2 万元以上 5 万元以下罚款,对个人处以 200 元以上 3000 元以下罚款;逾期拒不拆除并恢复原状的,由本底站依法申请人民法院强制执行;造成损害的,依法承担赔偿责任。

第十五条 违反本条例规定,拒不停止违法行为的,由当地公安机关依照《中华人民共和国治安管理处罚法》处理。

第十六条 危害气象设施和气象探测环境行为,法律、法规已有规定的,从其规定。

第十七条 本条例自 2015 年 3 月 1 日起施行。

江苏省气候资源保护和开发利用条例

(2014年9月26日江苏省第十二届人民代表大会常务委员会第十二次会议通过)

第一章 总 则

第一条 为了有效保护和合理开发利用气候资源,推进生态文明建设,促进经济社会可持续发展,根据《中华人民共和国气象法》和国务院《气象灾害防御条例》等法律、行政法规,结合本省实际制定本条例。

第二条 在本省行政区域及管辖海域内从事气候资源保护和开发利用活动的,应当遵守本条例。

第三条 县级以上地方人民政府应当加强气候资源保护和开发利用工作的领导,根据本地区气候资源的特点,对气候资源保护的重点和开发利用的方向作出规划,将气候资源保护和开发利用、应对气候变化工作纳入国民经济和社会发展规划,并将所需经费纳入本级财政预算。

第四条 地方各级气象主管机构负责本地区气候资源的调查、区划工作,组织进行气候资源监测、分析、评价,向本级人民政府和有关部门提出保护、开发利用气候资源和推广应用气候资源区划等成果的建议。

县级以上地方人民政府有关部门应当按照各自职责,共同做好气候资源保护和开发利用有关工作。

涉及跨区域的气候资源保护和开发利用工作,气象主管机构及有关部门应当加强联系,沟通信息。上级气象主管机构及有关部门应当加强指导和协调。

第五条 气候资源保护和开发利用,应当遵循自然生态规律,坚持保护优先、合理开发利用、趋利避害的原则,防止和减轻人类活动对气候及自然生态的不利影响,积极应对气候变化。

第六条 鼓励与支持公民、法人和其他组织保护和合理开发利用气候资源。

鼓励与支持气候资源保护和开发利用的科学技术研究以及先进技术的推广使用。

第七条 县级以上地方人民政府应当组织气象主管机构和有关部门,向社会公众普及气候资源保护和开发利用的基本知识,宣传气候变化应对措施和气候资源保护法律法规。

第二章 气候资源探测与区划

第八条 省气象主管机构统一组织、协调气候资源探测工作。

地方各级气象主管机构所属的气象台站按照职责承担气候资源的探测任务。其他有关部门所属的气象台站,在相应的职责范围内承担气候资源的探测任务。

第九条 地方各级气象主管机构所属的气象台站应当探测大气压强、大气温度、大气湿度、云、能见度、风向风速、日照时数、太阳辐射、地温、降水量、蒸发量、雾、霾等与气候资源相关的要素,并向有关气象主管机构汇交气候资源探测资料;未经上级气象主管机构批准,不得中止气候资源探测。

其他有关部门所属的气象台站在其职责范围内对影响气候资源的要素进行探测,并按照国家有关规定进行气候资源探测资料汇交。

第十条 气候资源探测应当执行国务院气象主管机构规定的气候资源探测方法、标准和规范,使用经审查合格的气象专用技术装备和经检定合格的气象计量器具。

气候资源探测资料的收集、审核、处理、存储、传输应当遵守国家有关技术规范和保密规定。

第十一条 地方各级气象主管机构应当按照国家有关规定,与其他从事气候资源探测工作的机构交换有关气候资源探测资料。

地方各级气象主管机构应当根据气候资源探测资料建立气候资源数据库,为气候资源保护和开发利用提供科学依据,并按照国家规定向社会提供有关资料共享。

第十二条 省气象主管机构应当根据气候资源的探测实况,定期分析全省气候资源的变化和分布状况,并向社会发布气候资源信息公报。

第十三条 地方各级气象主管机构应当对本地区的气候资源状况进行调查,并根据气候资源数据库和调查结果组织编制气候资源区划。

综合气候资源区划和单项气候资源区划由气象主管机构组织编制。专业气候资源区划由气象主管机构会同农业、林业、水利、海洋、环境保护等主管部门编制。

第三章 气候资源保护

第十四条 县级以上地方人民政府负责保护气候资源,应当采取节能减排、湿地保护、城乡绿化等生态环境保护措施,减少影响气候环境的废弃物的产生和排放,减缓气候变化,改善气候环境。

第十五条 县级以上地方人民政府应当组织气象主管机构及有关部门开展气候资源影响评估,对本区域未来一段时间内气候资源的拥有状况、分布和可利用程度、气候灾害的类型和出现几率等内容作出评定估计。气候资源影响评估的结论应当作为规划气候资源保护重点、制定保护措施的依据。

第十六条 城乡规划、生态建设规划、国家重点建设工程、重大区域性经济开发项目和大型太阳能、风能等气候资源开发利用项目应当进行气候可行性论证。

第十七条 从事气候可行性论证的机构及其人员,应当符合国务院气象主管机构规定的条件。

第十八条 从事气候可行性论证的机构,应当对所论证项目的气候适应性、气候资源影响做出科学评价,提出预防或者减轻不良影响的对策和措施,并对气候可行性论证报告的真实性、准确性负责。

第十九条 进行气候可行性论证,应当使用气象主管机构提供或者经设区的市、县(市)气象主管机构审查的气象资料。

第二十条 从事气候可行性论证的机构应当将气候可行性论证报告报送省气象主管机构。省气象主管机构应当及时组织有关专家进行评审,并出具书面专家评审意见。

第二十一条 城乡规划、生态建设规划的编制单位应当将专家评审通过的气候可行性论证报告作为编制规划的基础资料。

国家重点建设工程、重大区域性经济开发项目和大型太阳能、风能等气候资源开发利用项目的建设单位在报送项目可行性研究报告时应当附有专家评审通过的气候可行性论证报告。有关部门应当在项目审批或者核准时统筹考虑气候可行性论证结论。

第二十二条 已经实施的建设项目对气候资源造成了重大不

利影响的,气象主管机构应当向项目所在地县级以上地方人民政府提出建议,地方人民政府应当责成有关部门和建设单位采取相应补救措施。

第二十三条 省气象主管机构应当会同有关部门建立气候变化监测与评估系统,加强气候变化和极端气候事件的监测,开展气候变化对水资源、生态环境和敏感行业的影响评估,为适应和减缓气候变化提供决策依据。

第二十四条 县级以上地方人民政府及其有关部门、气象主管机构应当加强气候资源保护的监督管理,查处破坏气候资源环境的违法行为。

第四章 气候资源开发利用

第二十五条 县级以上地方人民政府应当依据国民经济和社会发展规划,推广应用气候资源区划成果,有计划地合理开发利用本地区的气候资源。

第二十六条 县级以上地方人民政府应当根据抗旱、储水、改善生态环境和空气质量、气象灾害防御和经济社会发展等需要,适时安排增雨(雪)等人工影响天气作业,合理利用云水资源。

地方各级气象主管机构在本级人民政府的领导和协调下,组织实施和指导管理人工影响天气作业。

第二十七条 农业经营主体建设温室、大棚等农业设施利用太阳光照、热量资源的,地方人民政府应当按照国家和省的有关规定给予支持和奖励。

第二十八条 城市规划和建设应当利用大气风力的自净能力,合理设置、调整风通道,避免和减轻大气污染物的滞留。

第二十九条 鼓励合理开发利用太阳能、风能发电。县级以上地方人民政府及有关部门应当制定、落实相关优惠和扶持政策。

沿海地区等风能资源丰富地区应当优先开发利用风能资源。当地县级以上地方人民政府应当依据气候资源区划,统筹规划风能开发利用项目,引导风能开发利用企业合作共建测风塔等设施,避免无序开发、重复建设。

第三十条 鼓励和支持单位和个人安装、使用太阳能供热、采暖和制冷,太阳能热水工程,小型光伏发电系统等太阳能利用系统。

建设单位应当根据国家和省规定的技术规范,在建筑物的设计和施工中,为太阳能利用提供必备条件。物业服务企业应当为业主安装太阳能利用系统提供便利。

第三十一条 经过气候可行性论证的气候资源开发利用项目,建设单位应当根据气候可行性论证报告,采取对策和措施,预防项目风险,减轻不良影响,提高气候资源利用效率。

第三十二条 地方各级气象主管机构应当为气候资源开发利用项目的建设、运行提供监测、评估、预报等技术支持和服务。

第五章 法律责任

第三十三条 违反本条例第十六条规定,国家重点建设工程、重大区域性经济开发项目和大型太阳能、风能等气候资源开发利用项目应当进行气候可行性论证而未进行的,由气象主管机构按照权限责令改正,给予警告;拒不改正的,处一万元以上五万元以下罚款。

第三十四条 违反本条例第十八条、第十九条规定,出具虚假的气候可行性论证报告,以及进行气候可行性论证未使用气象主管机构提供或者经气象主管机构审查的气象资料的,由气象主管机构责令改正,给予警告,并可处一万元以上五万元以下罚款。

第三十五条 地方各级气象主管机构及其所属气象台站的工

作人员在工作过程中滥用职权、玩忽职守、徇私舞弊,尚不构成犯罪的,依法给予处分;构成犯罪的,依法追究刑事责任。

第六章　附　则

第三十六条　本条例下列用语的含义:

(一)气候资源,是指能被人类生产和生活所利用的太阳光照、热量、降水、云水、风以及其他可开发利用的大气成分等自然物质和能量。

(二)气候可行性论证,是指依据已有的气候资源探测资料,运用科学手段和方法,对与气候条件密切相关的规划和建设项目的气候适宜性、风险性以及可能对局地气候产生的影响进行事前分析、预测和评估,并提出预防或者减轻不良影响的对策和措施的结论。

第三十七条　本条例自2015年1月1日起施行。

安徽省气候资源开发利用和保护条例

(2014年9月26日安徽省第十二届人民代表大会常务委员会第十四次会议通过)

第一章 总 则

第一条 为了合理开发利用和保护气候资源,促进经济社会与生态环境协调发展,根据《中华人民共和国气象法》、《中华人民共和国可再生能源法》和有关法律、行政法规,结合本省实际,制定本条例。

第二条 本条例适用于本省行政区域内的气候资源开发利用和保护等活动。

本条例所称气候资源,是指可以被人类利用的太阳辐射、风、热量、云水、大气成分等能量和自然物质。

第三条 气候资源开发利用和保护应当遵循自然规律,坚持统筹规划、合理开发、科学利用、有效保护的原则。

第四条 县级以上人民政府应当加强对气候资源开发利用和保护工作的领导与协调,将其纳入本级国民经济和社会发展规划。

县级以上气象主管机构负责本行政区域内气候资源开发利用和保护工作的服务、指导与监督。

发展改革、规划、住房和城乡建设、环境保护、国土资源、科技、农业、林业、水利等部门按照职责分工,做好气候资源开发利用和保护相关工作。

第五条　省、设区的市人民政府应当将气候资源开发利用和保护的科学技术研究、产业化发展纳入科技发展规划、高新技术产业发展规划,统筹安排资金支持气候资源开发利用和保护的科学技术研究、应用示范和产业化发展,促进气候资源开发利用和保护的技术进步。

第六条　县级以上人民政府鼓励、支持单位和个人参与气候资源的开发利用和保护,依法保障其合法权益。

县级以上气象主管机构、有关部门应当开展气候资源开发利用和保护法律法规、政策及相关知识的宣传,增强社会公众对气候资源开发利用和保护的意识。

第二章　气候资源监测、调查与规划

第七条　县级以上人民政府应当根据需要加强气候资源监测基础设施建设,为气候资源监测提供必要保障。

第八条　县级以上气象主管机构应当加强气候资源监测,建立和完善气候资源监测站网和公共信息平台,实现信息的社会共享共用。

省气象主管机构应当根据本行政区域内气候资源监测状况,每年向社会公开发布包括年度基本气候概况、主要气候事件、气候影响评价等内容的气候状况公报。

第九条　县级以上气象主管机构应当组织所属的气象台站对大气成分进行监测,大气成分出现异常时,应当将大气成分的异常情况及时报本级人民政府和上级气象主管机构,并抄送同级环境保护部门。

第十条 气候资源监测及其资料的收集、处理、存储、传输、发布等,应当遵守国家有关技术规范和保密规定。

第十一条 省气象主管机构应当加强气候变化影响的评估和预测,编制气候变化影响年度报告。

省人民政府根据需要,依据气候变化影响报告,组织编制应对气候变化方案,并及时向社会公布。

省人民政府有关部门和设区的市、县级人民政府及其有关部门应当组织实施应对气候变化方案,开展应对气候变化相关工作。

第十二条 县级以上气象主管机构应当组织开展本行政区域内的气候资源调查,调查结果报本级人民政府和上级气象主管机构。

省气象主管机构依据气候资源调查结果,组织开展气候资源评估,编制气候资源区划并报省人民政府。

第十三条 县级以上人民政府应当根据国家和省气候资源区划,组织编制并实施气候资源开发利用和保护规划。

规划应当包括以下内容:

(一)规划编制的依据、原则和目标;

(二)气候资源的现状、特点及评估;

(三)气候资源开发利用的方向和保护的重点;

(四)气候资源开发利用和保护措施。

第三章 气候资源开发利用

第十四条 县级以上气象主管机构应当向本级人民政府提出开发利用气候资源和推广应用气候资源区划成果的建议;为开发利用气候资源项目的勘察选址、建设运行提供气象监测、评估、预报等服务。

县级以上人民政府有关部门应当为开发利用气候资源项目的

立项、用地、基础设施建设方面提供支持。

开发利用气候资源项目,依照国家有关规定享受税收、信贷、上网电价等方面的优惠政策。

第十五条 县级以上人民政府鼓励单位和个人安装、使用太阳能热水系统、太阳能供热采暖和制冷系统、太阳能光伏发电系统等太阳能利用系统,支持太阳能发电余量上网。

对具备太阳能利用条件的新建建筑,建设、设计单位应当将太阳能利用系统作为建筑节能设计的组成部分,与建筑主体工程同步设计、同步施工、同步投入使用。

既有建筑的产权人或者使用人可以在不影响建筑质量、安全的前提下,安装符合技术规范和产品标准的太阳能利用系统;建设单位、物业服务企业应当为安装太阳能利用系统提供便利条件。任何单位和个人不得阻止既有建筑的产权人或者使用人安装太阳能利用系统;因安装太阳能利用系统发生纠纷的,县级以上人民政府住房和城乡建设部门应当予以协调处理。

第十六条 沿江沿湖、江淮丘陵等风能资源丰富地区的设区的市、县级人民政府,应当制定风能开发利用扶持政策,促进风能资源规范有序开发。

风能开发利用项目建设单位应当在项目核准期限内开工建设。

第十七条 县级以上人民政府应当在农村地区因地制宜地推广户用太阳能、小型风能等技术,并对农村地区的户用太阳能、小型风能等利用项目提供财政支持。

第十八条 县级以上人民政府应当充分利用气候资源条件,指导农业生产,调整种植结构,发展高产、优质、高效、生态、安全农业,促进农业可持续发展。

第十九条 县级以上人民政府应当统筹有关农业项目,引导、支持农民合作社、家庭农场、农业企业等农业经营主体建设温室、大棚等农业设施,合理开发利用热量资源。

第二十条　县级以上人民政府应当加强人工影响天气作业单位、作业站点设施和装备建设,提高云水资源开发利用和调控能力。

县级以上气象主管机构应当完善抗旱、森林防火、生态修复等人工影响天气作业布局,在本级人民政府的领导和协调下,管理、指导和组织实施人工影响天气作业。

第二十一条　淮北平原、江淮丘陵等水资源短缺地区和季节性干旱地区应当充分利用云水资源,大型公共建筑应当配套建设雨雪水收集利用设施,拦蓄雨雪水。

第二十二条　雨雪景观、云雾景观、雨雾凇景观、物候景观以及避暑气候地等特色旅游气候资源丰富的地区,县级以上人民政府应当加强宣传推介,促进旅游气候资源合理开发利用。

第二十三条　开发利用气候资源,应当遵守国家和省制定的标准、规范和规程,不得损害公共利益和他人合法权益。

第四章　气候资源保护

第二十四条　县级以上人民政府应当采取节能减排、造林绿化等措施,加强对森林、草场、江河、湖泊、湿地等生态环境的保护与修复,优化气候资源环境。

第二十五条　县级以上人民政府应当在气候资源丰富区域或者气候敏感区域,划定气候资源保护范围。气候资源保护范围内不得建设破坏气候资源的项目。

第二十六条　各类规划和建设项目应当充分考虑气候资源状况和可利用程度,避免或者减轻对气候和生态环境造成不良影响。

第二十七条　城市新区应当按照绿色、生态、低碳理念进行规划设计,建设绿色生态城区。

鼓励按照绿色建筑标准,进行旧城和棚户区改造,集中连片发展绿色建筑。

政府投资的公益性建筑以及大型公共建筑,应当按照绿色建筑标准设计、建设。

第二十八条 新建建筑物、构筑物应当符合国家和省有关应对气候变化的规定,避免或者减轻热岛效应、狭管效应和光污染。

第二十九条 县级以上气象主管机构应当对城乡规划编制组织开展气候可行性论证。

气候可行性论证结论应当作为城乡规划编制的重要参考。

第三十条 省发展改革部门和省气象主管机构应当对与气候资源环境密切相关的重点建设工程、重大区域性经济开发项目以及大型太阳能、风能等气候资源开发利用项目,编制需要进行气候可行性论证的建设项目目录。

列入目录内的建设项目,应当按照国家规定进行气候可行性论证,并向可能受影响的公众说明情况,充分征求意见。

第三十一条 列入气候可行性论证目录内的建设项目,项目建设单位在报送可行性研究报告时,应当附有气候可行性论证报告或者篇章。

气候可行性论证报告或者篇章应当包括以下主要内容:

(一)规划或者建设项目的气候适宜性;

(二)规划或者建设项目遭受气象灾害的风险性;

(三)规划或者建设项目对局地气候可能产生的影响;

(四)预防或者减轻影响的对策和建议。

进行气候可行性论证,应当使用经县级以上气象主管机构审查合格的气象资料。

第五章　法律责任

第三十二条　违反本条例第三十条第二款规定,项目建设单位应当进行气候可行性论证而未进行论证的,由县级以上气象主管机构责令改正;拒不改正的,处三万元以上五万元以下罚款。

第三十三条　违反本条例第三十一条第三款规定,进行气候可行性论证时,使用的气象资料不是经气象主管机构审查合格的,由县级以上气象主管机构责令改正,并可以处三万元以上五万元以下罚款。

第三十四条　气象主管机构和有关部门及其工作人员有下列行为之一的,由其上级机关或者监察机关责令改正;情节严重的,对直接负责的主管人员和其他直接责任人员依法给予处分;构成犯罪的,依法追究刑事责任:

(一)在编制气候区划、气候资源开发利用和保护规划中弄虚作假的;

(二)擅自批准在气候资源保护范围内建设破坏气候资源项目的;

(三)政府投资的公益性建筑以及大型公共建筑,违反绿色建筑标准设计、建设的;

(四)对不符合气候资源开发利用和保护规划的建设项目予以批准或者核准、备案,对气候或者生态环境造成不良影响的;

(五)其他玩忽职守、滥用职权、徇私舞弊的行为。

第六章　附　则

第三十五条　本条例自 2014 年 12 月 1 日起施行。

江西省气象灾害防御条例

(2014年9月25日江西省第十二届人民代表大会常务委员会第十三次会议通过)

第一章 总 则

第一条 为了加强气象灾害的防御,避免、减轻气象灾害造成的损失,保障人民生命财产安全,促进经济和社会发展,根据《中华人民共和国气象法》、国务院《气象灾害防御条例》等法律、行政法规的规定,结合本省实际,制定本条例。

第二条 在本省行政区域内从事气象灾害防御活动,适用本条例。

本条例所称气象灾害,是指气象因素引发的自然灾害,包括暴雨(雪)、寒潮、大风、台风、低温、高温、干旱、雷电、冰雹、霜冻、连阴雨、大雾和霾等所造成的灾害。

水旱灾害、地质灾害、森林火灾、农业和林业有害生物等因气象因素引发的衍生、次生灾害的防御工作,适用有关法律、法规的规定。

第三条 气象灾害防御应当遵循以人为本、科学防御、政府主导、部门联动、社会参与的原则。

第四条 县级以上人民政府应当加强对气象灾害防御工作的领导,设立气象灾害防御协调机构,建立健全气象灾害防御工作的协调机制和责任制,完善气象灾害防御体系;将气象灾害防御工作纳入本级国民经济和社会发展规划和本级人民政府绩效考核,气象灾害防御工作所需经费纳入本级财政预算。

第五条 县级以上气象主管机构负责本行政区域气象灾害的监测、预报、预警、评估,以及气候可行性论证、人工影响天气、雷电灾害防御等有关气象灾害防御的管理工作,参与气象灾害应急处置,协助有关部门做好气象衍生、次生灾害的监测、预报、预警和减灾等工作。

未设立气象主管机构的区人民政府、高新技术产业开发区、经济技术开发区、工业园区、风景名胜区应当指定有关机构或者安排有关人员,做好气象灾害防御工作。

县级以上人民政府有关部门应当按照职责分工,做好气象灾害防御的相关工作。

第六条 乡镇人民政府、街道办事处应当配备兼职气象灾害防御协理员,村(居)民委员会应当配备兼职信息员。

气象灾害防御协理员和信息员具体负责气象灾害防御设施管理、气象灾情收集、气象灾害预警信息传播、应急联络、灾害报告、气象科普宣传和气象为社会服务等工作。

第七条 各级人民政府、有关部门和各新闻媒体应当向社会宣传气象科普和防灾减灾知识,增强社会公众防御气象灾害的意识,提高防灾减灾能力。

鼓励、引导公民、法人和其他组织参加气象灾害防御活动,保障公众的知情权、监督权。

县级以上人民政府教育主管部门应当将气象灾害防御知识纳入学校有关教学内容,在科协、气象等团体和专业机构指导下开展科普活动,培养、提高学生气象灾害防范意识和自救、互救能力。

第八条 县级以上人民政府和有关部门应当对在气象灾害防御活动中做出突出贡献的组织和个人,按照国家和省有关规定给予表彰、奖励。

第二章 预 防

第九条 县级以上人民政府应当组织气象主管机构和有关部门对本行政区域内发生的气象灾害的种类、次数、强度和造成的损失等情况开展气象灾害普查,建立气象灾害信息数据库,按照气象灾害的种类进行气象灾害风险评估;根据气象灾害分布情况和气象灾害风险评估结论,划定和公告气象灾害易发区、重点防御区等气象灾害风险区域。

气象灾害风险评估应当包括下列内容:

(一)气象灾害历史、现状分析;

(二)气象灾害风险预估;

(三)预防或者减轻气象灾害影响的对策和措施;

(四)气象灾害风险评估结论。

县级以上气象主管机构应当按照国家有关规定,为气象灾害风险区域的建设工程和项目提供基础性气象资料和咨询服务。

气象灾害风险区域的建设工程和项目,应当根据其所属区域气象灾害的特点采取相应的防御措施。

第十条 县级以上人民政府应当组织气象主管机构和有关部门,根据上一级人民政府的气象灾害防御规划,结合本地气象灾害特点、风险评估结论以及经济社会发展趋势,编制本行政区域的气象灾害防御规划并组织实施。气象灾害防御规划应当根据气象灾害变化情况及时予以修订。

气象灾害防御规划应当包括下列内容:

(一)气象灾害防御的目标、任务;

(二)气象灾害现状及发生、发展规律;

(三)气象灾害易发区、易发时段和重点防御区;

（四）气象灾害防御标准；

（五）气象灾害防御项目、措施和实施方案；

（六）气象灾害防御设施建设和管理；

（七）气象灾害应急处置措施；

（八）法律、法规规定的其他内容。

第十一条 编制城乡规划、土地利用总体规划和区域、流域建设开发利用规划，以及工业、农业、林业、水利、交通运输、旅游、通信、能源、环境保护和自然资源开发等专项规划，应当与气象灾害防御规划相衔接。

第十二条 与气候条件密切相关的下列规划和项目应当进行气候可行性论证：

（一）城市规划；

（二）国家重点建设工程、重大区域性经济开发项目；

（三）大型太阳能、风能等气候资源开发利用项目。

第十三条 县级以上气象主管机构应当根据城市规划编制需要，组织开展气候可行性论证。

城市规划编制单位在编制规划时，应当统筹考虑气候可行性论证结论。

第十四条 本条例规定应当进行气候可行性论证的项目，建设单位应当将气候可行性论证结论纳入可行性研究报告。

第十五条 县级以上人民政府有关部门对应当进行气候可行性论证的项目依法进行审核时，应当将气候可行性论证结论纳入审查内容，并征求同级气象主管机构意见。县级以上气象主管机构应当自收到征求意见通知之日起三个工作日内提出书面意见。

第十六条 县级以上人民政府应当根据气象灾害防御规划，组织本级气象主管机构和有关部门制定和公布气象灾害应急预案，并报上一级人民政府备案。

县级以上气象主管机构和国土资源、农业、林业、水利、交通运输、能源、环境保护、住房和城乡建设、安全生产监督管理、教育、卫生和计划生育、通信、旅游、民政、电力等有关部门、单位应当根据本级人民政府的气象灾害防御规划和气象灾害应急预案,结合各自的职责,完善本部门、单位的应急预案。

第十七条　县级以上人民政府及有关部门应当根据本地、本部门实际,整合防灾救助资源,建立或者确定应急救援队伍,组织应急演练,提高气象灾害应急处置能力。

县级以上人民政府应当建立气象灾害隐患排查治理制度,组织有关部门定期进行气象灾害隐患排查,及时督促治理整改,消除隐患。

第十八条　县级以上气象主管机构应当会同有关部门,将农业、林业、水利、交通运输、建设、能源、通信、旅游、粮食、危险化学品、矿产、烟花爆竹等行业中易遭受气象灾害影响并可能造成重大人员伤亡或者经济损失的单位列入气象灾害防御重点单位目录,报本级人民政府审定后公布。

气象灾害防御重点单位应当做好下列气象灾害防御准备工作:

(一)宣传气象灾害防御知识;

(二)接收与传播预警信息;

(三)制定应急预案的实施方案并加强演练;

(四)落实气象灾害防御责任部门、责任人及其职责;

(五)建设并维护气象灾害防御设施;

(六)其他防御准备工作。

县级以上人民政府应当组织气象主管机构和有关部门加强对气象灾害防御重点单位的监督检查,督促其整改存在的隐患。

第十九条　各级人民政府、有关部门和单位应当根据本地暴雨发生情况,加强河道、水库、堤防等防洪设施建设,定期检查各种排水(涝)、防洪设施的运行情况,及时疏通河道,加固病险水库,做好地质灾害易发区和堤防等重要险段的巡查。

设区的市、县（市、区）人民政府及有关部门应当加强城市排水（涝）管网、排涝泵站等建设、维护、改造，疏通排水管网，加强城市内河、内湖的清理，及时整治积水易涝区域。

第二十条　各级人民政府、有关部门和单位应当在高温来临前和高温期间做好供电、供水和防暑医药供应的工作，并合理调整工作时间。

各级人民政府、有关部门和单位应当根据旱情灾害的特点和风险评估结论，因地制宜修建中小型蓄水、引水、提水和雨水集蓄利用等抗旱工程，储备必要的抗旱物资，做好保障干旱期城乡居民生活供水的水源贮备工作。

第二十一条　县级以上人民政府应当将防雷减灾工作纳入公共安全监督管理的范围。

各类建（构）筑物、场所和危险物品生产储存设施应当按照国家有关防雷标准和省有关规定安装雷电防护装置。雷电防护装置所有者或者使用者应当做好维护更新工作，定期向防雷检测机构申报检测。

建设单位应当将雷电防护装置竣工验收资料纳入建设项目档案，县级以上人民政府住房和城乡建设主管部门、县级以上气象主管机构应当加强监督管理。

第二十二条　县级以上人民政府、有关部门和单位应当根据本地大雾、霾的发生情况，加强对机场、港口、高速公路、航道、铁路、渔场等重要场所和交通要道的大雾、霾的监测设施建设，及时向公众提供大雾、霾灾害监测信息，做好交通疏导、调度和防护等工作，保障交通安全。

第二十三条　县级以上人民政府、有关部门和单位应当根据本地降雪、冰冻可能发生的情况，加强供电、供（排）水、供气、通信线路的巡查，做好交通疏导、积冰清除、线路维护等准备工作。

公安、交通运输、林业、能源、通信等部门和单位应当制定应对道路结冰、线路覆冰的防护方案，做好交通疏导、线路抢修等准备工作。

有关单位和个人应当根据本地降雪、冰冻情况，做好危旧房屋的加固和人员转移，以及粮草储备、牲畜转移等准备工作。

第二十四条　各级人民政府、有关部门和单位应当根据本地气象灾害发生情况，加强农村地区气象灾害预防、监测、信息传播等基础设施建设，并定期排查气象灾害安全隐患。

第二十五条　县级以上人民政府应当根据气象灾害防御工作的需要，配备人工影响天气作业人员和设备、设施，建立人工影响天气指挥和作业体系。

干旱、冰雹、森林火灾多发区域和城市供水、工农业用水紧缺地区的水源地及其上游地区的县级以上人民政府应当根据实际情况，安排本级气象主管机构组织开展人工增雨、防雹等人工影响天气作业，减少气象灾害的影响。

第三章　监测、预报和预警

第二十六条　县级以上人民政府应当建立跨地区、跨部门的气象灾害联合监测网络和监测信息共享平台，完善气象灾害监测体系和信息共享机制，健全应急监测队伍。

县级以上气象主管机构对气象灾害监测信息共享平台进行统一管理和协调。与灾害性天气监测、预报有关的单位应当根据气象灾害防御的需要，按照职责开展灾害性天气的监测工作，并及时向气象灾害监测信息共享平台提供实时监测的雨情、水情、风情、旱情等监测信息，保障信息资源共享。

第二十七条　县级以上气象主管机构应当加强气象灾害综合监测、预报预警、应急服务等基础设施建设；在气象灾害易发区、重点防御区,统一规划设置加密气象观测站、移动气象灾害监测设施,完善气象灾害自动监测网点。

国土资源、交通运输、水利、农业、林业、环境保护、能源、通信等有关部门和单位根据防灾减灾需要设置气象监测设施的,应当符合国家相关质量标准。

第二十八条 可能发生气象灾害时,气象灾害监测有关单位应当增加监测时次;县级以上气象主管机构所属气象台站应当组织跨区域预报会商和监测联防,并根据天气变化情况,及时发布灾害性天气预警信息。

可能发生暴雨(雪)等重大气象灾害时,县级以上气象主管机构所属气象台站应当增加预警信息播发的次数。

第二十九条 县级以上气象主管机构及其所属气象台站应当完善灾害性天气预报系统,提高灾害性天气预报、警报的准确率和时效性,做好灾害性、关键性、转折性天气预报、警报和灾害趋势预测。

县级以上气象主管机构所属气象台站应当及时与有关部门联合制作、提供森林火险气象等级、城市环境气象、地质灾害、农业和林业有害生物等预报。

第三十条 灾害性天气警报和气象灾害预警信号实行统一发布制度。

县级以上气象主管机构所属气象台站应当按照职责,向社会统一发布灾害性天气警报和气象灾害预警信号,并及时报告当地人民政府和通报有关灾害防御、救助部门。其他组织和个人不得向社会发布灾害性天气警报和气象灾害预警信号。

第三十一条 广播、电视、报纸、通信等单位应当建立气象灾害信息发布绿色通道,及时、准确、无偿向社会播发或者刊登当地气象主管机构所属气象台站提供的适时灾害性天气警报、气象灾害预警信号,并标明发布时间和发布单位的名称。情况紧急时,采用滚动字幕、加开视频窗口或者中断正常播出等方式,迅速播报预警信息及有关防范知识。

第三十二条　县级以上人民政府及有关部门应当在学校、医院、社区、机场、港口、车站、旅游景点等人员密集区和公共场所设置气象灾害预警信息接收和传播设施。有关管理单位应当利用气象灾害预警信息接收和传播设施,向公众持续播发灾害性天气预报、警报。

各级人民政府、有关部门和单位应当加强农村偏远地区气象灾害预警信息接收终端建设,因地制宜利用有线广播、高音喇叭、鸣锣吹哨等方式,及时向受影响的公众传播灾害预警信息。

第四章　应急处置

第三十三条　县级以上人民政府应当根据灾害性天气警报、气象灾害预警信息和气象灾害应急预案启动标准,及时作出启动相应应急预案的决定,向社会公布,并报告上一级人民政府。

第三十四条　县级以上人民政府可以根据气象灾害应急处置需要,依法组织有关部门和单位采取下列措施:

(一)标明危险区域并公告;

(二)实行交通管制;

(三)组织疏散、撤离;

(四)组织抢修被损坏的水利、道路、通信、供电、供(排)水、供气等基础设施;

(五)对群众基本生活必需品和药品的生产、供应、价格采取特殊管理措施;

(六)决定停产、停工、停业、停运、停课;

(七)法律、法规以及应急预案规定的其他措施。

第三十五条　县级以上人民政府应当建立气象灾害应急处置

协调机制。下列有关部门和单位应当按照职责和气象灾害应急预案确定的分工,做好应急处置有关工作:

(一)民政主管部门应当及时核查灾情、上报灾情信息,紧急调集救灾物资,设置避难场所和物资供应点,保障受灾群众的基本生活需要,配合当地人民政府组织灾区群众开展自救互救工作;

(二)卫生和计划生育主管部门应当根据气象灾害危害程度,及时启动应急响应,组织医疗卫生救援力量开展医疗救治、疾病预防控制、心理危机干预和健康教育等处置工作,组织医疗机构提供医疗卫生应急物资和设备,保障供给;

(三)公路、铁路、民航等交通运输部门和单位应当开辟快捷运输通道,优先运送伤员和食品、药品、设备等救灾物资,及时抢修被毁损的道路和交通设施;

(四)住房和城乡建设主管部门及其他有关部门应当及时组织专业人员勘察受损建(构)筑物并开展安全评估,标注安全警示,保障供(排)水、供气等市政公用设施的安全运行;

(五)能源、通信部门应当做好电力、通信应急保障工作,保证突发性气象灾害应急处置的电力、通信畅通,根据低温、大风、雷电、暴雨(雪)等气象灾害发生情况,组织有关单位立即抢修被破坏的电力、通信等公共设施;

(六)国土资源主管部门应当组织开展地质灾害监测、预防工作,标明地质灾害危险区域,防范地质灾害扩大和衍生、次生灾害发生;

(七)农业、林业部门应当及时核查农业、林业气象灾害情况,组织开展农业、林业抗灾救灾工作,加强技术指导;

(八)水行政主管部门应当统筹协调主要河流、湖泊、水库的水量调度,及时修复损毁的水利设施,组织开展防汛抗旱工作;

(九)公安机关应当维护灾区的社会治安和道路交通秩序,协助组织灾区群众紧急转移,配合相关救援机构实施应急救援工作,

在危险区域划定警戒区,封锁危险场所;

(十)粮食主管部门应当及时组织灾区粮食供应,确保粮食市场稳定;

(十一)安全生产监督主管部门应当组织指导相关部门调查处理因气象灾害导致的生产安全事故,督促有关单位监控重大危险源,消除生产安全事故隐患,避免发生次生灾害;

(十二)景区景点管理机构应当对景区景点的旅游活动加强防范和预警,及时做好景区景点的气象灾害防护,必要时停运观光缆车,关闭景区景点和设施。

其他部门和单位在本级人民政府的统一领导下,做好应急处置相关工作。

第三十六条 发生或者可能发生严重气象灾害危险区域的当地人民政府、村(居)民委员会和企业、学校、医院等单位,应当及时动员并组织受到灾害威胁的人员转移、疏散。

单位和个人应当服从当地人民政府的指挥与安排,及时转移疏散,开展自救互救,协助维护社会秩序。

第三十七条 气象灾害应急预案启动后,县级以上气象主管机构应当组织所属气象台站对气象灾害进行跟踪监测,开展现场气象服务,及时向本级人民政府和有关部门报告灾害性天气实况、变化趋势,为组织防御气象灾害提供决策依据。

第三十八条 县级以上人民政府应当按照有关规定,统一、准确、及时发布重大气象灾害的发生、发展和应急处置工作信息。广播、电视、报纸、通信等单位应当将政府发布的信息及时、准确地向社会传播。

任何单位和个人不得编造或者传播有关重大气象灾害事态发展和应急处置工作的虚假信息。

第三十九条 气象灾害发生后,县级以上气象主管机构应当组织有关气象台站、移动监测设备开展灾情监测和评估,适时调整预警级别或者解除预警,及时向本级人民政府及有关部门报告灾害性天气实况、发生发展趋势和评估结论。

县级以上人民政府及有关部门应当根据灾害性天气发生、发展趋势信息以及灾情发展和处置情况,适时调整气象灾害响应级别或者作出解除气象灾害应急措施的决定。

第四十条 气象灾害应急处置工作结束后,灾害发生地县级以上人民政府应当组织有关部门、单位对气象灾害进行调查与评估,完善气象灾害防御规划和应急预案,制定恢复重建计划,并向上一级人民政府报告,不得迟报、谎报、瞒报。

第五章 法律责任

第四十一条 违反本条例规定,各级人民政府、气象主管机构和其他有关部门及其工作人员,有下列行为之一的,由其上级机关或者监察机关责令改正;情节严重的,对直接负责的主管人员和其他直接责任人员依法给予处分;构成犯罪的,依法追究刑事责任:

(一)未依法编制气象灾害防御规划或者气象灾害应急预案的;

(二)未按照规定采取气象灾害预防措施的;

(三)瞒报、谎报或者由于玩忽职守导致重大漏报、错报灾害性天气警报、气象灾害预警信号的;

(四)未及时采取气象灾害应急措施或者采取措施不力的;

(五)收到灾害性天气预警信息后,未采取措施及时向公众传播的;

(六)对未按照规定进行气候可行性论证的项目予以审批立项的;

(七)气象主管机构所属气象台站未及时向社会发布灾害性天气预警信息,或者未适时补充、订正的;

（八）不依法履行职责的其他行为。

第四十二条 违反本条例规定,气象灾害防御重点单位未做好气象灾害防御准备工作的,由县级以上气象主管机构责令限期改正;逾期未改正的,对直接负责的主管人员及其他直接责任人员依法给予处分。

第四十三条 违反本条例规定,有下列行为之一的,由县级以上气象主管机构责令改正,给予警告,可以处一万元以上二万元以下的罚款;情节严重的,可以处二万元以上五万元以下的罚款;违反《中华人民共和国治安管理处罚法》的,由公安机关依法给予处罚;构成犯罪的,依法追究刑事责任:

（一）擅自向社会发布灾害性天气警报、气象灾害预警信息的;

（二）广播、电视、报纸、通信等单位未按照要求播发或者刊登灾害性天气警报和气象灾害预警信息的;

（三）传播虚假的或者通过非法渠道获取的灾害性天气信息和气象灾害灾情的。

第六章　附　则

第四十四条 本条例自 2014 年 12 月 1 日起施行。

山东省气象灾害评估管理办法

(2014年2月24日山东省人民政府第25次常务会议通过)

第一条 为了规范气象灾害评估行为,避免、减轻气象灾害造成的损失,保障人民生命财产安全,根据《中华人民共和国气象法》、《气象灾害防御条例》(国务院令第570号)、《山东省气象灾害防御条例》等法律、法规,结合本省实际,制定本办法。

第二条 本办法适用于本省行政区域内气象灾害评估活动及其监督管理。

第三条 本办法所称气象灾害评估,包括灾前风险评估、灾中跟踪评估和灾后分析评估。

本办法所称气象灾害,是指台风、暴雨(雪)、寒潮、大风、大雾、霾、低温、高温、干旱、雷电、冰雹、霜冻等灾害性天气气候事件造成的灾害。

第四条 县级以上人民政府应当加强对气象灾害评估工作的组织、领导和协调。

县级以上气象主管机构和发展改革、经济和信息化、民政、国土资源、住房城乡建设、城乡规划、交通运输、水利、农业、海洋与渔业、卫生、环保、林业、安全生产监督管理、通信管理等部门应当在各自职责范围内做好气象灾害评估相关工作。

第五条 气象灾害评估应当遵守国家和省有关主管部门制定的评估标准、规范、规程和技术指南。

鼓励、支持气象灾害评估科学技术研究,推广应用先进科学技术成果,提高气象灾害评估的科学技术水平。

第六条 县级以上人民政府应当组织气象主管机构和有关部门对本行政区域内发生的气象灾害种类、频次、强度和造成的损失等情况开展普查,建立气象灾害基础数据库并及时更新补充;按照气象灾害种类和特征对气象灾害风险进行评估,划定气象灾害风险区域。

第七条 县级以上人民政府应当根据气象预报预测的灾害强度、影响范围和对象等,组织有关部门对可能造成的重大气象灾害进行灾前风险评估,对影响时间较长的灾害开展灾中跟踪评估。

气象主管机构应当及时向本级人民政府、有关部门报告灾害性天气实况和变化趋势,为开展灾害评估和组织防御气象灾害提供决策依据。

第八条 县级以上人民政府应当根据重大气象灾害评估信息,将可能或者已经造成重大人员伤亡或者财产损失的区域临时确定为气象灾害危险区,及时向社会公告,并采取避险减灾等措施。气象灾害危险解除后,应当及时作出解除气象灾害危险区决定,并向社会公告。

重大气象灾害可能引发重大安全生产事故灾难的,气象部门应当及时将气象灾害信息通报安全生产监督管理等有关部门。

第九条 县级以上人民政府应当建立气象灾害联合监测机制,整合完善气象监测信息网络,气象主管机构应当建立气象灾害信息共享平台。

气象、水利、国土资源、农业、林业、环保、交通、海洋与渔业等部门应当加强对气象灾害以及气象因素引发的次生灾害的联合监测。

重大气象灾害发生时,有关部门应当及时向气象灾害信息共享平台提供监测数据和灾情信息,为开展气象灾害评估和防御气象灾害提供基础数据。

第十条 县级以上人民政府应当在重大气象灾害应急处置工作结束后组织民政、气象等有关部门开展灾后分析评估,形成评估报告,并报送上一级人民政府。

第十一条 气象主管机构和其他有关部门应当根据本级人民政府的要求,对重大活动、突发事件和其他重大公共事件等事项组织开展气象灾害风险评估或者气象因素影响分析评估工作。

第十二条 县级以上人民政府组织编制城乡总体规划、与气象条件密切相关的区域发展建设规划和重点领域规划时,应当统筹考虑气候可行性和气象灾害风险性,避免、减轻气象灾害的影响。

气象主管机构应当根据县级以上人民政府要求组织开展规划区域内的气象灾害风险评估工作,其他有关部门应当根据需要提供相关基础资料。

第十三条 规划气象灾害风险评估报告应当包括下列内容:

(一)评估所需要的气象资料和其他基础资料的合法性、真实性和完整性说明;

(二)规划区域遭受气象灾害影响的综合评价;

(三)规划区域遭受气象灾害影响的防御措施;

(四)气象灾害风险评估结论。

第十四条 大型太阳能、风能等气候资源开发利用项目,大型农业开发项目,受气候及气象灾害影响可能产生严重后果的大、中型工程建设项目,涉及公共安全的易燃易爆场所等受气象灾害影响可能引发次生灾害的特定项目,以及法律、法规、规章明确规定的需要进行气象灾害评估的其他建设项目,应当根据项目所处的气象灾害风险区域,结合气象灾害种类、特点进行气象灾害风险评估。

气象灾害风险评估,由项目建设单位委托具备气象灾害风险评估能力的单位开展。

第十五条 气象灾害风险评估单位开展气象灾害评估活动,应当对评估项目进行现场勘测、资料收集、分析整理,并按照有关标准、规范、规程的要求编制评估报告。

气象灾害风险评估单位对评估报告的真实性、科学性负责。

第十六条 气象灾害风险评估单位开展评估活动应当使用合法取得的气象资料和其他相关基础资料。

现有气象资料不能满足气象灾害评估需要的,应当开展现场气象探测。探测仪器、探测方法和探测环境应当符合气象法律、法规、规章和有关标准、规范的要求。

现场气象探测所获取的气象资料应当按照有关规定向气象主管机构汇交,并严格遵守有关国家安全和保守国家秘密的规定。

第十七条 项目气象灾害风险评估报告应当包括下列内容:

(一)基础资料来源、代表性、可靠性、合法性和评估所依据的标准、规范、规程、方法的说明;

(二)评估项目周边的气候地理概况和气象灾害发生概率;

(三)主要气象灾害对评估项目可能造成的影响分析;

(四)评估项目对局地气候、气象灾害的发生可能造成的影响分析;

(五)气象灾害防御措施及其技术、经济可行性论证;

(六)建设单位根据建设项目需要提出的其他气象评估内容;

(七)防御和减轻气象灾害的建议、对策和措施;

(八)项目评估结论。

第十八条 对气象灾害风险评估结论认为可能遭受气象灾害危害的建设项目,建设单位应当依照气象灾害风险评估报告,配套设计、建设相应的气象灾害防御工程,或者采取其他相应的防御措施。

第十九条 省气象主管机构应当会同有关部门建立气象灾害风险评估单位信用信息征集和评价制度,建立健全信用档案。

第二十条　县级以上气象主管机构应当会同有关部门加强对气象灾害风险评估活动的监督检查。

第二十一条　县级以上人民政府、各级气象主管机构和其他有关部门及其工作人员违反本办法规定,有下列行为之一的,由其上级机关或者监察机关责令改正;情节严重的,对直接负责的主管人员和其他直接责任人员依法给予处分;构成犯罪的,依法追究刑事责任:

(一)未按照规定划定气象灾害风险区域的;

(二)未及时采取避险减灾等气象灾害防御措施的;

(三)编制城乡总体规划、与气象条件密切相关的区域发展建设规划和重点领域规划,未按照规定组织开展规划区域的气象灾害风险评估的;

(四)在气象灾害评估工作中玩忽职守、徇私舞弊的其他行为。

第二十二条　气象灾害风险评估单位在气象灾害风险评估活动中弄虚作假的,应当记入信用档案,由气象主管机构或者其他有关部门责令改正,视情节给予警告或者处二千元以上一万元以下罚款;情节严重的,处一万元以上三万元以下罚款;给建设单位造成损失的,依法承担赔偿责任;构成犯罪的,依法追究刑事责任。

第二十三条　本办法自2014年5月1日起施行。

山东省气象设施和气象探测环境保护条例

(2014年11月27日山东省第十二届人民代表大会常务委员会第十一次会议通过)

第一条 为了保护气象设施和气象探测环境,确保气象探测信息的代表性、准确性、连续性和可比较性,提高气象监测、预报水平,根据《中华人民共和国气象法》、国务院《气象设施和气象探测环境保护条例》等法律、行政法规,结合本省实际,制定本条例。

第二条 本省行政区域内气象设施和气象探测环境保护、监督管理以及相关活动,适用本条例。

本条例所称气象设施,是指气象主管机构所属的气象探测设施、气象信息专用传输设施和大型气象专用技术装备等;气象探测环境,是指为避开各种干扰,保证气象探测设施准确获得气象探测信息所必需的最小距离构成的环境空间。

第三条 县级以上人民政府应当加强对本行政区域内气象设施和气象探测环境保护工作的组织领导和统筹协调,并将气象设施和气象探测环境保护工作所需经费纳入本级财政预算。

第四条 各级气象主管机构在上级气象主管机构和本级人民政府的领导下,负责本行政区域内气象设施和气象探测环境的保护和监督管理工作。

发展改革、经济和信息化、国土资源、住房城乡建设、城乡规划、环境保护等有关部门按照职责分工做好气象设施和气象探测环境保护的有关工作。

第五条 各级人民政府及其有关部门应当加强宣传教育,增强全社会保护气象设施和气象探测环境的意识。

任何单位和个人都有保护气象设施和气象探测环境的义务,并有权对破坏行为进行举报。

第六条 各级气象主管机构应当会同城乡规划、国土资源等有关部门编制气象设施和气象探测环境保护专项规划,报本级人民政府批准后纳入城乡规划和土地利用总体规划。

城乡规划、土地利用总体规划的调整涉及气象设施和气象探测环境保护专项规划的,城乡规划、国土资源部门应当征求气象主管机构的意见。

第七条 下列气象设施和气象探测环境应当予以保护:

(一)国家基准气候站、国家基本气象站、国家一般气象站、区域气象观测站等地面气象观测站的气象设施和气象探测环境;

(二)高空气象探测站、天气雷达站、气象卫星接收站等气象台站的气象设施和气象探测环境;

(三)太阳辐射观测站、酸雨监测站、生态气象监测站(含农业气象站)、沙尘暴监测站、大气成分观测站、空间天气观测站等气象台站的气象设施和气象探测环境;

(四)无人值守的自动气象站、雷电监测站、地基全球定位系统气象探测设施、风能资源探测站、海洋气象观测设施等气象设施;

(五)气象专用频道、频率、线路、网络及其设施;

(六)其他应当保护的气象设施和气象探测环境。

第八条 气象设施是基础性公共服务设施,县级以上人民政府应当将其纳入基础设施和公共服务设施管理。

县级以上人民政府及其有关部门应当按照气象设施建设规划的要求,合理安排气象设施建设用地,保障气象设施建设顺利进行。

各级气象主管机构应当按照相关质量标准和技术要求配备气象设施,设置必要的防护装置,建立安全管理制度,并在气象设施附近显著位置设立保护标志,标明保护要求。

第九条 无人值守的气象设施,由气象主管机构委托其所在的乡镇人民政府、街道办事处或者企业事业单位、村(居)民委员会保护;委托方与受托方应当签订委托协议,明确各自的权利和义务。

第十条 县级以上人民政府应当根据气象探测环境保护范围的法定标准划定本行政区域的具体保护范围,并向社会公布。

气象探测环境的具体保护标准和要求,按照国家有关规定执行。

第十一条 各级气象主管机构应当将本行政区域内气象台站探测环境的保护范围、保护标准和具体要求等,向同级发展改革、经济和信息化、国土资源、住房城乡建设、城乡规划和环境保护等有关部门通报。

气象探测环境的保护范围、保护标准、具体要求等发生变化的,有关气象主管机构应当及时通报前款所列有关部门。

第十二条 县级以上发展改革、经济和信息化、国土资源、住房城乡建设、城乡规划、环境保护等部门,对气象探测环境保护范围内的项目立项、规划许可、环境影响评价等,应当将项目是否符合法律法规规定的气象探测环境保护要求纳入审查内容。

城乡规划部门对气象探测环境保护范围内的建设项目实施规划许可时,应当书面征求同级气象主管机构的意见。

第十三条 在气象探测环境保护范围内,不得有对气象要素探测产生影响的障碍物和干扰源。

前款所称障碍物,是指建筑物、构筑物、作物、树木等影响观测场气流通畅或者探测资料代表性、准确性的物体;干扰源,是指对气象探测资料的代表性、准确性有影响的热源、污染源、辐射源、电磁干扰源等。

第十四条 气象设施遭受破坏的,气象主管机构应当采取措施,组织力量修复,并向本级人民政府和上一级气象主管机构报告。

气象台站的探测环境不符合保护标准的,气象主管机构应当根据实际情况,向本级人民政府提出治理意见,由本级人民政府组织有关部门进行治理。

第十五条 禁止实施下列危害气象设施的行为:
(一)侵占、损毁、盗窃或者未经批准擅自移动气象设施;
(二)挤占、挪用、损坏气象信息专用传输设施;
(三)侵占气象设施用地;
(四)占用、干扰气象信息专用传输设施通信信道;
(五)在气象设施上安装、悬挂、捆绑与气象探测无关的物品;
(六)在气象设施周边进行危及气象设施安全的爆破、钻探、采石、挖砂、取土、焚烧等;
(七)损毁或者擅自移动气象设施保护标志;
(八)其他危害气象设施的行为。

第十六条 禁止在气象探测环境保护范围内实施下列行为:
(一)修建高度不符合要求的建筑物、构筑物以及距离不符合要求的公路、铁路、水塘等;
(二)设置影响气象探测设施工作效能和使用功能的高频电磁辐射装置以及垃圾场、排污口等干扰源;
(三)种植生长高度不符合要求的作物、树木;
(四)其他危害气象探测环境的行为。

第十七条 在气象探测环境保护范围内新建、改建、扩建建设工程的,应当避免危害气象探测环境;确实无法避免的,建设单位应当按照国家有关规定向省气象主管机构报告,并提交下列有关材料：

（一）建设项目报告和设计规划图；

（二）涉及无线电系统的，应当提供电磁兼容分析报告；

（三）拟采取的补救措施；

（四）其他相关材料。

省气象主管机构应当自受理之日起二十日内依法作出决定。决定同意的，同时告知建设单位应当采取的补救措施；决定不同意的，应当说明理由。建设单位未征得省气象主管机构同意或者未落实补救措施的，有关部门不得批准开工建设。

第十八条 气象台站站址应当保持长期稳定，任何单位或者个人不得擅自迁移气象台站。

因实施城市、县城（镇）总体规划或者国家重点工程建设，需要迁移国家基准气候站、国家基本气象站的，由省气象主管机构初审后报送国务院气象主管机构审批；需要迁移其他气象台站的，由省气象主管机构审批，并报送国务院气象主管机构备案。

迁移气象台站的申请由当地人民政府或者建设单位向省气象主管机构提出，省气象主管机构应当组织专家对下列条件进行科学性、合理性评估：

（一）拟迁新址能够代表所在区域的天气气候特征，并符合国家气象观测站网布局；

（二）拟迁新址探测环境符合国家规定的技术标准；

（三）拟迁新址具备符合条件的建设用地和必要的供电、供水、交通、通信等基础条件；

（四）落实迁建所需费用；

（五）符合法律、法规规定的其他条件。

符合前款规定条件的，在纳入城市、县城（镇）控制性详细规划后，按照先建站后迁移的原则迁移。

第十九条 经国务院气象主管机构或者省气象主管机构批准

迁移的气象台站,应当按照国务院气象主管机构的规定,在新、旧站址之间进行至少一个自然年的对比观测。

前款所称自然年,是指以公历计算的一个完整年度,即1月1日至12月31日。

新、旧站址对比观测结束,并且新站址经批准迁移的气象主管机构验收合格正式投入使用前,旧站址气象设施和气象探测环境依法受到保护,有关单位和个人不得对其影响、破坏或者改变旧站址用途。

第二十条 具有特殊地理位置和特殊气象观测条件以及重要气象历史价值的气象台站,不可迁移。

不可迁移的气象台站名录,由省气象主管机构组织专家论证并征求有关部门和设区的市人民政府意见后拟定和调整,报省人民政府确定并公布。

第二十一条 县级以上人民政府应当加强气象设施和气象探测环境保护工作的监督考核。

各级气象主管机构应当加强保护气象设施和气象探测环境的日常巡查,发现应当由其他部门查处的违法行为的,应当通报有关部门进行查处。有关部门未及时查处的,气象主管机构可以通报或者报告有关人民政府,由有关人民政府责成有关部门进行查处。

第二十二条 各级气象主管机构应当建立举报制度,公开举报电话、通信地址或者电子邮箱等联系方式。

气象主管机构收到单位或者个人对侵占、损毁或者擅自移动气象设施和破坏气象探测环境行为的举报后,应当依法处理。

第二十三条 各级气象主管机构、政府有关部门及其工作人员违反本条例规定,有下列行为之一的,由本级人民政府或者上级机关责令改正,通报批评;对直接负责的主管人员和其他直接责任人员依法给予处分;构成犯罪的,依法追究刑事责任:

(一)擅自迁移气象台站的;

(二)擅自批准在气象探测环境保护范围内新建、改建、扩建建设工程危害气象探测环境以及设置干扰源的;

(三)违法实施与气象设施和气象探测环境保护相关的行政许可的;

(四)不履行气象设施和气象探测环境保护职责的;

(五)其他滥用职权、玩忽职守、徇私舞弊的行为。

第二十四条 违反本条例规定,危害气象设施的,由气象主管机构责令停止违法行为,限期恢复原状或者采取其他补救措施;逾期拒不恢复原状或者采取其他补救措施的,由气象主管机构依法申请人民法院强制执行,并对违法单位处一万元以上五万元以下罚款,对违法个人处一百元以上一千元以下罚款;造成损害的,依法承担赔偿责任;构成违反治安管理行为的,由公安机关依法给予治安管理处罚;构成犯罪的,依法追究刑事责任。

第二十五条 违反本条例规定,危害气象探测环境的,由气象主管机构责令停止违法行为,限期拆除或者恢复原状;情节严重的,对违法单位处二万元以上五万元以下罚款,对违法个人处二百元以上五千元以下罚款;逾期拒不拆除或者恢复原状的,由气象主管机构依法申请人民法院强制执行;造成损害的,依法承担赔偿责任。

第二十六条 非法占用气象专用频率、干扰依法设立的气象无线电台(站)的,依照无线电管理相关法律法规的规定处罚。

第二十七条 其他单位所属的气象台站和气象设施的保护,可以参照本条例执行。

第二十八条 本条例自2015年1月1日起施行。

济南市气象灾害防御条例

(2014年9月24日济南市第十五届人民代表大会常务委员会第十六次会议审议通过,2014年11月27日山东省第十二届人民代表大会常务委员会第十一次会议批准)

第一条 为了加强气象灾害防御,避免、减轻气象灾害造成的损失,保障人民生命财产安全,根据《中华人民共和国气象法》、《气象灾害防御条例》、《山东省气象灾害防御条例》等法律、法规,结合本市实际,制定本条例。

第二条 本市行政区域内气象灾害的预防、监测、预报、预警和应急处置等防御活动,适用本条例。

本条例所称气象灾害,是指暴雨(雪)、干旱、雷电、大风(沙尘暴)、冰雹、大雾、霾、高(低)温、寒潮、霜冻、冰冻等所造成的灾害。

第三条 气象灾害防御工作应当遵循政府主导、部门联动、社会参与、科学防御的原则。

第四条 市、县(市、区)人民政府应当将气象灾害防御工作纳入国民经济和社会发展规划,所需经费纳入本级财政预算,并建立健全气象灾害防御工作机制。

第五条 市、县(市、区)气象主管机构负责本行政区域内气象灾害的监测、预报、预警以及人工影响天气、雷电灾害防御等工作的监督和管理。

市、县(市、区)人民政府有关部门应当按照各自职责,做好气象灾害防御工作。

第六条 气象、教育、文化广电新闻出版等部门应当采取多种形式,向社会宣传、普及气象灾害防御知识,增强公众防御气象灾害意识,提高避险、避灾、自救、互救的能力。

第七条 鼓励支持气象灾害防御科学技术研究,推广采用先进科学技术,提高气象灾害防御的科技水平。

第八条 鼓励公民、法人和其他组织为气象灾害防御工作提供物资、资金、技术支持和志愿服务,对在气象灾害防御工作中作出突出贡献的单位和个人给予表彰奖励。

第九条 市、县(市、区)人民政府应当组织气象主管机构和有关部门开展气象灾害普查和风险评估,结合本地气象灾害特点,编制本行政区域气象灾害防御规划,制定气象灾害应急预案。

第十条 市、县(市、区)人民政府应当加强气象灾害预防、监测、预报、预警和应急处置等防御设施建设,提高气象灾害防御能力。

第十一条 任何单位和个人不得侵占、损毁或者擅自移动气象灾害防御设施。

第十二条 发展改革、规划、国土资源、城乡建设等部门在重大建设工程、区域性经济开发项目,大型太阳能、风能等气候资源开发利用项目以及城乡规划编制中,应当统筹考虑气候可行性和气象灾害的风险性,避免、减轻气象灾害影响。

气象主管机构应当组织对前款所列建设项目进行气候可行性论证。

第十三条 气象主管机构应当加强气象监测、预报、预警设施维护的监督管理;气象监测设施的所有人或者管理人应当加强设施的日常维护并做好标校和检测工作。

第十四条 水利、市政公用、城市管理、电力、通信等部门和单位应当根据雨雪、冰冻等发生的特点,定期组织开展各种排水设施检查,及时疏通河道和排水管网,加强电力、通信线路的巡查,做好排水、积雪(冰)清理、交通疏导等准备工作。

城乡建设、城管执法等部门应当定期开展搭建物、广告牌、在建(构)筑物防风加固工作的监督检查。

第十五条 新建、扩建、改建建(构)筑物、场所和设施须安装雷电防护装置的,应当按照国家规定的标准和程序进行,并与主体工程同时设计、同时施工、同时投入使用。雷电防护装置有关设计文件和竣工验收资料,应当纳入建设项目档案。

雷电防护装置的所有人或者管理人应当做好日常维护工作并定期进行检测。

第十六条 气象主管机构根据气象防灾减灾需要,在干旱、冰雹易发区、水源区等区域开展人工增雨(雪)、防雹作业时,应当提前在作业区域公示,并通知当地公安机关做好安全保卫工作。

第十七条 气象主管机构应当与国土资源、环保、水利、林业、市政公用、水文等部门建立气象灾害信息共享平台,实现信息资源共享。

第十八条 气象主管机构所属的气象台站应当按照职责向社会统一发布灾害性天气警报和气象灾害预警信号,其他组织和个人不得向社会发布。

第十九条 广播、电视、报纸、电信等媒体应当按照有关规定及时向社会播发或者刊登当地气象主管机构所属的气象台站提供的适时灾害性天气警报、气象灾害预警信号,并根据当地气象台站的要求及时增播、插播或者刊登。

第二十条 气象主管机构应当加强对乡镇人民政府(街道办事处)、村(居)民委员会气象信息员的培训,指导其协助开展气象灾害预警信息传递、应急联络等工作。

第二十一条 机场、车站、广场、高速公路、大型商场、旅游景点、交通枢纽等管理单位应当利用电子显示屏、城市移动电视等信息接收与播发设施,及时传递气象灾害预警信息。

学校、医院、社区、工矿企业、建设工地等单位应当及时接收与播发气象灾害预警信息。

第二十二条 市、县(市、区)人民政府以及有关部门应当根据灾害性天气警报、气象灾害预警信号及时启动应急预案。

第二十三条 市、县(市、区)人民政府应当根据灾害性天气影响范围、强度,将可能造成人员伤亡或者重大财产损失的区域临时确定为气象灾害危险区,并及时予以公告。

第二十四条 根据气象灾害发生情况,市、县(市、区)人民政府或者有关部门应当依法及时采取交通管制、停课、停工、停产、人员转移和疏散等应急处置措施。

有关单位和个人应当配合当地人民政府、有关部门采取的气象灾害应急处置措施,不得妨碍气象灾害救助活动。

第二十五条 市、县(市、区)人民政府以及有关部门应当根据灾害性天气发生、发展趋势信息以及灾情发展情况,适时调整气象灾害级别或者作出解除气象灾害应急措施的决定。

第二十六条 气象灾害应急处置工作结束后,市、县(市、区)人民政府应当组织有关部门对气象灾害造成的损失进行调查、评估,制定恢复重建计划。

第二十七条 违反本条例规定,侵占、损毁或者擅自移动气象灾害防御设施的,由气象主管机构责令停止违法行为,限期恢复原状或者采取其他补救措施,可以处五万元以下罚款;造成损失的,依法承担赔偿责任;构成犯罪的,依法追究刑事责任。

第二十八条 违反本条例规定,有下列行为之一的,由气象主管机构责令改正,给予警告,可以处五万元以下罚款;构成违反治安管理行为的,由公安机关依法给予处罚:

(一)非法向社会发布灾害性天气警报、气象灾害预警信号的;

(二)广播、电视、报纸、电信等媒体未按照规定或者要求播发、刊登灾害性天气警报和气象灾害预警信号的。

第二十九条 违反本条例规定,应当安装雷电防护装置未安装或者未按照规定对雷电防护装置进行检测的,由气象主管机构责令限期改正,可以处三万元以下的罚款;给他人造成损失的,依法承担赔偿责任;构成犯罪的,依法追究刑事责任。

第三十条 气象主管机构、有关部门及其工作人员违反本条例规定,在气象灾害防御工作中滥用职权、玩忽职守、徇私舞弊的,由其上级机关或者监察机关责令改正;情节严重的,对直接负责的主管人员和其他直接责任人员依法给予处分;构成犯罪的,依法追究刑事责任。

第三十一条 违反本条例规定的其他行为,法律、法规已作出明确处罚规定的,依照其规定。

第三十二条 本条例自2015年1月1日起施行。

湖北省气象灾害防御实施办法

(2014年3月31日湖北省人民政府常务会议审议通过)

第一条 为了建立健全气象灾害应急机制,提高气象灾害防范和应对能力,避免、减轻气象灾害造成的损失,保障人民生命财产安全,有效实施《湖北省气象灾害防御条例》,制定本办法。

第二条 气象灾害防御工作应当坚持以人为本、科学防御、政府主导、部门联动、社会参与的原则。

第三条 气象灾害防御工作实行行政首长负责制。

县级以上人民政府应当建立健全气象灾害防御协调机制,提高资源整合、综合防御、应急处置和救助能力。

第四条 省气象主管机构应当会同有关部门编制全省气象观测站网建设规划,加强气象灾害防御重点区域的加密气象观测站建设,并把事业单位、国有企业的建站需求纳入统一规划,避免重复建设。

有关部门和单位根据防灾减灾需要设置气象监测设施的,应当与现有气象监测站点规划布局相协调,实现资源共享;设置的气象监测设施应当符合国家标准或者行业标准,并到当地气象主管机构备案。

第五条 气象灾害监测信息实行统一汇交、共享管理制度。县级以上人民政府应当组织有关部门开展跨区域、跨部门的气象灾害联合监测,建立气象灾害监测信息共享平台。

气象主管机构及其所属气象台(站)负责气象灾害监测信息的

采集、汇总、共享管理工作;其他有关部门和单位按照各自职责负责气象灾害及衍生、次生灾害的监测工作,及时、准确、无偿地向气象灾害监测信息共享平台提供气象灾害有关的监测信息。

气象主管机构对气象灾害监测信息共享平台进行统一管理和协调。

第六条 县级以上人民政府应当根据当地气象灾害风险评估结果,编制分灾种的气象灾害应急预案,报上一级人民政府备案,并向社会公布。

气象灾害应急预案应当根据执行情况及时修订。

县级以上人民政府应当组织气象、经济和信息化、教育、公安、民政、交通、建设、环保、农业、水利等有关部门,及时分析本地区气象灾害的特点和可能造成的危害,制定和完善分灾种的气象灾害应急预案,明确停课、停产、停业、停航、道路交通管制、旅游景区景点关闭以及可行的气象干预等应急处置措施的启动标准、组织指挥体系与职责、预防与预警机制、处置措施和保障措施等内容。

第七条 县级以上人民政府及其有关部门、学校以及其他人员流动密集场所等依法制定的突发事件应急预案,应当根据实际情况,针对气象灾害造成或者可能造成的自然灾害,规定处置程序、应急保障措施等内容,并与分灾种的气象灾害应急预案相协调。

第八条 县级以上人民政府按照气象灾害应急预案的要求,组织做好应急处置工作。

县级以上气象主管机构应当会同国土资源、环保、水利、农业、林业等部门,根据气象灾害发生的情况,加强对气象因素引发的衍生、次生灾害的联合监测和会商,并按照气象灾害应急预案的职责分工做好应急处置工作。

第九条 县级以上人民政府应当组织气象等有关部门按照气象灾害种类进行气象灾害风险评估,划定气象灾害风险区域,确定各类气象灾害防御的重点区域和重点单位,向社会公布并在醒目位置设立警示标志。

确定为气象灾害风险区域的市(州)、县(市、区)人民政府应当指定学校、体育馆、人防工程等公共场所作为气象灾害应急避难场所,依据气象灾害防御规划建设气象灾害应急避难场所,并设置明显标识。

确定为气象灾害风险区域的乡镇人民政府、街道办事处以及村(居)民委员会应当制作防灾避险提示卡,向当地单位和个人发放。防灾避险提示卡应当载明气象灾害的种类、可能受危害的类型、预警信号、人员撤离和转移路线、避灾安置场所、应急联系方式等内容。

第十条 县级以上人民政府应当建立完善气象灾害预警信息接收传播网络,并组织有关部门和单位建立健全气象灾害监测预报预警联动机制,保证灾害性天气警报和气象灾害预警信号及时、准确地向受影响的公众传播。

乡镇人民政府、街道办事处以及村(居)民委员会应当整合基层现有防灾人力资源,确定信息人员协助气象、民政等有关部门负责灾害性天气警报和气象灾害预警信号的接收与传播、灾情报告等工作。

社区、学校、医院、机场、高速公路、车站、工矿企业等公共场所和人员密集场所,应当有专门人员负责灾害性天气警报和气象灾害预警信号的接收与传播工作,配备必要的装备,及时将灾害性天气警报和气象灾害预警信号传播给受影响的公众。

第十一条 各级人民政府应当及时将灾情及其发展趋势等信息报告上一级人民政府,并按照有关规定,统一、准确、及时向社会公众发布气象灾害发生、发展和应急处置工作的信息。

发生气象灾害,涉及停课、停产、停业、停航、道路交通管制、旅游景区景点关闭等应急处置措施时,相关部门和单位应当及时向受影响的公众发布公告。

广播、电视、报纸、通信、网络等媒体应当及时、准确地向社会传播气象灾害的发生、发展和应急处置情况。

禁止编造、传播有关气象灾害应急处置工作的虚假信息。

第十二条 县级以上人民政府应当建立气象灾害应急处置协调机制,根据气象灾害应急预案规定的组织指挥体系协调有关地区和部门开展应急处置工作。

各级气象灾害应急指挥协调机构应当认真履行气象灾害防御的综合协调职责,进一步完善各有关部门互联互通的灾害信息共享机制,加强灾害应对工作的协调联动,形成防灾减灾工作合力。

有关部门和单位应当按照职责和气象灾害应急预案确定的分工,做好下列应急处置工作:

(一)电力、通信主管部门和单位应当做好电力、通信应急保障工作,保障突发性气象灾害应急处置的电力、通信畅通,根据气象灾害发生情况,组织有关单位立即抢修被损坏的电力、通信等公共设施;

(二)公安机关应当维护灾区的社会治安和道路交通秩序,协助组织灾区群众进行紧急转移,配合相关救援机构实施应急救援工作,在危险区域划定警戒区,封锁危险场所,在暴雨、大雾、霾、道路结冰等气象灾害预警信号生效期间适时采取道路交通管制措施;

(三)民政部门应当组织开展灾情核查、评估工作,上报、发布气象灾害灾情信息,组织灾害救助,申请、分配、管理救灾款物并监督使用,协助灾区政府转移安置灾民,做好灾民临时生活安排,组织协调因灾倒塌房屋的恢复重建,指导和接受救灾捐赠;

(四)国土资源部门应当组织开展地质灾害监测、预防工作,提出划定地质灾害危险区域的意见,防范地质灾害扩大;

(五)环境保护主管部门应当对灾区环境污染情况进行监测、

分析并提出处置方案,针对可能存在较长时间环境影响的区域发出警告,提出控制措施,在灾害得到控制后指导现场环境污染的消除;

(六)建设行政主管部门应当及时组织专业人员勘察受损建(构)筑物并开展安全评估,标注安全警示,保障供(排)水、供气等市政公用设施的安全运行;

(七)公路、水路、铁路、民航等交通运输主管部门和单位应当按照交通应急预案采取措施,保证交通畅通,开辟快捷运输通道,优先运送伤员和食品、药品、设备等救灾物资,及时抢修被毁损的道路和交通设施;

(八)水行政主管部门应当统筹协调主要河流、湖泊、水库的水量调度,及时抢修损毁的防汛水利设施,组织开展防汛抗旱工作;

(九)农业主管部门应当组织开展农业抗灾救灾、生产自救,加强农业生产技术指导工作;

(十)林业主管部门应当统计上报有关林业受灾信息,协助指导林业防灾减灾和灾后重建工作;

(十一)卫生主管部门应当根据气象灾害危害程度,及时启动应急响应,紧急组织医疗卫生救援力量开展医疗救治、卫生防疫、心理援助和健康教育等处置工作,做好卫生应急物资保障工作,预防和控制气象灾害可能引发的疾病流行;

(十二)商务、粮食主管部门应当及时组织灾区粮、油、肉、蛋、菜等基本生活必需品的供应,维护市场稳定;

(十三)安全生产监督管理部门应当组织开展安全生产预防性检查,督促相关行业主管部门和生产经营单位落实各项安全措施,组织专业应急救援队伍,做好应对气象灾害的各项准备和实施工作。

其他有关部门和单位在当地人民政府的领导下,做好应急处置相关工作。

第十三条　发生暴雨(雪)、高温、干旱、大雾、霾、低温、大风等所造成的灾害,县级以上人民政府应当按照应急预案的规定,及时启动相应级别的应急响应,组织做好防范应对工作。

第十四条　县级以上人民政府根据气象灾害应急处置需要,可以采取下列措施:

(一)划定并公告气象灾害危险区域;

(二)分配救援任务,协调各级各类救援队伍的行动;

(三)组织有关部门营救受灾遇险群众、救护伤员,将人员、车辆、船只和其他可移动财产撤离危险区域,并妥善安置;

(四)组织有关部门抢修被损坏的道路、通信、供(排)水、供电、供气等基础设施;

(五)组织有关部门对基本生活必需品和药品实行统一分配发放;

(六)法律、法规以及应急预案规定的其他措施。

第十五条　暴雨橙色、红色预警信号发出后,有关部门、单位和个人应当采取下列措施:

(一)处于危险地带的学校立即停课,教育主管部门和学校采取专门措施保护在校学生的安全;

(二)处于危险地带的有关单位可以根据需要,引导滞留人员疏散到安全地带或者为其提供必要的避险条件;

(三)施工单位暂停高空、高强度、危险性大的户外作业;

(四)停止露天集体活动,立即疏散人员;

(五)公安机关对渍水地区实行交通引导或者管制;

(六)相关部门及时开展城市、农田排涝工作;

(七)对可能发生的山洪、滑坡、泥石流等衍生、次生灾害加强监测和防范。

第十六条　高温橙色、红色预警信号发出后,有关部门、单位和个人应当采取下列措施:

（一）电力主管部门和单位保证居民和重要电力用户用电,根据高温期间电力安全生产情况和电力供需情况制订拉闸限电方案,必要时依据方案采取拉闸限电措施;

（二）开展户外作业的单位做好高温作业人员的防暑工作,调整作息时间,避开高温时段作业,必要时停止作业;

（三）从事危险化学品运输的车辆应当减少高温时段的连续行驶时间,并采取有效措施保证危险化学品和运输车辆的安全。

第十七条　干旱橙色、红色预警信号发出后,有关部门、单位和个人应当采取下列措施:

（一）气象、水利、农业等部门加强旱情、墒情监测分析;

（二）有关部门合理调度水量,必要时启动应急备用水源,保障城乡居民生活用水和重要生产用水;

（三）农业、林业主管部门指导农牧户、林业生产单位采取管理和技术措施,减轻干旱影响,加强监控,做好森林火灾扑救准备和森林病虫害预防工作;

（四）民政部门做好救灾物资准备,并负责因旱缺水缺粮群众的基本生活救助;

（五）气象主管机构适时组织开展人工增雨作业,减轻旱灾影响。

第十八条　大雾橙色、红色预警信号发出后,有关部门、单位和个人应当采取下列措施:

（一）交通运输主管部门及时发布大雾交通安全通知,加强机场、高速公路、轮渡码头的调度指挥,做好运行计划调整、运行安全保障和旅客安抚安置工作;

（二）公安机关加强对车辆的指挥和疏导,维持道路交通秩序;

（三）机动车、船舶的驾驶人员应当将车、船的行驶速度控制在法律规定的时速以内,保持安全行驶速度;

（四）教育主管部门和学校根据情况调整上下学时间,提供校车服务的学校可以自行调整校车接送时间。

第十九条 霾橙色、红色预警信号发出后,有关部门、单位和个人应当采取下列措施:

(一)经济和信息化主管部门督促污染物排放量较大的企业缩短生产时间,必要时停止生产;

(二)建设行政主管部门督促所有建筑工地暂停渣土运输作业和所有建(构)筑物暂停拆迁作业,组织环卫单位增加城镇道路洒水抑尘频次;

(三)公安机关根据情况对除公共交通工具以外的机动车采取限时段、限区域、分尾号、分类型等限行措施;

(四)气象主管机构适时组织开展人工增雨作业;

(五)禁止露天焚烧垃圾、树叶、秸秆等行为。

第二十条 道路结冰橙色、红色预警信号发出后,有关部门、单位和个人应当采取下列措施:

(一)教育主管部门和学校根据灾情调整教学时间,学校做好校园除雪除冰工作;

(二)交通运输主管部门及时发布道路结冰安全通知,采取相应的除冰措施,加强机场、公路的调度指挥,做好运行计划调整、运行安全保障和旅客安抚安置工作;

(三)公安机关加强对车辆的指挥和疏导,维持道路交通秩序;

(四)电力主管部门做好电力设施设备覆冰应急处置工作;

(五)农业主管部门组织指导农户、畜牧水产养殖户采取必要的防护措施。

第二十一条 大风橙色、红色预警信号发出后,有关部门、单位和个人应当采取下列措施:

(一)加固门窗及围板、棚架、临时建筑物等,必要时有关部门可以拆除存在安全隐患的露天广告牌等设施;

(二)相关通航水域开展水上水下活动人员和过往船舶立即回

港避风或者锚泊,船上人员应当立即疏散、撤离,有关单位加固港口设施,防止船舶搁浅或者碰撞;

(三)教育主管部门和幼儿园、小学根据情况做好停课准备,避免在突发大风时段上学放学;

(四)开展高空、水上等户外作业的单位做好防风准备,必要时停止作业,安排人员到安全场所避风;

(五)农业主管部门做好农业生产单位、农户和畜牧水产养殖户的防风指导工作。

第二十二条 违反本办法规定,有关部门和单位未按照国家标准或者行业标准设置气象监测设施,或者未到当地气象主管机构备案的,由县级以上人民政府责令改正;情节严重或者造成严重后果的,对直接负责的主管人员和其他直接责任人员依法给予行政处分。

第二十三条 违反本办法规定,各级人民政府、气象主管机构和其他有关部门及其工作人员在气象灾害防御工作中有下列行为之一的,由上级机关或者监察机关依据职权责令改正,通报批评;情节严重的,对直接负责的主管人员和其他直接责任人员依法给予行政处分;构成犯罪的,依法追究刑事责任:

(一)未按照规定向气象灾害监测信息共享平台提供气象灾害有关的监测信息的;

(二)未按照规定或者未及时采取气象灾害应急处置措施,造成严重后果的;

(三)有其他玩忽职守、滥用职权、徇私舞弊行为的。

第二十四条 违反本办法规定,有下列行为之一的,由县级以上气象主管机构责令改正;构成违反治安管理行为的,依法给予治安管理处罚;构成犯罪的,依法追究刑事责任:

(一)编造、传播有关气象灾害应急处置工作的虚假信息,故意扰乱公共秩序的;

(二)拒不执行人民政府依法发布的气象灾害应急处置决定、命令,或者不配合实施其依法采取的气象灾害应急处置措施的;

(三)阻碍有关部门、单位的工作人员依法执行职务的。

第二十五条 本办法自 2014 年 7 月 1 日起施行。

广东省气象灾害防御条例

(2014年11月26日广东省第十二届人民代表大会常务委员会第十二次会议通过)

第一章 总 则

第一条 为了加强气象灾害防御,避免、减轻气象灾害造成的损失,保障人民生命和财产安全,根据《中华人民共和国气象法》、《气象灾害防御条例》等有关法律、行政法规,结合本省实际,制定本条例。

第二条 本条例适用于本省行政区域和管辖海域内的气象灾害防御活动。

本条例所称气象灾害,是指台风、大风、龙卷风、暴雨、高温、干旱、雷电、大雾、灰霾、寒冷、道路结冰和冰雹等所造成的灾害。

第三条 气象灾害防御遵循以人为本、科学防御、统筹规划、社会参与的原则,实行政府主导、部门联动、分级负责的工作机制。

第四条 各级人民政府应当加强对气象灾害防御工作的组织领导,建立健全气象灾害防御工作的协调机制。

县级以上气象主管机构负责灾害性天气的监测、预报、预警以及气候可行性论证、气象灾害风险评估、人工影响天气等气象灾害防御的管理、服务和监督工作。

县级以上人民政府发展改革、经济和信息化、教育、公安、民政、国土资源、住房城乡建设、交通运输、水利、农业、林业、卫生、海洋渔业、安全监管、电力、通信等有关部门和单位应当按照职责分工,共同做好气象灾害防御工作。

气象灾害防御工作涉及两个以上行政区域的,有关地方人民政府及其部门应当建立监测、预报、预警的联防制度和应急预案主动响应、信息沟通制度。上级人民政府应当加强指导、协调和监督检查。

第五条 县级以上人民政府应当将气象灾害防御工作纳入本级国民经济和社会发展规划。

县级以上人民政府应当加大气象灾害防御经费投入,保障当地气象观测、预警信息发布和传播、应急处置、灾害评估与调查、人工影响天气以及基础设施建设等所需经费的支出。

第六条 县级以上人民政府应当加强气象灾害监测预报、预警信息发布和传播、防雷减灾、气象应急保障、人工影响天气等气象灾害防御服务工作。

第七条 各级人民政府及其有关部门应当向社会宣传气象灾害防御法律法规和科普知识,加强气象科普场馆或者设施的建设,提高社会公众防灾减灾意识和能力。

学校应当把气象灾害防御知识纳入教育内容,国家机关、企业事业单位应当把气象灾害防御知识纳入培训课程,教育、人力资源和社会保障、气象等部门应当给予指导和监督。

第八条 居民委员会、村民委员会在气象主管机构和有关部门的指导下,做好气象灾害防御知识宣传和气象灾害应急演练等气象灾害防御工作。

公民、法人和其他组织应当配合并参与气象灾害防御活动,提高科学避险避灾和自救互救能力。

鼓励志愿者参与气象灾害防御知识宣传、参与应急演练等气象灾害防御活动。

第九条 各级人民政府及其有关部门应当支持气象灾害防御有关行业协会等社会组织的发展。

鼓励气象灾害防御有关行业协会等社会组织依法开展气象灾害防御宣传和服务等工作。

第十条 县级以上人民政府应当组织开展气象灾害发生机理、监测、预报、预警和防御技术研究,鼓励技术创新,推广先进适用的技术,建立健全气象灾害防御技术标准和规范,加强国内外技术交流与合作,提高气象灾害防御能力。

第十一条 县级以上人民政府应当加强气象灾害防御人才队伍建设,建立健全气象灾害防御人才培训制度、人才共享机制和激励机制。

第二章 预 防

第十二条 县级以上人民政府应当组织气象主管机构和有关部门定期开展气象灾害普查,建立气象灾害数据库并及时更新,向社会公布。

县级以上人民政府应当组织气象主管机构和有关部门或者委托气象灾害防御社会组织按照气象灾害的种类进行气象灾害风险评估。

县级以上人民政府应当组织气象主管机构和有关部门根据气象灾害分布情况、易发区域、主要致灾因子和气象灾害风险评估结果等因素划定气象灾害风险区划,确定气象灾害防御重点区域,建立气象灾害风险阈值库,并依法向社会公布气象灾害风险区划、防御重点区域、风险阈值等信息。

第十三条 县级以上人民政府应当组织有关部门,根据有关法律法规、上一级人民政府的气象灾害防御规划和本地气象灾害风险区划,编制本行政区域的气象灾害防御规划。

气象灾害防御规划的相关内容应当纳入城乡规划。

编制区域、流域建设开发利用规划,以及工业、农业、渔业、林业、水利、交通、电力、航空、旅游、通信、能源、环境保护和自然资源开发利用等专项规划,应当与气象灾害防御规划的相关要求相协调。

第十四条 气象灾害防御规划应当包括下列主要内容:

(一)防御原则;

(二)防御目标和主要任务;

(三)气象灾害发生发展规律和防御工作现状;

(四)气象灾害易发区和易发时段;

(五)防御分区及战略布局重点;

(六)防御设施建设和管理;

(七)防御工程及保障措施;

(八)法律法规规定的其他内容。

第十五条 县级以上人民政府应当根据本级气象灾害防御规划和本行政区域的实际情况,组织气象主管机构和有关部门制定本级气象灾害应急预案,并报上一级人民政府、有关部门备案。

上级人民政府及其有关部门应当指导下一级人民政府制定气象灾害应急预案,提高气象灾害应急预案的实用性和操作性。

县级以上人民政府发展改革、经济和信息化、教育、公安、民政、国土资源、住房城乡建设、交通运输、水利、农业、林业、卫生、海洋渔业、安全监管、电力、通信等有关部门和单位的应急预案应当与本级气象灾害应急预案相衔接。

第十六条 各级人民政府及其有关部门应当按照气象灾害应急预案,定期组织演练并开展气象灾害防御措施、设施检查。

气象灾害应急演练主要包括演练准备、预警、应急响应、应急处置、善后处理和评估总结等内容。

第十七条 县级以上人民政府应当组织气象主管机构等部门

确定气象灾害防御重点单位,并向社会公布。

气象灾害防御重点单位应当履行下列气象灾害防御职责:

(一)制定本单位气象灾害应急预案,并定期组织应急演练和气象灾害隐患排查;

(二)确定气象灾害应急管理人,组织实施本单位的气象灾害应急管理工作;

(三)建立气象灾害防御档案,确定防御重点部位,设置安全标志,实行严格管理;

(四)定期巡查并建立巡查记录;

(五)进行气象灾害风险安全培训;

(六)法律法规规定的其他职责。

县级以上人民政府及其有关部门应当加强对气象灾害防御重点单位的监督检查。

第十八条 县级以上气象主管机构应当指导气象灾害防御重点单位制定气象灾害应急预案,提供查阅、使用气象资料便利,指导开展气象灾害隐患排查和应急演练。

鼓励非气象灾害防御重点单位根据实际情况制定气象灾害应急预案,开展气象灾害隐患排查和应急演练。

第十九条 台风黄色、橙色、红色或者暴雨红色预警信号为停课信号,停课信号生效期间,托儿所、幼儿园、中小学校应当停课。未启程上学的学生不必到学校上课;在校学生(含校车上、寄宿)应当服从学校安排,学校应当保障在校学生的安全;上学、放学途中的学生应当就近到安全场所暂避。

第二十条 台风黄色、橙色、红色或者暴雨红色预警信号生效期间,除必需在岗的工作人员外,用人单位应当根据工作地点、工作性质、防灾避灾需要等情况安排工作人员推迟上班、提前下班或者停工,并为在岗工作人员以及因天气原因滞留单位的工作人员提供必要的避险措施。

第二十一条 编制城乡规划和主体功能区、重点领域或者区域发展建设规划,以及重大建设工程、重大区域性经济开发项目和大型太阳能、风能等气候资源开发利用项目立项,有关部门应当统筹考虑气候可行性和气象灾害的风险性,避免和减少气象灾害、气候变化的影响。

第二十二条 省人民政府、沿海城市的各级人民政府应当组织气象、水利、海洋渔业、海事等部门制定近海台风应急预案和海上台风应急预案,指挥近海地区及海上作业平台、船舶等防御台风气象灾害,根据台风情况做好人员转移,提高沿海城市对台风气象灾害的应急处置能力。

大风、龙卷风多发区域的各级人民政府应当根据防风需要,建设和完善紧急避难场所、避风港、避风锚地、避风带等设施,根据气象部门的监测预警信息,提前指导相关部门和单位加固道路、港口设施。

第二十三条 各级人民政府应当组织气象、住房城乡建设、水利、城市管理等部门制定城市暴雨应急预案,避免因暴雨导致城市积涝;对已出现积涝的地区及时进行整治疏通。

城市排水管网的管理部门应当做好排水管网和排水设施的日常检查和维护,保持排水通畅,针对城市积水易涝区域增加、改造排水设施并制定排水措施,设置明显的危险警示标志。

第二十四条 各级人民政府应当组织气象、国土资源、住房城乡建设、水利、农业等部门制定农村暴雨应急预案,指导农村居民做好房屋选址、建设等暴雨灾害防御措施,避免因暴雨引发山洪、泥石流等灾害造成人员伤亡和财产损失。

水利部门应当在洪涝灾害易发区修建河道、水库、堤防等防洪设施,监测与核实水库、山塘容量。国土资源部门应当进行地质灾害隐患日常排查,做好地质灾害易发区的监测。

第二十五条 各级人民政府和有关单位应当科学规划,逐步增加绿地率和水域面积,调整能源结构,减少人为热源排放,减轻高温热浪的影响;根据干旱灾害特点,因地制宜修建中小型蓄水、引水、提水和雨水集蓄利用等抗旱工程,储备必要的抗旱物资,保障干旱期城乡居民生活供水的水源贮备;电力监管部门、电力企业应当针对高温和干旱做好供电准备、电网运营监控和电力调配。

用人单位应当建立健全防暑降温工作制度,高温天气期间减轻劳动者工作强度,采取措施保障劳动者身体健康和生命安全。

各级人民政府和有关单位应当合理调度水资源,加强水利基础设施建设,推广节约用水的先进技术,引进耐旱品种和抗旱耕种技术,适时组织实施人工增雨作业,减轻旱灾影响。

第二十六条 各级人民政府应当将防雷减灾工作纳入公共安全监督管理的范围。气象主管机构应当依法加强对雷电灾害防御工作的指导、监督和服务。

新建、改建、扩建建(构)筑物、场所或者设施应当按照国家、行业和地方有关防雷标准和规定,安装雷电防护装置,并与主体工程同时设计、同时施工、同时投入使用,并做好日常维护。

第二十七条 农村学校、雷电灾害风险等级较高的村民集中居住区和种养殖区应当按照国家、行业和地方标准安装雷电防护装置。雷电防护装置的安装和维护应当列入农村社会公益事业建设计划。

第二十八条 大雾、灰霾多发区域的各级人民政府应当建设和完善机场、高速公路、航道、渔场、码头、人口密集区域等重要场所和交通要道的大雾、灰霾监测、防护等设施,并做好交通疏导、科学调度和预防工作。

第二十九条 各级人民政府和有关单位应当在寒冷天气来临前,引导群众做好防寒保暖准备,及时向社会开放应急庇护场所和救助站;指导农业、渔业、畜牧业等行业采取防寒、防霜冻、防冰冻措施。

低温、霜冻多发区域的各级人民政府应当组织调整农业生产布局和种植业结构,采取综合有效防御措施。

第三十条　各级人民政府和有关单位应当制定应对道路结冰、线路覆冰的防护方案。根据冰冻可能发生的情况,发布道路出行建议,进行交通疏导;加强供电、通信线路巡查,做好积冰清除、线路维护等工作。

第三十一条　冰雹多发区域的各级人民政府应当加强冰雹灾害的调查,确定重点防范区,组织人工防雹科学试验,适时开展人工防雹作业。

第三十二条　各级人民政府应当加强农村和边远贫困地区气象灾害预防、监测、预警信息传播等基础设施建设和防灾物资储备,组织有关部门定期排查气象灾害隐患。

各级人民政府及气象主管机构应当结合农村和边远贫困地区的气象灾害防御工作以及农业生产实际,加强气象灾害防御知识宣传和普及,提高农村和边远贫困地区公众防灾减灾意识。

第三十三条　各级人民政府应当加强对本区域内人工影响天气工作的组织领导。县级以上气象主管机构在本级人民政府的领导下,统一管理和指导人工影响天气工作。

区域人工增雨、防雹、消雾和防霜等人工影响天气作业,应当根据当地农业抗旱、生态建设以及重大社会活动服务需要适时依法开展。

第三十四条　鼓励建立与气象灾害有关的巨灾保险制度。

鼓励通过保险等方式减少气象灾害造成的损失,提高气象灾害风险防御能力。

第三章　监测、预报和预警

第三十五条　各级人民政府应当根据气象灾害防御的需要,

加强下列气象灾害综合监测设施建设,完善气象灾害监测体系:

(一)在气象灾害易发区域和气象灾害防御重点区域,加大气象灾害监测站(点)密度;

(二)在交通和通信干线、重要输电线路沿线、重要输油(气)设施、重要水利工程、重点经济开发区,以及山区、海洋和重点林区、矿区、渔区、农作物主产区,加强气象监测设施建设。

第三十六条 新建、改建、扩建机场、铁路、高速公路、大型桥梁和配置大型港口机械的港口等,应当根据气象灾害防御的需要,将气象灾害监测、预警及防御设施纳入工程建设投资计划,与主体工程同时设计、同时施工、同时投入使用。

第三十七条 气象灾害防御设施依法受保护,任何组织或者个人不得侵占、损毁或者擅自移动气象灾害防御设施及其警示标志。

气象灾害防御设施受到损坏的,各级人民政府及有关部门或者气象灾害防御设施管理单位应当及时采取措施进行修复,确保气象灾害防御设施正常运行。

第三十八条 县级以上气象主管机构应当将本行政区域内气象探测环境保护要求报告本级人民政府和上一级气象主管机构,并抄送同级发展改革、国土资源、环境保护、住房城乡建设、无线电管理等部门。

在审批新建、改建、扩建建设工程时,涉及气象台站探测环境保护范围的,发展改革、国土资源、环境保护、住房城乡建设、无线电管理等部门应当统筹考虑本行政区域内气象探测环境保护要求。

第三十九条 县级以上人民政府应当组织气象、发展改革、经济和信息化、教育、公安、民政、人力资源和社会保障、国土资源、环境保护、住房城乡建设、交通运输、水利、农业、林业、卫生、新闻出版广电、海洋渔业、安全监管、旅游、通信、民航、电力、海事等部门和单位建立健全气象灾害信息共享机制。

气象主管机构应当依法开放气象数据接口,通过信息共享平台整合、交换和共享气象信息。政府有关部门和单位应当及时提供水旱灾害、森林火险、地质灾害、农业灾害、环境污染、电网故障、交通监控、城乡积涝等与气象灾害有关的信息。

第四十条 县级以上气象主管机构应当与发展改革、教育、人力资源和社会保障、交通运输、水利、农业、林业、新闻出版广电、海洋渔业、安全监管、旅游等部门建立气象预警信号的联动机制,提高应急响应能力。

县级以上气象主管机构应当会同公安、国土资源、交通运输、水利、农业、林业、海洋渔业、旅游等部门,加强专项气象灾害监测和预警,为农林果业生产、防汛抗旱、森林防火、农林业有害生物防治、道路交通安全、地质灾害防治、海洋生产安全、旅游安全等提供气象实时服务。

县级以上气象主管机构应当会同发展改革、环境保护、卫生等部门,加强气象条件对疾病、疫情、环境质量、物价影响的气象预警,为突发公共卫生事件、突发环境事件等应急处置提供气象实时服务。

第四十一条 省级气象主管机构应当加强区域数值天气预报开发应用。各级气象主管机构所属气象台站应当研究总结影响当地天气系统规律,提高灾害性天气预报的准确性和时效性。

第四十二条 气象主管机构所属气象台站向社会统一发布灾害性天气警报和气象灾害预警信号。其他组织或者个人不得向社会发布灾害性天气警报和气象灾害预警信号。

可能发生气象灾害时,气象主管机构所属气象台站应当进行加密观测,组织跨区域预报会商和监测联防,并根据天气变化情况,及时发布灾害性天气警报和气象灾害预警信号。

第四十三条 各级人民政府应当根据气象灾害防御需要,完善城乡预警服务设施,健全预报预警信息发布与传播系统。

各级人民政府应当在气象灾害易发地段设立明显的警示牌,在城镇显著位置、交通枢纽、公共活动场所、重点工程所在地、应急避难场所等以及气象灾害易发区域,根据需要设立气象灾害预警传播设施或者利用现有的传播设施,及时准确传播灾害性天气警报和气象灾害预警信号。

各级人民政府可以根据当地气象灾害防御需要,设立公益性气象广播电台、电视频道,完善气象灾害预警信息传播途径。

各级人民政府及有关部门应当加强边远农村、山区、渔区预警信息接收终端建设,因地制宜地利用有线广播、预警大喇叭、电子显示装置等及时向受影响的公众传播信息,实现与气象灾害预警信息发布体系的有效衔接。

第四十四条 广播、电视、报纸、网络等媒体和通信运营单位收到当地气象主管机构所属的气象台站发布的灾害性天气警报、气象灾害预警信号后,应当准确、及时、无偿地向公众传播,并标明发布时间和发布的气象台站名称;在紧急情况下,应当按照应急管理部门的要求,及时传播气象灾害的应急处置措施和应急避难场所、救援电话等信息。

电视播发气象灾害预警信号时,应当在电视屏幕持续显示相应等级的预警信号图标,并以字幕形式播发预警内容。

台风黄色、橙色、红色或者暴雨红色预警信号生效后,当地广播、电视媒体除播发预警信息外,还应当同时不间断滚动播出气象台站监测到的台风、暴雨最新情况和相应的防御指引;通信运营单位应当及时安排优先通道,通过手机短信等方式向受灾区域内的手机用户发布预警信息。

第四十五条 乡(镇)人民政府、街道办事处、社区在收到当地气象台站发布的灾害性天气警报和气象灾害预警信号后,应当利用有线广播、高音喇叭、鸣锣吹哨等多种方式及时传播气象灾害预警信息。

学校、医院、企业、矿区、车站、机场、港口、高速公路、旅游景点等场所的管理单位在收到当地气象台站发布的灾害性天气警报和气象灾害预警信号后,应当利用电子显示装置、广播等途径,及时向公众传播。

鼓励企业参与灾害性天气警报和气象灾害预警信号播发设施的建设。

第四十六条 县级以上气象主管机构应当实时发布气象灾害防御信息,定期公布气象灾害防御服务范围、产品、种类、标准和传播渠道。

县级以上气象主管机构应当加强对气象灾害防御服务行业的指导和监管,制定气象灾害防御服务行业标准和服务质量评估标准等,并向社会公布。

第四十七条 乡(镇)人民政府、街道办事处应当确定气象信息员或者协理员并报当地气象主管机构备案,为气象信息员或者协理员提供必要工作条件。

气象信息员或者协理员协助县级以上气象主管机构、民政等部门做好下列工作:

(一)宣传气象灾害防御知识;

(二)接收和传达灾害性天气预报、警报;

(三)收集并向相关单位报告灾害性天气及影响情况;

(四)参与气象灾害应急联络、应急处置、灾情调查等。

第四章 应急处置

第四十八条 气象主管机构所属的气象台站应当及时向本级人民政府及有关部门报告灾害性天气预报、警报和气象灾害预警信息。

县级以上人民政府及有关部门应当根据气象灾害的严重和紧急程度，按照气象灾害应急预案，及时启动应急响应，并报告上一级人民政府。气象灾害应急响应启动后，有关人民政府、部门和单位应当根据预案规定开展应急响应行动。

气象灾害应急响应的启动和终止，应当及时向社会公布。

第四十九条 县级以上人民政府应当根据灾害性天气影响范围、强度、时间，将可能造成人员伤亡或者重大财产损失的区域临时确定为气象灾害危险区，并及时通过广播、电视、报纸、网络等媒体和通信运营单位向社会公告。

对所在地人民政府及其有关部门采取的气象灾害应急措施，气象灾害危险区域内的单位和个人应当配合实施，并及时转移避险。

第五十条 各级人民政府根据气象灾害应急处置需要，应当采取下列处置措施：

（一）组织救援和救治受灾人员，向受到危害的人员提供避难场所和生活必需品，实施医疗救护和卫生防疫等保障措施；

（二）标明危险区域，组织人员撤离危险区域，划定警戒区，实行交通管制；

（三）抢修损坏的交通、通信、供水、排水、供电、供气、供热等公共设施；

（四）启用本级人民政府应急救援物资储备，调用救灾设备、设施、工具；

（五）组织并保障基本生活必需品和药品的生产、供应；

（六）依法采取价格干预措施，维护市场价格秩序，惩处哄抢财物、哄抬物价、干扰破坏应急处置工作等扰乱社会秩序的行为；

（七）采取措施防止发生衍生、次生灾害；

（八）其他应急处置措施。

第五十一条 气象灾害应急响应启动后，气象主管机构应当组织对灾害性天气进行跟踪监测和评估,及时向本级人民政府和有关部门报告灾害性天气实况、变化趋势和评估结果,为本级人民政府组织防御气象灾害提供决策依据。

县级以上人民政府及其有关部门应当根据灾害性天气发生发展趋势信息以及灾情发展和处置情况,按照有关规定适时调整气象灾害应急响应级别或者作出解除气象灾害应急响应决定。

第五十二条　气象灾害应急处置工作结束后,当地人民政府应当组织气象、民政、国土资源、住房城乡建设、水利等有关部门进行气象灾害情况调查评估,制定恢复重建计划,并向上一级人民政府报告。

气象灾害发生地的单位和个人应当向调查人员如实提供情况,不得隐瞒、谎报气象灾害情况。

气象灾害情况调查评估应当包括气象灾害损失情况、造成灾害的原因及相关气象情况、灾害发生前后气象预报服务情况等内容。

第五十三条　气象灾害发生地的人民政府应当组织气象、民政、国土资源、住房城乡建设、水利等有关部门综合分析造成气象灾害原因、存在的隐患和问题,明确部门职责,排除灾害隐患,完善气象灾害应急预案,修复或者加固气象灾害防御设施,提高气象灾害防御能力。

第五章　法律责任

第五十四条　违反本条例规定,各级人民政府、气象主管机构和其他有关主管部门及其工作人员有下列情形之一的,由上级机关或者监察机关责令改正;情节严重的,对直接负责的主管人员和其他直接责任人员依法给予处分;构成犯罪的,依法追究刑事责任:

（一）未按照规定划定气象灾害风险区划或者确定气象灾害防御重点区域的；

（二）未按照规定编制气象灾害防御规划或者气象灾害应急预案的；

（三）未对气象灾害防御重点单位进行监督检查的；

（四）未按照规定采取气象灾害预防措施的；

（五）未按照规定启动气象灾害应急响应以及未按照规定采取应急措施的；

（六）收到灾害性天气预警信息后，未采取措施及时向公众传播的；

（七）隐瞒、谎报或者玩忽职守导致重大漏报、错报灾害性天气警报、气象灾害预警信号的；

（八）其他不依法履行气象灾害防御职责的。

第五十五条 违反本条例规定，有下列情形之一的，由本级人民政府或者上级机关责令改正，通报批评；对直接负责的主管人员和其他直接责任人员依法给予处分；构成犯罪的，依法追究刑事责任：

（一）未按照气象探测环境保护要求，擅自批准在气象探测环境保护范围新建、改建、扩建建设工程，危害气象探测环境的；

（二）在规划编制和项目立项时，未统筹考虑气候可行性和气象灾害的风险性，严重影响重要设施和工程项目的。

第五十六条 违反本条例规定，有下列情形之一的，由各级人民政府、气象主管机构或者其他有关主管部门责令改正；情节严重的，对直接负责的主管人员和其他直接责任人员依法给予处分；构成违反治安管理行为的，由公安机关依法给予处罚；构成犯罪的，依法追究刑事责任：

（一）不服从所在地人民政府及有关部门发布的气象灾害应急处置决定、命令，或者不配合实施其依法采取的气象灾害应急措

施的;

(二)托儿所、幼儿园、中小学校违反本条例规定,应当停课而未停课的;

(三)新建、改建、扩建建(构)筑物、场所或者设施的雷电防护装置,未按照规定与主体工程同时设计、同时施工、同时投入使用的;

(四)损毁或者擅自移动气象灾害防御警示标志、警示牌的;

(五)广播、电视、报纸、网络等媒体或者通信运营单位未按照要求向公众传播灾害性天气警报、气象灾害预警信号的;

(六)对重大气象灾害瞒报、谎报、拖延不报或者阻挠气象灾害调查、事故鉴定的;

(七)未按照规定采取气象灾害预防措施,造成严重后果的;

(八)气象灾害防御重点单位未履行气象灾害防御职责的。

第六章　附　则

第五十七条　本条例自 2015 年 3 月 1 日起施行。

广西壮族自治区人工影响天气管理办法

(2013年12月25日广西壮族自治区第十二届人民政府第21次常务会议审议通过)

第一条 为了加强对人工影响天气工作的管理,防御和减轻气象灾害,科学开发利用空中云水资源,根据国务院《人工影响天气管理条例》,结合本自治区实际,制定本办法。

第二条 县级以上人民政府应当加强对人工影响天气工作的领导,建立和完善人工影响天气工作的指挥和协调机制,配备必要的人员和设备、设施,保证人工影响天气工作顺利开展。

第三条 县以上气象主管机构负责本行政区域内人工影响天气工作的组织实施和指导管理。

发展和改革、财政、公安、农业、林业、水利、国土资源、民政、环境保护、交通运输、安全生产监督管理、民航、飞行管制、通信等有关单位应当按照各自职责,做好人工影响天气的相关工作。

第四条 按照有关人民政府批准的人工影响天气工作计划开展的人工影响天气工作属于公益性事业,所需经费列入本级人民政府的财政预算。

在确保防灾减灾公益性服务的前提下,人工影响天气作业单位可以根据用户要求,开展人工影响天气有偿专项服务。

第五条 鼓励人工影响天气科学技术研究,推广使用先进的科学技术和研究成果。

气象主管机构应当组织开展人工影响天气在防灾减灾、气候变化、生态环境保护、保障农业生产安全和云水资源开发利用等方面的研究,不断提高人工影响天气科学作业水平和服务效益。

第六条 人工影响天气事业发展规划经本级人民政府批准后由气象主管机构组织实施。

第七条 人工影响天气作业地点,由设区的市气象主管机构根据本地气候特点、地理条件、交通、通讯、人口密度等情况和县级人民政府的意见,依照有关规定提出布局规划,报自治区气象主管机构会同飞行管制部门确定。

经确定的人工影响天气作业地点不得擅自变动,确需变动的,应当按照前款规定重新确定。

第八条 县级以上人民政府应当加强对本行政区域内人工影响天气作业指挥基地和作业点等基础设施建设。

县级以上人民政府和人工影响天气作业单位应当按照标准组织建设专用燃爆器材库、作业装备专用库房、值班室、休息室和作业发射平台,配备通信设施和安全防护设施,完善人工影响天气指挥系统、天气监测预警系统、通讯系统、信息处理和作业效果评估系统。

乡镇人民政府应当协助做好人工影响天气作业地点的场地选择、标准化建设和场地维护等工作。

第九条 县级以上人民政府应当协调飞行管制部门与气象主管机构建立人工影响天气作业空域直通申报与批复直达系统,提高作业的及时性。

第十条 从事人工影响天气作业的单位,应当具备下列资格条件:

(一)具有法人资格;

(二)有高射炮、火箭发射装置及人工增雨炮弹、火箭弹库等基

础设施,并符合国家强制性标准和有关安全管理的规定;

(三)具有接收作业指令和对作业天气条件进行监测分析的业务技术系统与设备;

(四)有完善的作业空域申报制度、作业安全管理制度和作业设备的维护、运输、储存、保管等制度;

(五)法律、法规规定的其他条件。

第十一条 申请从事人工影响天气作业的单位,应当提交下列材料:

(一)书面申请;

(二)单位机构代码证或营业执照及复印件;

(三)作业指挥员、操作员基本信息;

(四)作业装备的生产厂家、产品型号及合格证;

(五)有关安全管理制度。

第十二条 从事人工影响天气作业单位应当向所在地气象主管机构提出申请,气象主管机构应当自收到申请之日起7日内进行资格条件初审,并报自治区气象主管机构审查。

申请人也可以直接向自治区气象主管机构提出申请。自治区气象主管机构应当在受理申请之日起20日内完成审查。对符合资格条件的,向申请人发放人工影响天气作业单位资格条件证明文件;对不符合资格条件的,向申请人书面说明理由。

第十三条 设区市以上气象主管机构应当定期组织对人工影响天气作业人员的业务培训和技术考核。

利用高射炮、火箭发射装置从事人工影响天气作业的人员名单,由所在地的气象主管机构抄送当地公安机关备案。

第十四条 县级以上人工影响天气指挥机构应当制定人工影响天气年度工作方案和关键农事季节人工影响天气工作计划,并报本级人民政府批准后实施。县以上气象主管机构应当按照批准的工作方案和工作计划要求,在粮食和经济作物主产区、雹灾多发区组织开展人工影响天气作业。

第十五条　县级以上人民政府应当根据生态重要区域、生态脆弱区域及易灾地区生态保护与治理需要,在森林、湿地、河流、湖泊等自然生态系统保护地区安排常态化人工影响天气作业。

第十六条　县级以上人民政府应当建立健全应对大范围森林火灾火险、异常高温、干旱灾害、严重空气污染、严重水资源污染等事件的应急工作机制,及时启动相应的人工影响天气作业。

第十七条　县以上气象主管机构应当扩展人工影响天气工作的应用领域,根据需要和可能组织开展大型水利水电工程蓄水人工增雨、重大社会活动人工消云减雨、机场和高速公路人工消雾、旅游景区人工增雨等专项人工影响天气作业。

第十八条　有下列情形之一的,县以上气象主管机构应当按同级人民政府批准的人工影响天气工作计划,适时组织开展人工影响天气作业:

（一）可能出现严重冰雹天气;
（二）发生森林火灾或者长期处于高森林火险时段;
（三）长时段高温;
（四）已出现干旱,预计旱情将会加重;
（五）因水资源严重短缺导致生态环境恶化;
（六）水库蓄水、供水严重不足;
（七）出现突发性公共污染事件;
（八）其他需要实施人工影响天气作业的情形。

第十九条　实施人工影响天气作业应当同时具备下列条件,方可实施作业:

（一）适当的天气条件和作业时机;
（二）飞行管制部门已经批准作业空域和作业时限;
（三）指挥系统健全,通讯系统畅通;
（四）指挥人员和操作人员到位;

(五)作业装备和弹药经过严格检查,符合国家安全技术标准;

(六)有完善的安全保障措施。

第二十条 实施飞机人工影响天气作业时,有关机场和飞行管制部门应当根据批准的作业计划,在空域调配、飞机起降、备降和地勤保障等方面予以支持和配合。

第二十一条 发生重大灾害需要应急组织实施人工影响天气作业时,人工影响天气作业单位和作业设施应当按照自治区气象主管机构的统一调度和指挥,参加抢险救灾。

第二十二条 人工影响天气作业单位应当对作业的时段、方位、高度、工具、弹药种类和用量、作业空域的批复和执行等情况如实规范记录,并与其他相关资料一并及时归档保存。

第二十三条 县以上气象主管机构应当组织农业、林业、水利等部门和有关专家对人工影响天气作业效果进行评估,并将评估结果逐级上报自治区气象主管机构。

第二十四条 县级以上人民政府应当加强对人工影响天气作业安全工作的领导,组织气象、安全生产监督管理、公安等有关部门制定人工影响天气安全制度。

县以上气象主管机构应当做好人工影响天气作业的监督管理和日常监督检查工作。

各级安全生产监督管理、公安等部门应当在各自职责范围内做好人工影响天气工作的安全监管工作。

第二十五条 人工影响天气作业单位应当按照国家和自治区气象主管机构制定的作业规范和操作规程作业,确保作业安全。

人工影响天气作业单位应当为作业人员办理人身意外伤害保险。

第二十六条 实施人工影响天气作业的单位应当制定安全事故应急预案。

发生人工影响天气作业安全事故时,人工影响天气作业单位应当立即启动应急预案,向所在地人民政府、安全生产监督管理部门、公安部门和气象主管机构报告。所在地人民政府、安全生产监督管理部门、公安部门和气象主管机构应当按照有关规定启动应急预案。

第二十七条　县级以上人民政府应当加强气象灾害应急准备工作的监督检查,并将人工影响天气工作纳入监督检查内容。

第二十八条　在实施人工影响天气作业过程中造成人员伤亡、财产损失或者引发有关权益纠纷的,由县级以上人民政府组织、协调有关部门和单位进行调查,并按照有关规定做好事故的处理工作。

第二十九条　人工影响天气专用装备和弹药的运输、存储、使用和维护,应当遵守国家有关武器装备、爆炸物品管理的规定。

人工影响天气作业炮弹、火箭弹应当由当地人民政府协调军队、当地人民武装部存储管理。需要调运时,由气象主管机构依照国家有关武器装备、爆炸物品管理的规定办理相关手续。

第三十条　各级人民政府及其他有关行政主管部门,对实施人工影响天气作业的指挥车辆和作业车辆的管理,按照自治区防灾减灾车辆管理规定执行。运输人工影响天气作业所需炮弹、火箭弹等危险品的车辆由公安部门发放警示标志,优先通行。

第三十一条　自治区气象主管机构负责组织人工影响天气作业专用装备的年检工作。年检不合格的,应当立即进行检修,经检修仍达不到规定的技术标准和要求的,予以报废。

第三十二条　任何单位和个人不得侵占人工影响天气作业场地,不得擅自移动、侵占和损毁人工影响天气作业基础设施和专用装备,不得从事对人工影响天气作业产生不利影响的活动。在人工影响天气作业基础设施和专用装备保护范围内新建、扩建、改建建设工程的,有关部门在批准前应当征求当地县以上气象主管机构的意见。

第三十三条 违反本办法规定,不符合人工影响天气作业资格条件擅自从事人工影响天气作业活动的,由县以上气象主管机构责令停止作业,可以并处5000元以上1万元以下罚款。

第三十四条 违反本办法规定,有下列行为之一的,由县以上气象主管机构责令改正,给予警告;拒不改正的;处以1000元以上1万元以下罚款:

(一)擅自购买人工影响天气作业专用装备和弹药;

(二)使用未经年检、年检不合格、已经超过有效期或者报废的人工影响天气作业专用装备;

(三)侵占人工影响天气作业场地,擅自移动、侵占和损毁人工影响天气作业基础设施和专用装备或者从事对人工影响天气作业产生不利影响的活动。

第三十五条 本办法自2014年3月1日起施行。

海南省气象台站探测环境保护规定

(2014年2月20日海南省第六届人民政府第17次常务会议修订通过)

第一条 为保护气象台站探测环境,使气象台站获得准确的气象资料,根据国家有关法律、法规,结合本省实际,制定本规定。

第二条 气象台站探测环境受国家保护。任何单位和个人都有保护气象台站探测环境的义务,禁止任何危害气象台站探测环境的行为。

第三条 国家基准气候站、国家基本气象站、国家一般气象站、区域气象自动站、气象卫星地面站和太阳辐射观测站周围的建筑物、构筑物、作物、树木等障碍物和其他对气象探测有影响的各种源体,与气象观测场围栏应当保持一定距离,具体保护要求和保护范围按照国家规定执行。

第四条 高空气象探测站四周的障碍物对探测系统天线形成的遮挡仰角不得大于5°,在高空气象探测站盛行风的下风方向120°范围内,不得大于2°。

在探测气球施放场地半径50米范围内,不得有架空电线、建筑物、树木等障碍物。其他建筑物和火源与氢气房的距离不得小于50米。

第五条 天气雷达站主要探测方向的遮挡仰角不得大于

0.5°,孤立遮挡方位角不得大于 0.5°;其他方向的遮挡仰角不得大于 1°,孤立遮挡方位角不得大于 1°,且总的遮挡方位角不得大于 5°。天气雷达站四周不得有对雷达接收产生干扰的干扰源。

第六条 县级以上气象主管机构应当按照相关质量标准和技术要求配备气象设施,设置必要的保护装置,建立健全安全管理制度。

县级以上气象主管机构应当在气象设施附近显著位置设立保护标志,标明保护要求。

任何单位和个人不得损毁或者擅自移动气象设施保护标志。

第七条 县级气象主管机构应当会同本级城乡规划、国土资源等部门制定气象设施和气象探测环境保护专项规划,报本级人民政府批准后依法纳入城乡规划。

气象探测环境保护范围内的建筑物、构筑物的控制指标应当作为控制性详细规划的强制性内容。

第八条 县级以上气象主管机构应当将本行政区域内气象探测环境保护要求报告本级人民政府,并抄送同级发展改革、国土、规划、住房建设、无线电管理等部门。

县级以上人民政府以及相关部门在审批气象探测环境保护范围内的相关项目时,应当将是否符合气象探测环境保护要求纳入审查内容。

气象探测环境保护范围内的建设项目申请规划许可时,规划部门应当书面征求同级气象主管机构的意见。

对不符合气象探测环境保护要求的建筑物、构筑物、干扰源等,县级以上气象主管机构应当根据实际情况,商有关部门提出治理方案,报本级人民政府批准并组织实施。

第九条 在气象台站探测环境保护范围内新建、改建、扩建建设工程,应当避免危害气象探测环境;确实无法避免的,建设单位应当按照管理权限向国家气象主管机构或者省气象主管机构报告,并提出相应的补救措施,经国家气象主管机构或者省气象主管机构书面同意。未征得气象主管机构书面同意或者未落实补救措施的,有关部门不得批准其开工建设。

在单独设立的气象设施探测环境保护范围内新建、改建、扩建建设工程的,建设单位应当事先报告当地气象主管机构,并按照要求采取必要的工程、技术措施。

第十条 气象台站站址应当保持长期稳定,任何单位或者个人不得擅自迁移气象台站。

因国家重点工程建设或者城市(镇)总体规划变化,确需迁移气象台站的,建设单位或者当地人民政府应当向省气象主管机构提出申请,由省气象主管机构组织专家对拟迁新址的科学性、合理性进行评估,符合气象设施和气象探测环境保护要求的,在纳入城市(镇)控制性详细规划后,按照先建站后迁移的原则进行迁移。

气象台站迁移、建设费用由建设单位承担。

第十一条 迁移气象台站的,应当按照国家或者本省规定,在新址与旧址之间进行至少1年的对比观测。

迁移的气象台站经批准、决定迁移的气象主管机构验收合格,正式投入使用后,方可改变旧址用途。

第十二条 单独设立的无人值守的气象设施,市、县、自治县气象主管机构可以委托有关单位或者个人负责保护,并签订委托管理协议,明确双方的权利和义务。

第十三条 违反第六条第三款规定,损毁或者擅自移动气象设施保护标志的,由县级以上气象主管机构责令改正,可处以500元以上5000元以下罚款;造成损失的,应当予以赔偿。

第十四条 违反本规定的其他行为,相关法律、法规已有处罚规定的,从其规定。

第十五条 本规定具体应用中的问题,由省气象主管部门负责解释。

第十六条 本规定自 2014 年 4 月 1 日起施行。1991 年 12 月 2 日海南省人民政府发布的《海南省气象台站观测环境保护规定》同时废止。

四川省气候资源开发利用和保护办法

(2014年11月17日四川省人民政府第67次常务会议审议通过)

第一条 为合理开发利用和保护气候资源,促进经济社会可持续发展和生态文明建设,根据《中华人民共和国气象法》等法律、法规,结合四川省实际,制定本办法。

第二条 在本省行政区域内从事气候资源开发利用和保护活动的,应当遵守本办法。

第三条 本办法所称气候资源,是指能被人类生产和生活所利用的光照、热量、云水、大气成分和风能、太阳能以及其他可开发利用的大气资源。

第四条 县级以上人民政府应当组织、协调气候资源开发利用和保护工作,将其纳入本级国民经济和社会发展规划。

第五条 县级以上气象主管机构负责本行政区域内气候资源综合调查、区划,组织开展气候监测、分析、评价和气候可行性论证,发布气候预测和气候公报。有关部门在各自职责范围内做好气候资源开发利用和保护管理工作。

气候资源开发利用和保护工作涉及多个部门或跨行政区域的,应当建立联合管理和信息共享机制。

第六条 鼓励、支持开展气候资源开发利用和保护方面的科学研究、技术应用。

第七条 省气象主管机构应当会同有关部门根据气候资源综合调查结果进行气候资源评价,编制气候资源区划。

第八条 县级以上人民政府应当根据国民经济和社会发展规划以及气候资源区划,编制气候资源开发利用和保护规划。

编制气候资源开发利用和保护规划应当征求社会有关方面意见,并组织专家论证。

第九条 县级以上人民政府应当根据气候资源开发利用和保护的需要,加强气候资源探测基础设施和气候资源探测站网建设。

第十条 从事气候资源探测的组织和个人开展气候资源探测活动,应当遵守国家有关规定和标准,使用的气候资源探测设备应当符合国家相关要求,所获得的资料按照国家相关规定进行汇交。

第十一条 县级以上人民政府发展改革等相关部门应当依照气候资源开发利用和保护规划,组织太阳能、风能资源的开发利用工作。

第十二条 鼓励和支持风能资源丰富地区优先开发利用风能资源。

第十三条 鼓励开发利用太阳能发电系统,太阳能供热、采暖和制冷系统,太阳能热水工程等太阳能利用系统。

鼓励和支持农村地区推广应用太阳能热水器、太阳能灶等利用太阳能技术以及建设小型光伏发电系统。

第十四条 县级以上人民政府负责空中云水资源开发利用工作的领导和协调,建立人工影响天气机构、作业站(点)。

县级以上气象主管机构应当适时组织实施人工增雨(雪)、防雹等作业。

县级以上人民政府应当采取措施,推广集雨新技术,鼓励单位和个人建设集雨工程。

第十五条 县级以上人民政府科学技术行政主管部门应当加

强对气候资源科研项目、科研成果推广应用的支持,促进气候资源开发利用和保护领域的自主创新与科技进步。

第十六条 县级以上人民政府农业等部门应当根据当地农业气候条件,引导农民和农业生产经营组织建设温室、大棚等农业设施,合理开发利用热量资源,提高农业生产效率和效益。

第十七条 县级以上人民政府在农业产业布局与优化、种植结构调整、生态环境建设中应当利用当地农业气候资源评估和区划成果。

县级以上气象主管机构应当根据当地经济、社会、生态建设和气候状况,组织做好精细化农业气候区划、农业气候灾害防御等工作,推广农产品气候品质评估工作。

第十八条 县级以上人民政府应当促进循环经济发展,改善能源结构,控制温室气体排放,保护生态环境,应对气候变化,保护气候资源。

第十九条 县级以上气象主管机构应当组织进行气候监测、评价工作,定期分析气候资源状况,组织开展气候变化影响评估和气候资源变化趋势分析,依法发布气候状况公报。

第二十条 与气候条件密切相关的下列规划和建设项目应当进行气候可行性论证:

(一)城乡规划、重点领域或区域发展建设规划;

(二)重大基础设施、国家重点工程建设项目;

(三)重大区域性经济开发、区域农(牧)业结构调整建设项目;

(四)大型太阳能、风能等气候资源开发利用建设项目;

(五)其他依法应当进行气候可行性论证的规划和建设项目。

气候可行性论证的论证机构、论证程序、论证内容及评审,按照国家有关规定执行。

第二十一条 气象机构进行气候可行性论证后,应当编制气候可行性论证报告。有关单位在报送项目可行性研究报告时,应当将气候可行性论证报告和书面评审意见一并报送审批部门。

第二十二条 环境保护、气象等部门应当建立健全重污染天气监测预警、会商研判、信息共享等机制。

第二十三条 新建、改建、扩建建(构)筑物应当根据国家应对气候变化的要求,采取保护措施,防止或减轻对气候环境的破坏,避免或减轻热岛效应、风害、光污染和气体污染。

第二十四条 在气候资源开发利用和保护工作中有渎职行为的,对直接负责的主管人员和其他直接责任人员,依法给予行政处分;构成犯罪的,依法追究刑事责任。

第二十五条 违反本办法规定的行为,按照国家有关法律、法规、规章进行处罚。

第二十六条 本办法自2015年1月1日起实施。

云南省人工影响天气管理办法

(2013年12月17日云南省人民政府第27次常务会议通过)

第一章 总 则

第一条 为了规范人工影响天气工作,合理开发利用空中云水资源,防御和减轻气象灾害,促进生态环境建设,根据《中华人民共和国气象法》、《人工影响天气管理条例》等有关法律、法规,结合本省实际,制定本办法。

第二条 在本省行政区域内从事人工影响天气及其管理活动,应当遵守本办法。

第三条 县级以上人民政府应当加强人工影响天气工作的领导,将人工影响天气工作纳入气象事业发展规划,建立和完善人工影响天气工作的指挥和协调机制。

第四条 按照县级以上人民政府批准的人工影响天气工作计划开展的人工影响天气工作属于公益性事业,所需经费列入本级财政预算。

县级以上人民政府应当建立和完善烟草、保险等受益主体人工影响天气经费投入机制。

第五条 县级以上气象主管机构在上级气象主管机构和本级人民政府的领导下,负责本行政区域人工影响天气工作的管理指导和组织实施。

发展改革、工业和信息化、公安、民政、财政、国土资源、环境保护、农业、林业、水利、安全监管、民航、烟草、保险等部门和单位应当按照各自职责,做好人工影响天气相关工作。

第六条 县级以上人民政府应当加强人工影响天气的科普宣传,鼓励和支持人工影响天气的科学研究、技术开发和创新,促进人工影响天气科学技术研究成果的推广和应用。

第二章 组织实施

第七条 人工影响天气年度工作计划由县级以上气象主管机构会同有关部门,根据防灾减灾、生态环境建设、空中云水资源开发利用等需要进行编制,报本级人民政府批准后组织实施。

第八条 从事人工影响天气地面作业的单位应当具备法人资格,并符合下列条件:

(一)高射炮、火箭发射装置和流动作业车、作业装备库房、弹药库房等设施符合国家相关标准和要求;

(二)人工影响天气指挥系统健全,专用通信网畅通;

(三)指挥人员和作业人员经省气象主管机构培训、考核合格,并符合规定的人数;

(四)作业空域申报制度、作业安全管理制度和作业设备的维护、运输、储存、保管等制度完善。

第九条 人工影响天气的作业点,由当地气象主管机构根据作业区域的气候特点、地理、交通、通信、人口密集度等条件,依照有关规定提出布局规划,报省气象主管机构会同飞行管制部门确定。

经审核确定的人工影响天气作业点不得擅自变更;确需变更的,应当按照原程序重新确定。

第十条 人工影响天气作业点建设用地属于公益性事业用地,当地人民政府应当依法予以解决。

人工影响天气作业点应当按照国家相关标准进行建设,并经县级气象主管机构验收。

第十一条 任何单位和个人不得侵占人工影响天气作业场地,不得损毁、移动人工影响天气专用设备、设施。

人工影响天气作业点所在地的乡(镇)人民政府、街道办事处和村(居)民委员会对人工影响天气作业场地和设施负有协助保护的义务。

第十二条 作业单位应当掌握其作业点的高炮、火箭发射装置的射程及残余物品下落范围内人员、财产分布情况,绘制安全射界图,实施人工影响天气作业时应当避开人口稠密区。

第十三条 有下列情形之一的,县级以上气象主管机构应当根据当地人民政府批准的人工影响天气工作计划,组织实施人工影响天气作业:

(一)出现干旱或者预计旱情持续加重的;

(二)库塘蓄水严重不足的;

(三)可能出现危害农作物的冰雹天气的;

(四)发生森林火灾或者森林长期处于高火险等级时段的;

(五)因天气气候因素导致生态环境恶化的;

(六)其他确实需要实施人工影响天气作业的情形。

第十四条 县级以上人民政府应当组织气象主管机构及有关部门,针对预防森林火灾、污染物扩散、环境污染等重大突发公共事件,制定人工影响天气作业应急预案并组织实施。

第十五条 需要跨行政区域实施人工影响天气作业的,由有关州(市)、县(市、区)人民政府协商确定;协商不成的,由上一级气象主管机构商有关州(市)、县(市、区)人民政府确定。

第十六条 实施人工影响天气作业,作业地的气象主管机构应当提前公告作业的时间和地域范围,并将具体情况告知当地公安机关。公告的具体办法由省气象主管机构制定。

人工影响天气作业期间,作业单位应当在作业点设置警示标志。

第十七条 气象、农业、水利、林业、民政、环境保护等有关部门,应当及时无偿提供实施人工影响天气作业所需的气象信息、灾情、水文、火情、污染状况等资料。

第十八条 利用高射炮、火箭发射装置实施人工影响天气作业的,作业单位应当严格按照飞行管制部门批准的空域和作业时限进行作业,作业结束后应当按照规定立即报告气象主管机构和飞行管制部门。

在作业过程中,发现飞行器或者收到飞行管制部门发出停止作业的指令时,应当立即中止作业。

第十九条 利用飞机实施人工影响天气作业的,由省气象主管机构向飞行管制部门申请空域和作业时间,并负责在批准的空域及时间内组织实施。

作业所需飞机由省气象主管机构商有关单位提供。飞行管制部门、机场管理机构应当根据作业单位提交的飞机实施人工影响天气作业计划,在空域协调、飞机起降和地勤保障等方面给予支持和配合。

第二十条 人工影响天气作业完毕后,作业单位应当对作业的时段、方位、工具、弹药种类和用量、作业空域申请和批复、作业效果等情况如实记录,并及时存档备查。

第三章 安全管理

第二十一条 县级以上人民政府应当加强人工影响天气作业的安全管理,建立健全人工影响天气安全生产责任制度。气象主管机构应当组织作业单位制定人工影响天气安全事故应急预案。

作业单位应当为人工影响天气作业人员办理人身意外伤害保险。

第二十二条 实施人工影响天气作业应当严格执行作业规范和操作规程,并接受县级以上气象主管机构的监督和管理。

第二十三条 实施人工影响天气作业使用的高射炮、火箭发射装置、炮弹、火箭弹应当符合国家有关强制性标准。

人工影响天气作业使用的高射炮、火箭发射装置、炮弹、火箭弹只能用于人工影响天气作业和检修后的试射、实弹训练。

第二十四条 人工影响天气作业使用的高射炮、火箭发射装置、炮弹、火箭弹的运输、存储,应当遵守国家有关武器装备、爆炸物品管理的法律、法规的规定。

作业期间,具备条件的固定作业点可以临时存放作业所需炮弹、火箭弹,并设专人管理、看护。作业单位应当建立作业炮弹、火箭弹存储、使用和配发等情况的登记和管理制度。

第二十五条 人工影响天气作业使用的高射炮、火箭发射装置、炮弹、火箭弹由省气象主管机构统一组织采购。其他任何单位、个人不得擅自采购和转让。

第二十六条 禁止使用检测不合格的高射炮、火箭发射装置和超过有效期的炮弹、火箭弹。

高射炮、火箭发射装置的报废以及出现故障及超过有效期的炮弹、火箭弹的销毁,由省气象主管机构按照国家有关规定统一处理。

第二十七条 投入使用的增雨飞机和相关作业设备及机组人员、作业人员应当符合国家相关标准和要求,确保飞行及作业安全。

第二十八条 人工影响天气工作中发生安全事故,作业单位应当立即报告当地人民政府和上级气象主管机构,并按照人工影响天气安全事故应急预案及时处置。

因实施人工影响天气作业造成安全事故的,由批准该作业计划的人民政府及有关部门依法调查处理。

第四章 法律责任

第二十九条 气象主管机构及其工作人员违反本办法规定,玩忽职守、滥用职权、徇私舞弊的,由所在单位或者上级主管部门责令改正;情节严重的,依法给予处分;构成犯罪的,依法追究刑事责任。

第三十条 违反本办法规定,人工影响天气作业单位或者作业人员有下列行为之一的,由县级以上气象主管机构责令改正,对作业单位可以处1万元以上3万元以下罚款,对作业人员可以处500元以上1000元以下罚款;给他人造成损害的,应当依法承担赔偿责任:

(一)在未经气象主管机构验收的作业点实施人工影响天气作业的;

(二)未对作业实施情况如实记录并存档备查的;

(三)违反人工影响天气作业规范和操作规程的;

(四)使用检测不合格的高射炮、火箭发射装置和超过有效期的炮弹、火箭弹的。

第三十一条 违反本办法规定的其他行为,依照《中华人民共和国气象法》、国务院《人工影响天气管理条例》等法律、法规的规定处罚。

第五章 附 则

第三十二条 本办法自2014年3月1日起施行。

普洱市雷电灾害防御管理办法

(2014年1月17日普洱市人民政府第五十四次常务会议通过)

第一章 总 则

第一条 为了加强雷电灾害防御工作,规范雷电灾害管理,提高雷电灾害防御能力和水平,保护人民生命财产安全和维护公共安全,促进经济建设和社会发展,根据《中华人民共和国气象法》、《气象灾害防御条例》(国务院令第570号)、《云南省气象条例》、《云南省气象灾害防御条例》和《防雷减灾管理办法》(中国气象局令第24号)等有关法律法规和规定,结合本市实际,制定本办法。

第二条 本办法所称雷电灾害防御(以下简称防雷减灾),是指防御和减轻雷电灾害的活动,包括对雷电灾害的监测预警、调查研究、评估鉴定和防雷活动的组织管理、风险评估、科普宣传、雷电防护工程的专业设计、施工监督、验收以及雷电防护装置(以下简称防雷装置)检测与维护等。

本办法所称的防雷装置,是指接闪器、引下线、接地装置、电涌保护器及其连接导体等构成的,用以防御雷电灾害的设施或者系统。

第三条 在本市行政区域内从事防雷减灾活动的组织和个人,应当遵守本办法。

第四条 防雷减灾工作坚持以人为本、安全第一、预防为主、防治结合的原则。

第五条 市、县（区）人民政府应当加强对防雷减灾工作的领导，建立完善防雷减灾工作体制机制，将气象主管机构列为当地城乡规划委员会和安全生产委员会成员单位，将防雷减灾工作纳入政府目标管理考核体系，列入政府安全责任考核内容，制定防雷减灾规划和应急预案并组织实施，防雷减灾工作经费纳入本级财政预算。

市、县（区）气象主管机构负责本行政区域内防雷减灾的组织管理和监督工作。

发改、财政、规划、住建、公安、商务、安全生产监督、质量技术监督、信息产业、市政公用等有关部门应当按照各自职责，协同气象主管机构做好防雷减灾有关工作。

第六条 宣传、教育部门应当配合气象主管机构广泛开展防雷知识宣传，增强公民和学生的防灾意识和自救互救能力。

机关、社会团体、企业事业单位和村（居）民委员会应当结合实际，做好本单位、本区域群众性的防雷知识宣传教育。

第七条 市、县（区）人民政府应当加强农村防雷工作，新建农村学校和村民集中居住区在选址和规划审批前应征求气象主管机构的意见。农村学校和雷电灾害风险等级较高的村民居住区应当安装防雷装置，并列入农村社会公益事业建设规划。

气象主管机构应当加强防雷减灾技术培训，会同住房和城乡建设部门推广农村住宅建设防雷安全适用技术标准，提高农村防雷减灾能力。

第八条 对在防雷减灾工作中贡献突出的单位和个人，由市、县（区）人民政府给予表彰和奖励。

第二章　防雷减灾管理

第九条　市、县(区)人民政府应当组织气象等有关部门按照合理布局、信息共享、有效利用的原则,组建雷电监测网,加强对防雷技术的研究、开发和利用。

各级气象主管机构应当加强雷电灾害预警系统的建设工作,提高雷电灾害预警和防雷减灾服务能力。

雷电灾害预报预警信息由气象主管机构所属气象台(站)统一及时向社会发布。

第十条　下列场所或者设施应当安装防雷装置:

(一)国家标准《建筑物防雷设计规范》规定的第一、二、三类防雷建(构)筑物及其附属设施;

(二)石油、化工、燃气等易燃易爆物品和有毒有害物品的生产、贮存和经营场所;

(三)风能、太阳能、水利发电、垃圾发电等设施及能源基地;

(四)电子信息系统、通信系统、电力系统、广播电视、医疗卫生、文化教育、文物保护、金融证券等公共服务设施;

(五)轨道交通、车站、机场、码头、桥梁等交通基础设施;

(六)旅游景点景区、公共娱乐活动场所及其栈道、客运索道、大型游乐设备等场所或者设施;

(七)其他国家有关技术标准、行业标准规定应当安装防雷装置的场所或者设施。

第十一条　下列区域或者建设项目应当进行雷电灾害风险评估:

(一)学校、医院、旅游景区和其他城乡雷电灾害易发区域;

(二)石油、化工、燃气等易燃易爆物品和有毒有害物品的生产、贮存和经营场所;

（三）风能、太阳能、水利发电、垃圾发电等设施及能源基地；

（四）轨道交通、车站、机场、码头、桥梁等交通基础设施；

（五）办公、住宅、大型商业等人员密集的建设工程项目；

（六）国家《建筑物防雷设计规范》规定的一、二类防雷建（构）筑物。

第十二条 建设单位或者管理单位在工程项目设计阶段，应当委托经气象主管机构认证的雷电灾害风险评估机构，对本办法第十一条规定的区域和建设项目进行雷电灾害风险评估，并编制雷电灾害风险评估报告。

雷电灾害风险评估按照国家有关规定执行。

第十三条 雷电灾害风险评估报告书作为防雷装置设计的科学依据，应当包括下列内容：

（一）项目所在地雷电活动规律和地理、地质、土壤、环境等状况；

（二）雷电灾害可能造成危害的预测、分析和评估；

（三）防御和减轻雷电灾害的建议、对策和措施；

（四）雷击风险评估结论。

第十四条 新建、改建、扩建的建（构）筑物和设施的防雷装置，应当与主体工程同时设计、同时施工。

第十五条 从事防雷工程专业设计、施工和防雷装置检测的单位，应当取得气象主管机构颁发的资质证。

从事防雷工程专业设计、施工和防雷装置检测的技术人员应当通过省级气象学会组织的培训和考试，并取得相应的资格证书。

从事防雷工程专业设计、施工和防雷装置检测应当执行国家防雷标准和技术规范。

第十六条 防雷装置设计实行审核制度。建设单位应当按照国家规定，将建设工程防雷装置设计方案报送当地气象主管机构审核。气象主管机构应当自受理申请之日起二十个工作日内完成审核;变更或者修改防雷装置设计方案,应当重新申请审核。

住房和城乡建设等有关部门对新建、改建、扩建建(构)筑物施工图设计文件进行审查时,应当与同级气象主管机构共同会审,或者就雷电防护装置的设计书面征求同级气象主管机构的意见。

经审核符合要求的防雷装置设计方案,由受理审核的气象主管机构核发《防雷装置设计核准意见书》。未经审核或审核不符合要求的建设项目,建设单位不得开工建设。

第十七条 防雷工程建设单位应当按照审核批准的设计方案进行施工,委托具备资质的防雷检测机构跟踪检测防雷隐蔽工程,工程竣工后出具《防雷装置检测报告》作为竣工验收的技术依据。

第十八条 防雷装置实行竣工验收制度。防雷工程完工后,建设单位应当向当地气象主管机构申请防雷装置竣工验收。气象主管机构应当自受理申请之日起十个工作日内完成验收工作。验收符合要求的,由气象主管机构出具《防雷装置验收意见书》。验收不符合要求的,由气象主管机构下发《防雷装置整改意见书》,建设单位整改完成后按原程序重新申请竣工验收。

建设单位对新建、改建、扩建建(构)筑物组织竣工验收时,应当邀请气象主管机构参加,同时验收防雷装置及主体工程。

防雷装置未经验收或者验收不符合要求的,防雷装置及主体工程均不得投入使用。

第十九条 防雷装置设计审核纳入市、县(区)建设项目审批流程,防雷装置竣工验收纳入市、县(区)建设项目验收备案程序。

第二十条 防雷装置中使用的防雷产品应当符合国务院气象主管机构规定的使用要求,并具有产品合格证书、使用说明书和气象主管机构的备案证明。

第三章 防雷装置检测与维护

第二十一条 投入使用后的防雷装置实行定期检测制度。一般建筑物的防雷装置应当每年检测一次,爆炸和火灾危险环境场所的防雷装置应当每半年检测一次。检测由具备资质的防雷装置检测机构进行。

第二十二条 防雷装置检测机构对防雷装置检测后,应当出具《防雷装置检测报告》,作为防雷安全监督检查的技术依据。不合格的,提出整改意见。被检测单位拒不整改或整改不合格的,防雷装置检测机构应当向当地气象主管机构报告,由当地气象主管机构依法作出处理。

防雷装置检测机构应当执行国家有关标准和规范,出具的《防雷装置检测报告》应当真实可靠。

第二十三条 防雷装置的使用单位应当建立完善雷电灾害应急预案,制定防雷安全管理制度,指定专人负责防雷装置的日常维护,及时消除安全隐患。

第二十四条 任何单位或者个人不得侵占、损毁和擅自移动防雷装置。确需移动或者拆除的,应当征得当地气象主管机构同意。

第四章 雷电灾害防治与调查鉴定

第二十五条 市、县(区)气象主管机构应当定期统计分析本行政区域内发生的雷电灾害情况,提出防雷减灾建议,报同级人民政府和上级气象主管机构。

第二十六条 雷电灾害发生后,市、县(区)人民政府应当组织有关部门按照各自职责和应急预案的规定进行抢险救灾;乡(镇)

人民政府应当组织群众开展自救互救,减少人员伤亡和财产损失。

第二十七条 市、县(区)气象主管机构应当在雷电灾害发生后及时开展雷电灾害调查和鉴定,查清雷电灾害原因和性质,提出整改措施。调查和鉴定报告应当及时上报同级人民政府和上级气象主管机构。

第二十八条 遭受雷电灾害的组织和个人,应当及时向当地气象主管机构报告,不得瞒报、谎报或者拖延不报,并协助当地气象主管机构做好雷电灾害的调查与鉴定工作。

第五章 法律责任

第二十九条 申请单位隐瞒有关情况、提供虚假材料申请资质认定、设计审核或者竣工验收的,按照《防雷减灾管理办法》第三十一条进行处理。

第三十条 违反本办法规定,侵占、损毁和擅自移动防雷装置的,按照《云南省气象灾害防御条例》第四十二条进行处理。

第三十一条 申请单位以欺骗、贿赂等不正当手段取得资质、通过设计审核或者竣工验收的,按照《防雷减灾管理办法》第三十二条进行处理。

第三十二条 违反本办法规定,有下列行为之一的,按照《防雷减灾管理办法》第三十三条、第三十四条进行处理。

(一)涂改、伪造、倒卖、出租、出借、挂靠资质证书、资格证书或者许可文件的;

(二)向负责监督检查的机构隐瞒有关情况、提供虚假材料或者拒绝提供反映其活动情况的真实材料的;

(三)不具备防雷装置检测、防雷工程专业设计或者施工资质,擅自从事相关活动的;

(四)超出防雷装置检测、防雷工程专业设计或者施工资质等

级从事相关活动的;

(五)防雷装置设计未经当地气象主管机构审核或者审核未通过,擅自施工的;

(六)防雷装置未经当地气象主管机构验收或者未取得验收文件,擅自投入使用的。

第三十三条 违反本办法规定,有下列行为之一的,按照《防雷减灾管理办法》第三十五条进行处理。

(一)应当安装防雷装置而拒不安装的;

(二)使用不符合要求的防雷装置或者产品的;

(三)已有防雷装置,拒绝进行检测或者经检测不合格又拒不整改的;

(四)对重大雷电灾害事故隐瞒不报的;

(五)应当进行雷击风险评估而未进行的。

第三十四条 违反本办法规定,导致雷击造成火灾、爆炸、人员伤亡以及国家财产重大损失的,按照《防雷减灾管理办法》第三十六条进行处理。

第三十五条 防雷工作人员由于玩忽职守,导致重大雷电灾害事故的,按照《防雷减灾管理办法》第三十七条进行处理。

第六章　附　　则

第三十六条 本办法自 2014 年 3 月 1 日起施行。

普洱市人工影响天气管理办法

(2014年11月16日普洱市第三届人民政府第12次常务会议审议通过)

第一章 总 则

第一条 为规范人工影响天气工作,合理开发利用空中云水资源,防御和减轻气象灾害,促进经济和生态环境建设,根据《中华人民共和国气象法》、《人工影响天气管理条例》、《气象灾害防御条例》、《云南省气象灾害防御条例》和《云南省人工影响天气管理办法》(省政府令第190号)等有关法律法规和规定,结合本市实际,制定本办法。

第二条 在本市行政区域内从事人工影响天气及其管理活动,应当遵守本办法。

第三条 本办法所称人工影响天气,是指为避免或者减轻气象灾害,科学开发利用空中云水资源,在适当条件下通过科技手段对局部大气的物理、化学过程进行人工影响,实现增雨(雪)、防雹、消雨、消雾、防霜等目的的活动。

第四条 人工影响天气实行"安全、有序、科学、高效"的工作原则。

第五条 市、县(区)人民政府应当加强对人工影响天气工作的领导和协调,将人工影响天气事业纳入国民经济和社会发展规划,建立完善人工影响天气工作的管理体制和工作机制,落实人工影响天气工作管理机构和人员编制,将人工影响天气纳入当地政府绩效考核,所需经费列入本级人民政府财政预算,并建立和完善烟草、保险等受益主体人工影响天气经费投入机制。

第六条 市、县(区)气象主管机构在上级气象主管机构和本级人民政府的领导下,负责本行政区域人工影响天气工作的管理指导和组织实施。

发展改革、工业和信息化、财政、国土资源、规划、住建、应急管理、民政、公安、农业、水务、林业、环境保护、安全监管、人民武装、民航、烟草、保险等部门和单位及驻普部队应当按照各自职责,做好人工影响天气相关工作。

第七条 市、县(区)人民政府应当加强人工影响天气的科普宣传,鼓励和支持人工影响天气的科学研究、技术开发和创新,促进人工影响天气科学技术研究成果的推广和应用。

第八条 市、县(区)人民政府应当对在人工影响天气工作中贡献突出的单位和个人给予表彰奖励。

第二章 组织实施

第九条 市、县(区)气象主管机构在同级人民政府的领导下,主要履行以下工作职责:

(一)制定人工影响天气工作的发展规划;

(二)向同级人民政府报送年度人工影响天气工作计划;

(三)组织实施人工影响天气作业;

(四)负责人工影响天气业务试验、科学研究;

(五)负责指挥作业人员的岗位培训,协助上级气象主管机构做好作业设备(装置)、设施的年检工作;

(六)负责收集上报各类人工影响天气作业情况,检验评估作

业效果,执行上级下达的各项指标、任务;

(七)负责作业点设备(装置)、设施、弹药的计划、采购、运输、保管;

(八)负责作业点和作业人员的管理。

第十条 乡(镇)人民政府应当配合县(区)气象主管机构,做好辖区内人工影响天气工作,并履行以下职责:

(一)协助做好人工影响天气作业点的日常管理工作;

(二)协助完成人工影响天气固定作业点的勘测和选址工作;

(三)协助做好人工影响天气固定作业点的建设,包括土地征用、水、电、路、通信等基础设施建设;

(四)协助处理人工影响天气工作中发生的各类安全事故;

(五)协助做好干旱、冰雹、大风等气象灾情的调查、收集和上报。

第十一条 人工影响天气事业发展规划、年度工作计划由气象主管机构会同相关部门,结合本行政区域气候、环境资源分布情况,根据防灾减灾、生态环境建设、空中云水资源开发利用等需要进行编制,报本级人民政府批准后组织实施,并报上一级气象主管机构备案。

第十二条 从事人工影响天气地面作业的单位应当具备法人资格,并符合下列条件:

(一)高射炮、火箭发射装置和流动作业车、作业装备库房、弹药库房等设施符合国家相关标准和要求;

(二)人工影响天气指挥系统健全,专用通信网畅通;

(三)指挥人员和作业人员经省气象主管机构培训、考核合格,并符合规定的人数;

(四)作业空域申报制度、作业安全管理制度和作业设备的维护、运输、储存、保管等制度完善。

第十三条 人工影响天气作业点,由当地气象主管机构根据作业区域的气候特点、地理、交通、通信、人口密集度等条件,依照有关规定提出布局规划,报省级气象主管机构会同飞行管制部门确定。

各县(区)人民政府应当在城乡主水源区、重要供水水源区及连片作物种植区建设标准化固定作业点,实施常态化人工增雨防雹作业,保障工农业发展及城乡居民生活用水需求,避免或减轻气象灾害造成的损失。

经审核确定的人工影响天气作业点不得擅自变更;确需变更的,应当按照原程序重新确定。

第十四条　人工影响天气作业点建设用地是公益性事业用地,当地人民政府应当依法予以无偿解决。

人工影响天气作业点应当按照国家相关标准及建设程序进行建设,并经市级气象主管机构验收合格后方可投入使用。

第十五条　任何单位和个人不得侵占人工影响天气作业场地,不得损毁、移动人工影响天气专用设备、设施,或者实施其他对人工影响天气作业有不利影响的行为。

人工影响天气作业点所在地的村(居)民委员会应当对人工影响天气作业场地和设施进行协助保护。

第十六条　利用高射炮、火箭发射装置实施人工影响天气作业的单位,应当掌握其作业点发射装置的射程及残余物品下落范围内人员、财产分布情况,绘制安全射界图,在实施人工影响天气作业时避开人口稠密区。

第十七条　有下列情形之一的,县级以上气象主管机构应当根据当地人民政府批准的人工影响天气工作计划,组织实施人工影响天气作业:

(一)出现干旱或者预计旱情持续加重的;

(二)库塘蓄水严重不足的;

(三)可能出现危害农作物的冰雹天气的;

(四)发生森林火灾或者森林长期处于高火险等级时段的;
(五)因天气气候因素导致生态环境恶化的;
(六)其他确实需要实施人工影响天气作业的情形。

第十八条　实施人工影响天气作业,应当具备下列条件:
(一)适宜作业的天气条件;
(二)作业空域和作业时段已经飞行管制部门批准;
(三)作业点与当地气象主管机构和飞行管制部门的通信畅通;
(四)作业设备性能良好,符合使用要求;
(五)指挥和作业人员到位;
(六)法律法规规章等规定的其他条件。

第十九条　实施人工影响天气作业,作业地的气象主管机构应当根据具体情况提前公告作业的时间和地域范围,并通知当地公安机关做好安全保卫工作。

人工影响天气作业期间,作业单位应当在作业点设置警示标志。

第二十条　气象、农业、水务、林业、民政、环境保护等有关部门,应当及时无偿提供实施人工影响天气作业所需的气象信息、灾情、水文、火情、污染状况等资料。

第二十一条　实施人工影响天气作业的,作业单位应当严格按照飞行管制部门批准的空域和作业时限进行作业,作业结束后应当按照规定立即报告气象主管机构和飞行管制部门。

在作业过程中,发现飞行器或者收到飞行管制部门发出停止作业的指令时,应当立即中止作业。

第二十二条　实施飞机人工影响天气作业时,飞行管制部门、机场管理机构应当根据作业单位提交的飞机实施人工影响天气作业计划,在空域协调、飞机起降和地勤保障等方面给予支持和配合。

第二十三条 人工影响天气作业完毕后,作业单位应当对作业的时段、方位、工具、弹药种类和用量、作业空域申请和批复、作业效果等情况如实记录,并及时存档备查。

第三章 安全管理

第二十四条 市、县(区)人民政府应当加强人工影响天气作业的安全管理,建立健全人工影响天气安全生产责任制度。气象主管机构应当组织作业单位制定人工影响天气安全事故应急预案。

第二十五条 县(区)、乡(镇)人民政府应当将人工影响天气作业人员纳入地方民兵预备役管理。

作业单位应当为人工影响天气组织指挥及作业人员办理人身意外伤害保险。

第二十六条 人工影响天气作业应当严格执行作业规范和操作规程,并接受县级以上气象主管机构的监督和管理。

第二十七条 人工影响天气作业使用的高射炮、火箭发射装置、炮弹、火箭弹应当符合国家有关强制性标准。

人工影响天气作业使用的高射炮、火箭发射装置、炮弹、火箭弹只能用于人工影响天气作业和检修后的试射、实弹训练。

第二十八条 人工影响天气作业使用的高射炮、火箭发射装置、炮弹、火箭弹的采购、运输、存储、管理及使用等,应当遵守国家有关武器装备、爆炸物品管理的法律、法规的规定。作业单位应当建立作业炮弹、火箭弹存储、使用和配发等情况的登记和管理制度。

人工影响天气作业使用的炮弹、火箭弹,军队、当地人民武装部应当协助存储。

作业期间,具备条件的固定作业点可以临时存放作业所需炮弹、火箭弹,并设专人管理、看护。

第二十九条 人工影响天气作业使用的高射炮、火箭发射装置、炮弹、火箭弹由省级气象主管机构统一组织采购。其他任何单位、个人不得擅自采购和转让。

第三十条 禁止使用检测不合格的高射炮、火箭发射装置和超过有效期的炮弹、火箭弹。

高射炮、火箭发射装置的报废以及出现故障或超过有效期的炮弹、火箭弹的销毁,由省级气象主管机构按照国家有关规定统一处理。

第三十一条 人工影响天气工作中发生安全事故,作业单位应当立即报告当地人民政府和上级气象主管机构,并按照人工影响天气安全事故应急预案及时处置。

因人工影响天气作业造成安全事故的,由批准该作业计划的人民政府及有关部门依法调查处理。

第四章 附 则

第三十二条 本办法自 2015 年 1 月 1 日起施行。

陕西省实施《气象设施和气象探测环境保护条例》办法

(2014年2月24日陕西省人民政府第3次常务会议通过)

第一条 为了实施国务院《气象设施和气象探测环境保护条例》,结合本省实际,制定本办法。

第二条 本办法适用于本省行政区域内气象设施和气象探测环境的保护。

第三条 气象设施和气象探测环境保护实行分类保护、分级管理的原则。

第四条 县级以上人民政府应当加强对气象设施和气象探测环境保护工作的组织领导,协调气象设施和气象探测环境保护中的重大问题,将气象设施和气象探测环境保护工作所需经费纳入本级财政预算。

第五条 县级以上气象主管机构在上级气象主管机构和本级人民政府领导下,负责本行政区域内气象设施和气象探测环境保护工作。具体履行下列职责:

(一)按照相关质量要求和技术要求配备气象设施,设置必要的保护装置,建立健全安全管理制度;

(二)对气象设施和气象探测环境保护进行日常巡查和监督检查;

(三)对设有气象台站的其他部门的气象设施和气象探测环境保护工作进行管理、指导和监督。

第六条 县级以上人民政府发展改革部门应当按照气象设施和气象探测环境保护规定合理安排建设项目。

县级以上人民政府住房城乡建设、城乡规划部门,在审批气象探测环境保护范围内的新建、改建、扩建建设项目和工程开工建设时,应当按照《气象设施和气象探测环境保护条例》及气象设施和气象探测环境保护专项规划的规定进行,避免危害气象探测环境。

县级以上人民政府无线电管理部门在审批设立无线电台(站)或者频率时,应当按照气象设施和气象探测环境保护规定进行,避免挤占、干扰依法设立的气象无线电台(站)、频率。

国土资源、环境保护、农业、林业、水利、教育等其他部门按照国务院和本办法的规定,履行气象设施和气象探测环境保护的相关职责。

第七条 县级以上气象主管机构应当会同住房城乡建设、城乡规划、国土资源等部门制定气象设施和气象探测环境保护专项规划,报本级人民政府批准后纳入城乡规划和土地利用总体规划并公布实施。城乡规划、土地利用总体规划调整涉及气象设施和气象探测环境保护专项规划的,住房城乡建设、城乡规划、国土资源部门报批前应当征求气象主管机构意见。

第八条 县级以上气象主管机构应当编制气象设施和气象探测环境保护宣传教育计划,组织教育、新闻媒体等相关单位定期开展气象设施和气象探测环境保护知识的宣传活动。

第九条 县级以上人民政府应当按照《气象设施和气象探测环境保护条例》第八条规定,合理安排气象设施建设用地,提供水电、交通、通讯等基本条件,保障气象设施建设顺利进行。

第十条 下列气象台站及其探测环境,应当依法予以保护:

(一)国家基准气候站、国家基本气象站、国家一般气象站、国家无人自动气象站；

（二）高空气象观测站、天气雷达站、气象卫星地面站；

（三）区域气象观测站、环境气象站、生态气象监测站、农业气象站；

（四）省级以上气象主管机构批准设立的其他站点。防灾减灾、公共服务、气候资源开发利用等单独设立的气象探测设施及其探测环境，应当依法予以保护。

第十一条 设区的市、县级气象主管机构应当在气象设施附近显著位置设立规范的保护标志,标明保护范围和保护要求。

任何单位和个人不得损毁或者擅自移动保护标志。

第十二条 新建、改建、扩建建设工程,应当避免危害气象探测环境。确实无法避免的,建设单位应当按照国务院《气象设施和气象探测环境保护条例》第十七条规定的程序,向国务院气象主管机构或者省气象主管机构报告并提出相应的补救措施。

建设单位提交的报告应当包括工程总体规划图、气象探测环境影响程度评估报告、无线电设备的有关技术参数等内容。

第十三条 按照《气象设施和气象探测环境保护条例》第十八条申请迁移气象台站的,应当符合下列条件：

（一）已经取得拟迁气象台站新址的建设用地；

（二）已经落实迁建气象台站所需费用；

（三）拟迁新址符合气象探测环境保护标准；

（四）国家和本省规定的其他条件。

第十四条 单独设立的无人值守的气象设施,由设立该气象设施的气象主管机构委托有关单位或者个人负责保护,并签订委托管理协议,明确双方的权利和义务。

第十五条 气象设施因不可抗力遭受破坏时,当地人民政府和气象主管机构应当采取紧急措施,组织力量修复,确保气象设施正常运行。

第十六条 县级以上气象主管机构应当加强对气象设施和气象探测环境保护的日常巡查和监督检查。可以采取下列措施：

（一）要求被检查单位或者个人提供有关文件、证照、资料；

（二）要求被检查单位或者个人就有关问题作出说明；

（三）进入现场调查、取证。

县级以上气象主管机构在监督检查中发现应当由其他部门查处的违法行为,应当通报有关部门进行查处。有关部门未及时查处的,可以直接通报、报告本级人民政府责成有关部门进行查处。

第十七条 县级以上气象主管机构以及发展改革、国土资源、住房城乡建设、城乡规划、无线电管理、环境保护等有关部门及其工作人员违反《气象设施和气象探测环境保护条例》和本办法规定,有下列行为之一的,由本级人民政府或者上级机关责令改正,通报批评;对直接负责的主管人员和其他直接责任人员依法给予处分;构成犯罪的,依法追究刑事责任：

（一）擅自迁移气象台站的；

（二）擅自批准在气象探测环境保护范围内设置垃圾场、排污口、无线电台(站)等干扰源以及新建、改建、扩建建设工程危害气象探测环境的；

（三）有其他滥用职权、玩忽职守、徇私舞弊等不履行气象设施和气象探测环境保护职责行为的。

第十八条 违反本办法第十一条规定,损毁或者擅自移动气象设施和气象探测环境保护标志的,由县级以上气象主管机构责令恢复原状,处以1000元以下的罚款。

第十九条 违反本办法规定的其他行为,法律法规已有处罚规定的,从其规定。

第二十条 本办法自2014年6月1日起施行。

西安市人工影响天气管理办法

(2005年8月15日西安市人民政府第19次常务会议通过,根据2014年1月20日西安市人民政府第76次常务会议《西安市人民政府关于修改和废止部分政府规章的决定》修订)

第一条 为了加强对人工影响天气工作的管理,合理利用气象资源,改善生态环境,防御和减轻气象灾害,根据《中华人民共和国气象法》和《人工影响天气管理条例》,结合本市实际,制定本办法。

第二条 在本市行政区域内从事人工影响天气活动,应当遵守本办法。

第三条 本办法所称人工影响天气,是指为避免和减轻气象灾害,合理利用气候资源,在适当条件下通过科技手段对局部大气的物理、化学过程进行人工影响,实现增雨雪、防雹、消雨、消雾、防霜等目的的活动。

第四条 人工影响天气工作实行统一规划、分级管理的原则。人工影响天气工作以防御自然灾害、缓解水资源短缺和改善生态环境为重点。

第五条 市气象主管机构负责本市人工影响天气工作,市人工影响天气办公室具体负责组织实施。

临潼区、长安区及市辖县气象主管机构负责本行政区域内人工影响天气工作的组织实施。

发展改革、财政、公安、农业、林业、水利、安全生产监督等行政管理部门,按照各自职责做好人工影响天气工作。

第六条 开展人工影响天气工作,应当制定人工影响天气工作计划。人工影响天气工作计划由气象主管机构商同级有关部门编制,报本级人民政府批准后实施。

第七条 人工影响天气工作所需经费纳入财政预算。

市财政承担技术研究推广、人员培训、本级工作机构经费等费用以及全市统一组织的人工影响天气作业所需基础设施建设、设备采购、弹药采购、设备设施维护费用。区、县财政承担作业人员工资、交通、保险和本级工作机构经费等费用以及本区、县组织的人工影响天气作业所需费用。

第八条 人工影响天气作业点的布设,由市气象主管机构根据区域气候、地理、交通、通讯、人口密度等情况商相关部门确定,所需场地由当地人民政府协调解决。未经市级气象主管机构同意,作业点不得随意变动。

第九条 从事人工影响天气作业的组织,应当取得组织资格证。申领组织资格证应当向市气象主管机构提出申请,市气象主管机构按规定的程序报请省气象主管机构核发。

第十条 人工影响天气作业使用的专用设备,应符合国务院气象主管机构规定的技术标准。专用设备的购置、配发、检测、维护由市气象主管机构负责。

第十一条 有下列情形之一的,可以实施人工影响天气作业:

(一)已出现干旱征兆,预计旱情将会加重;

(二)可能出现严重冰雹天气时;

(三)发生森林火灾或者长期处于高森林火险时段;

(四)出现突发性公共污染事件;

(五)其他需要作业的情况。

第十二条 作业地气象台站应及时无偿提供实施人工影响天气作业所需的气象探测资料、情报、预报。农业、水利、林业等有关部门应及时无偿提供实施人工影响天气作业所需的灾情、水文、火情资料。

第十三条 实施人工影响天气作业,应当遵守下列规定:

(一)按照飞行管制部门批准的作业空域和作业时限作业;

(二)作业点与作业指挥系统及飞行管制部门通讯畅通;

(三)严格按照操作规程、操作规范作业;

(四)作业中发生安全事故,应当立即组织救援并报告当地人民政府和上级气象主管机构。

第十四条 利用飞机实施人工影响天气作业的,由市气象主管机构报请省气象主管机构组织实施。

第十五条 禁止将人工影响天气作业设备用于与人工影响天气无关的活动。禁止使用年检不合格、超过有效期或者报废的人工影响天气作业设备。

第十六条 人工影响天气所用弹药的运输应当遵守国家有关规定。弹药应当由当地军队或武装部协助储存。作业现场弹药及发射装置的安全管理由作业组织负责。过期的弹药应及时上缴省气象主管机构统一处理。

第十七条 鼓励和支持人工影响天气科学技术研究,推广使用先进技术。市、区县人工影响天气工作领导小组应当组织有关部门及专家对人工影响天气作业的效果进行评估。

第十八条 建立健全人工影响天气工作档案,做到档案系统、完整、准确。

第十九条 违反本办法规定的,由气象主管机构责令改正,给予警告;情节严重的,依法取消作业资格;造成损失的,依法承担赔偿责任;构成犯罪的,依法追究刑事责任。

第二十条 本办法自 2005 年 10 月 1 日起施行。

附：

2014年1月1日至2014年12月31日应予废止的气象方面规范性文件目录(3件)

序号	文件名称	文号与发文日期	说　明
1	全国气象科普教育基地管理办法	(气发〔2005〕141号)	已被(气发〔2014〕43号)2014年6月3日《全国气象科普教育基地管理办法》所代替
2	气象宣传工作管理办法	(气发〔2001〕202号)	已被(气发〔2014〕76号)2014年8月29日《气象宣传工作管理办法》所代替
3	海南省气象台站观测环境保护规定	1991年12月2日海南省人民政府发布	已被2014年2月20日海南省第六届人民政府第17次常务会议修订通过《海南省气象台站探测环境保护规定》所代替